广东华侨史文库

厄瓜多尔、秘鲁、智利粤籍华侨华人口述历史

张应龙　主编

口述采访

李亦玲　刘　进　屈桂琴

袁　丁　庄礼伟　张应龙

南方出版传媒　广东人民出版社

·广州·

图书在版编目（CIP）数据

厄瓜多尔、秘鲁、智利粤籍华侨华人口述历史 / 张应龙主编. —广州：广东人民出版社，2021.11

ISBN 978-7-218-15278-3

Ⅰ．①厄…　Ⅱ．①张…　Ⅲ．①华侨—史料—厄瓜多尔　②华侨—史料—秘鲁　③华侨—史料—智利　Ⅳ．①D634.3

中国版本图书馆CIP数据核字（2021）第195832号

EGUADUOER、BILU、ZHILI YUEJI HUAQIAO HUAREN KOUSHU LISHI

厄瓜多尔、秘鲁、智利粤籍华侨华人口述历史

张应龙　主编

出 版 人：肖风华

策划编辑：王俊辉
责任编辑：李展鹏
装帧设计：奔流文化
责任技编：吴彦斌

出版发行：广东人民出版社
地　　址：广东省广州市海珠区新港西路204号2号楼
电　　话：（020）85716809（总编室）
传　　真：（020）85716872
网　　址：http://www.gdpph.com
印　　刷：广州市人杰彩印厂
开　　本：787毫米×1092毫米　1/16
印　　张：21　　字　　数：420千
版　　次：2021年11月第1版
印　　次：2021年11月第1次印刷
定　　价：88.00元

如发现印装质量问题，影响阅读，请与出版社（020-85716808）联系调换。

《广东华侨史文库》总序

广东是我国第一大侨乡，广东人移民海外历史久远、人数众多、分布广泛，目前海外粤籍华侨华人有3000多万，约占全国的2/3，遍及五大洲160多个国家和地区。

长期以来，粤籍华侨华人紧密追随世界发展潮流，积极融入住在国的建设发展。他们吃苦耐劳、勇于开拓，无论是东南亚地区的产业发展，还是横跨北美大陆的铁路修建，抑或古巴民族独立解放战争以及世界反法西斯战争，都凝聚着粤籍侨胞的辛勤努力、智慧汗水甚至流血牺牲。时至今日，越来越多的粤籍华侨华人政治上有地位、社会上有影响、经济上有实力、学术上有成就，成为住在国发展进步的重要力量。

长期以来，粤籍华侨华人无论身处何方，都始终情系祖国兴衰、民族复兴、家乡建设。他们献计献策、出资出力，无论是辛亥革命之时，还是革命战争年代，特别是改革开放时期，都不遗余力地支持、投身于中国革命和家乡的建设与发展。全省实际利用外资中近七成是侨、港、澳资金，外资企业中六成是侨资企业，华侨华人在广东兴办慈善公益项目超过3.3万宗、捐赠资金总额超过470亿元，为家乡的建设发挥了独特而巨大的作用。

长期以来，粤籍华侨华人充分发挥桥梁纽带作用，致力于促进中外友好交流。他们在自身的奋斗发展中，既将优秀的中华文化、岭南文化传播到五大洲，又将海外的先进经验、文化艺术带回家乡，促进广东成为中外交流最频繁、多元文化融合发展的先行地，推动中外友好交流不断深入、互利合作不断拓展，成为世界和平与发展的友好使者。

可以说，粤籍华侨华人的移民和发展史，既是中国历史的重要组成部分，更是世界历史不可缺少的亮丽篇章。

站在中华民族更深入地融入世界、加快实现伟大复兴中国梦的历史关口，面对广东全面深化改革开放、奋力实现"三个定位、两个率先"总目标的使命要求，中共广东省委、广东省人民政府决定编修《广东华侨史》，向全世界广东侨胞和光荣伟大的华侨历史致敬，向世界真实展示中国和平崛起的历史元素，也希望通过修史，全面、系统地总结梳理广东人走向世界、融入世界、贡献世界的历史过程和规律，更好地以史为鉴、古为今用，为广东在新形势下深化改革开放、加快转型升级、进一步当好排头兵提供宝贵的历史经验，形成强大的现实助力和合力。

编修一部高质量的《广东华侨史》，使之成为"资料翔实、观点全面、定性准确、结论权威"的世界侨史学界权威的、标志性的成果，是一项艰巨的使命，任重而道远。这既需要有世界视野的客观立场，有正确把握历史规律的态度和方法，有把握全方位全过程的顶层设计，更需要抓紧抢救、深入发掘整理各种资料，对涉及广东华侨史的各方面重大课题进行研究，并加强与海内外侨史学界的交流，虚心吸收国内外的研究成果。作为《广东华侨史》编修工程的重要组成部分，编辑出版《广东华侨史文库》无疑十分必要。我希望并相信，《广东华侨史文库》的出版，能够为广东华侨华人研究队伍的培育壮大，为广东华侨华人研究的可持续发展，为《广东华侨史》撰著提供坚实的学术理论和基础资料支撑，为推进中国和世界的华侨华人研究做出独特贡献，并成为中国华侨华人研究的重要品牌。

是为序。

广东省省长 朱小丹

2014年8月

前　言

　　口述历史（Oral History）是历史研究的重要手段。在海外华侨华人研究中，口述历史资料更是学术研究的重要资料来源之一。自2012年启动《广东华侨史》编修工程以来，我们一直十分重视口述历史工作。在每一次赴海外的资料收集和侨情调研活动中，我们都将口述历史访问当做重要的工作内容，在各国华侨华人的有力配合下，我们的口述历史工作取得了丰硕的成果。

　　几年来，我们的调研足迹遍布世界五大洲，受访的华侨华人遍及各行各业，既有老移民也有新移民，既有上层人物也有普通人，总人数几百人。如此大规模、广地域、多阶层开展海外华侨华人口述历史工作，恐怕无出其右。我们认为，将这些华侨华人口述历史访问成果整理出来并予以出版，不但可以生动地展示粤籍华侨华人的风采，而且可以大大丰富华侨华人历史活动的内容细节，填补文献资料的空缺，纠正一些感知错误，这对促进华侨华人研究事业必有所裨益。

　　口述历史是受访者将其所历所见所闻所思用语言向我们叙述的记忆。他们的所见所闻是真实的，但不一定是准确的。个人的回忆难免存在错漏的可能性，这需要读者甄别和判断。口述历史的质量受诸多因素的影响，如采访者的学识和技巧、受访者的经历与语言表达能力、采访者与受访者的现场互动、采访的场景和时间段等等，所以，书中呈现出来的口述历史质量难免参差不齐。

在整理这些口述历史资料的时候，首先由学生做初步的录音整理，转录成文字，然后由采访者做必要的信息完善和简单的改正，最后由主编做全书每一篇口述历史的文稿修改和编辑。在编辑文稿过程中，坚持体现受访者的口述原意和保持受访者叙述的连贯性，适当删节一些重复的文字，对所讲述的内容予以适当的分类和前后次序的调整，以便使阅读更加顺畅。

编辑粤籍华侨华人口述历史资料的原则主要是根据我们组团出访情况来编排。这些年我们到海外调研，有的时候是一次访问几个国家，有的时候是一次访问一个国家，例如美国，我们先后访问了三次，印尼我们也两次前往，因此，在编辑时或者将几个国家编成一本，或者一个国家分成几本，这都要视具体情况而定。在排列每一本书的受访者先后次序时，是以受访者姓名的汉语拼音为序，不是以什么地位名望为序。

尽管我们到海外的调研时间不算短，但具体到每个地方、每个个人，采访的时间还是不够，本来可以做到更加深入，因时间关系却做不到。华侨华人的工作都很忙，我们在海外的资料收集工作和侨情调研工作也是任务繁重，许多访问只能安排在夜里进行，而且往往是做完访问立刻赶赴下一站。行程总是那么匆忙，虽然很困很累，但想到采访的收获，心情还是愉快的，我们衷心地感谢华侨华人对我们工作的信任理解和大力支持！

阅读这些口述历史，我们为粤籍华侨华人的成就感到自豪骄傲，也为他们所受到的磨难感到痛心难过。透过这些口述历史，尽管他们的语言简朴，但我们还是真切地感触到粤籍华侨华人敢为人先的精神，有容乃大的胸怀，勤劳刻苦的毅力和念祖爱乡的实践。解读这些口述历史，我们从中可以获得新的认知，产生新的想法，触发新的研究。我们相信，粤籍华侨华人口述历史资料将会在海外华侨华人研究上放出异彩。

张应龙

2020年5月4日

目 录

厄瓜多尔篇

蔡汝强

口 述 历 史

蔡汝强（后排右四）

时　　间：2016 年 11 月 26 日

地　　点：厄瓜多尔基多假日酒店

受 访 者：蔡汝强，厄瓜多尔华侨华人联合会副会长

采 访 者：庄礼伟

录音整理：吴怡楠

移民

　　我叫蔡汝强，1952年出生，广东澄海县城人，毕业于澄海中学，后在澄海县法院和邮政局工作。

　　我1980年来基多，刚来厄瓜多尔时20多岁，当时还没结婚，来了三年之后，才介绍女朋友过来结婚。因为家乡离这里很远，厄瓜多尔在地球的另一边，人家一听都怕，我说我不怕，年轻人就是要到外面闯世界，所以，我毫不犹豫就来了。当初来到这里感觉气候也很好，一天做十几个钟头，是比家里辛苦一点。当时我在国内的岗位，工资什么的还有待遇都很好，家里有房子、自行车，生活是很好的，但这里比家乡要差，要更辛苦，但抱着一种潮州人来到外边就是要吃苦、要拼这一点精神坚持下去。

　　我是杨溥桓会长的表弟。当年我移民来到这里，做证件什么都是这边的亲戚帮助，他们也需要我过来。所有出国费用大体上不用自己出，自己过来也不需要带什么本钱。我有个堂姐在香港，借给我2000多美金，后来生意做起来，就寄回去还给她。

我现在退休了，主要是要照顾太太。她1992年出交通事故脑子受伤，需要慢慢恢复。我有4个小孩，大女儿大学毕业后自己在公司打工，二女儿在做网购。我们一直支持他们去读书，孩子是想尽早出来做工，但我们还是想让他们先读书。去年老三到北京读书，另一个小孩在这里读大学。老三在北京大学读国际交流生，读对外汉语教学，先读预科，再读四年本科。她的意思是想读了之后留在中国，她很喜欢在中国，不喜欢在这里。这个最小的在这里中央大学读，因为他成绩很好，不用付钱。在那里学建筑学，现在还差一年多毕业，他的意思是想到美国再进修一次。对我们来说，我们是不要求他在我们身边的。为了培养孩子，我们经常和他说中国话，这里联合会以前也办过中文班，从中国大陆请教师过来，让孩子学国语，学中文。

我也看当地语文的报纸，说当地话没问题，只能懂50%左右，很多专用名词什么都看不大懂，回到家里向小孩子请教。电视上说的有80%以上是可以听得懂的。我来这里两年左右就可以和当地人流畅地交流。很多人有机会就到基督教大学和中央大学进修西班牙文，我们没有这个条件，所以就说得没那么好，家里小孩子都经常纠正我们这些第一代移民。

目前我还是中国籍，有中国身份证，没有入这里的籍，但有正式的居留权。很多华侨已经加入厄瓜多尔国籍，但我们还没有入籍，因为我本来就是中国人，加上现在国家这么富强，我们做中国人更好。我孩子就是厄瓜多尔人，因为是在这里出生，他们没有中国籍。

创 业

我以前是做餐馆的，后来自己有了点资金，才开始做汽车配件，柴油机的配件，主要是做日本车头（发动机）的柴油机零件。当时我开汽配店，太太做餐馆，有两家餐馆，后来因为1992年太太出了交通事故，撞到头以后，走路不方便，就把餐馆关掉。我就只做汽车零件，做到2004年回中国考察商机。2006年就开始进口鞋子，做鞋子和纺织品，自己到义乌、上海、广交会进口鞋来这里卖，进口鞋子、拖鞋、书包等，做了4年。做到2010年，这里政策改变，税收涨得很厉害，本地有生产同类产品的工厂，他们要控制我们倾销，就不准我们进口。比如，本地有鞋厂，就不准许我们进口。税收很高，服装一公斤一公斤的来算税收，太贵了，没有办法，又改做了3年餐馆。

一般来说，小餐馆面对本地客人，都是用这里的食材，主要是炒面、炒菜，本地人已经很适应吃我们的饭菜了，不要做特别的中国菜，这些当地大众化的饭菜也比较好做。我们开小餐馆也不需要当地的公务员、官员做朋友，都是按照这里每个月营业多少缴纳多少税，事情不复杂。我们交税都是交得很足的，好像前两年，我一个月要交七八千块营业税，另外还要交3000块的劳工费，加起来一个月10000块左右交给政府的。

前两年我做餐馆，每个星期买一次菜，两次肉，一个月营业额是10万美金，其中可以赚到15000到20000块，其他都是成本。租金一个月10000块，办货要六万块，包括餐具，要经常装修，每个月都要拿五千块出来装修。做生意就是要这样，所有成本都要算上去，不能说这个钱我收进来全部算是我的。还有，好像大米一担就是50多块，买鱼，大条的鱼，一个星期至少要300多斤，一斤6块。一个月要买大虾2000斤，小虾3000斤，炒饭用小虾，炒面用大虾，炒菜也是用大虾。牛肉一个星期要400斤，猪肉要300斤，因为生意很好，进货量大。一般的小餐馆，一个月的营业额就是两三万，或是10000多，有的是几千块。如果他一个月做到6000块，他可以赚1500到2000块，也算是很好了。大餐馆人多，配料多，一个月净收入可以赚到15000到20000块，这个很好赚。

如果做汽车零件，都可以赚30%~40%，以前做汽车零件的时候也赚得很好，而且做汽车零件就比较舒服了，工作时间不用那么多，九点钟开店，下午五点多可以关店了。汽车零件，卖给本地人，他们有一些就是分期付款，第一单、第二单可以付得很好，但继续下去，这边会给他跑一单，那边也会给他跑一单。我们这个行业没有什么协会，因为人不多，分散，每个省都有，但是都是我们潮州人家族的，我带我的亲戚，我老婆带我老婆的亲戚，拉来拉去，就是这些关系。我们进货了以后，配货给这些亲戚，分散了很多地方，都是潮州人做汽车零件。一般来说，你属于一级进货你就赚多一点，我跟你做二级，我就赚少一点。一级二级有这个分别。国内其他省份来的人基本不做汽配，因为不那么熟悉，一开始来的时候，没有自己熟悉的人，潮州话说不了，就赚不来，所以其他省的人就很少做，而且我们这一行基本都有亲戚关系，血亲、姻亲这些。

这两年来本地的经济有点差，家里没人帮手，太太又身体不好，所以就没有做了。现在再创一个什么生意，要靠小孩子。小孩子做上来，我们再来帮忙。

经商环境

当年我刚来厄瓜多尔时，用的是本国货币苏克雷，每一个星期都贬值，贬值很厉害，每一个星期都要把赚到的钱到中央银行找熟人换成美元。就生意来说，虽然当年中国人少，中国餐馆少，生意还是可以做的。半年就赚回本钱。因为我当时很年轻，就自己做，再雇4个工人，一个在厨房，一个洗碗，一个跑堂，一个收钱，厨房那个工人帮你炒，你自己主厨，另一个洗碗、洗菜、煮饭，小餐馆四个工人，以前这里请本地人很好请，人工低，几十块美金就能请到一个，这是30年前。

现在就不止了，现在劳工条例对劳工好，最低人工都要三百五十几块，还要给他买劳工保险什么的。现在的政策都是支持工人的。现在一定要星期天休息，以前来说就不用，你一个星期给他一天休息就可以，因为以前来说，劳工条例还没有那么普及下去，工人不懂这些。现在一定要给他休息时间，一个星期只工作五天，若不关门，你要加两倍以上的工资给他。这样他就愿意星期天给你做，然后周一到周五再给他补一天休息，他们劳工条例是一个星期只做五天，40个小时，过了40个小时，要补人工，过了晚上7点，要加25%的人工。但是你做餐馆的，要做晚上，都是在八个钟以内，超过7点，在8点、9点、10点这三个钟你就要加25%的人工给他。礼拜天和公众假期就要加200%给他。

这两届的总统，税收比较高，生意比较难做。小孩子就有这个概念，要跑到其他地方去发展会比较好。他们也有很多本地的朋友同学，但这些本地的朋友同学也不那么喜欢这里，想到美国去。到美国要拿美国国籍，这需要你有朋友或依亲的才有办法。

现任总统的政策各方面还是很好的，因为他的手法还是很好的，很正道的。偷税、漏税的现在就比较少，他抓得很紧，对于国家来说，他这个手法也是很好。对于我们中国人来说，我们本身的利益就受到了打击，但是他是一国的总统，他应该这样做。从国家的大局来说，都是支持他的，他做得很好。我现在是中国国籍，我们有选举权，但没有被选举权。明年就要大选了，但是他已经不能选，也不想做了。现任总统对国家其他的福利也做得很好，这十几年他做得很好，国家变化也很大。

侨社与侨情

1990年因为事业上有了一点成绩，就参加华侨社团的活动。1990年我就做了这个华侨联谊会的理事，为侨胞做很多工作。我们这里就基多有个联谊会，瓜亚基尔有个中华商会，配合大使馆对华侨的工作，华侨有困难我们都会去帮助。90年代的时候，这里的移民局经常骚扰我们中国人，我们联谊会通过大使馆经常跟移民局、外交部沟通，经常请他们吃饭，过年过节送礼物，这些都是理事自掏腰包的，这样移民局也不经常来骚扰了。

这几年我们在筹备这个潮州会。厄瓜多尔的潮州会现在还没有成立的意思。因为大使馆说，有基多这个联合会，一个会比较好，意思就是不要搞那么多的会。但是对我们来说，我们要和世界潮团、海外潮团接轨啊，我们是想把这个事先筹备筹备。办潮州会的目的是为了我们家乡人，自己人有什么事，有个依靠可以找到，可以商量可以互相帮助。瓜亚基尔那边他们就有好多侨团，有中山的，有福建的，有青田的，他们有很多会。

现在我们潮州人差不多有500多人在这里，基多差不多有150人，瓜亚基尔也有100多200多人。分散到其他城市就是一家几个人几个人的。全国来说，总数就有500多人。我们这500个潮州乡亲，即使住得很分散，也经常有联系，经常有来往。即使住在外省，也经常到基多来见见大家。有的一年过来几次，少的是一次两次。我们潮州人孩子，在美国读书也是玩在一起。在澳大利亚，潮州人的孩子也经常是一起玩，一起读书的。

我们现在差不多一年两年回国一次。回去要经美国，十天八天以后才回中国。杨会长就经常被请回去的。安徽建学校，他去那做很多慈善。因为安徽请他做政协的海外委员什么的，他回来这里发动捐款送回去。我们在这里做慈善比较多，每年圣诞节，我们都会捐一些东西给本地的学校、学生，地震我们也捐款，中国地震，我们也去大使馆捐款，还颁发那个捐款的证书。有时候还会发动台胞一起，因为跟我们做生意，来往比较熟悉。他们也支持就一道捐款。

和台胞关系

我们跟台胞来往也很好，话基本听得懂，生意上也经常有来往。这里的台胞都是北方人，基本是山东的，讲普通话，没有福建的，没有南方的，他们也不会讲闽南话。主要因为我们都是做汽车配件的，经常打交道，来往得很好。很多台湾人在这里做生意做得很好，我们在生意上互相帮忙。他们跟大使馆也有来往，我们联谊会、联合会的活动也邀请他们参加，他们的社团活动也邀请我们参加。大使馆的活动，台胞就有参加，这里有台湾商会。我们在大使馆举办春节联欢、联合会的什么活动，我们请台胞来，他们都很高兴参加我们的活动，国庆大使馆有请他们，他们都有参加。他们的"双十节"，我们就没有去，以前大使馆提过不要去参加，他们也知道请我们，我们也不会去参加，所以后来就渐渐不请我们了。

蔡志鹏

蔡志鹏

时　　间： 2016 年 11 月 30 日

地　　点： 厄瓜多尔瓜亚基尔 Sonesta 酒店

受 访 者： 蔡志鹏，厄瓜多尔华侨华人总会会长

采 访 者： 庄礼伟

录音整理： 吴怡楠

一波三折移民路

我1965年出生于广东省汕头市澄海县，在澄海城区小学读完小学跟初中，在澄海中学读了高一。

1982年11月中旬，我跟香港的小舅舅和小舅妈三个人一起到厄瓜多尔来。早上四五点我们坐面包车从澄海出发，到上午10点钟停了一下，吃了点东西，大概下午4点钟，到了现在的深圳罗湖。到了边防检查站，因护照里边没有回执，过不了关，没办法，当天下午从深圳赶到广东省公安厅，刚好是下午6点钟，那边的人就帮我们拿了一张回执。第二天又从广州赶回去罗湖过关，过了关之后，到了香港移民局，他们看了我们的回执之后，看到我们的机票是去美国转机但没有美国的签证，便要我们回去。我们立刻赶火车到广州的美国领事馆，领事馆破例给了我们一张表，当天晚上我们就住在流花宾馆。第二天将表格送到美国领事馆，可是他们没有给我们签证。我们只好先去我小舅舅的姑妈那里，她在广州工作，在她家里大概住了一个多星期。而我小舅第二天早上又坐火车回去香港另外办理机票，买了没有入境美国的机票，我们就这样入境香港了。我们去香港之后，住了大概一个月的时间，我记得大概是1983年2月1号到了基多，中间休息了一下，没有下飞机，不知道是洛杉矶还是旧金山。一下飞机，看到的基多景象也不怎样。

第二天我们就到厄瓜多尔的第三大城市安巴托，那里有一家餐馆叫香港楼，是我小舅在厄瓜多尔开的第一家餐馆，我就在那边帮忙，打工，刚来的时候什么都不懂，炒饭切菜都不会，在这个餐馆做了4年。

我1983年来的时候，空闲时就去安巴托、基多的老华侨那里，他们都是讲广东话的。当时这里的中国人很少，大部分是广东人，我的广东话就在那时学会的。

我爸爸妈妈原在澄海国营百货公司工作，1988年我爸爸辞职过来，当时那个百货公司的生意也不好做了，出来之后就跟我小舅做餐馆。当时我把小舅的一半股份盘了下来，他很便宜卖给我们，我们到现在关系都很好，还是邻居，我小舅现在在马查拉养虾。我母亲、我弟弟跟我媳妇他们三个1991年一起过来厄瓜多尔，当时签证什么的都很困难。

大中国餐馆与大好汽配店

到了1986年，我小舅舅觉得我还不错，给我8000块美金，我小舅舅出了一万多，我们在基多合开了另一个餐馆，叫大中国餐馆。我大舅舅原先已经开了一家叫中国餐馆，我们就搞了一个大中国餐馆，当时很高兴，一直做到1990年。虽然没有赚到很多钱，但是认识了很多朋友。每个月赚的钱都差不多花光了，当时很难做，一个月大概能赚到500块，有时两三百块，我们开支很多，所以没有剩很多钱。

1990年，跟我一个表哥，跟着一个台湾人邻居去做汽车零件。表哥跟我一个亲戚在安巴托弄了一家，我就在瓜亚基尔做了一家。我父亲鼓励我搞这个汽车零配件。我1989年底就在瓜亚基尔这里开始找店面，1990年开始跟台湾的王老板做瓜亚基尔店的经理。到了1991年初生意好一点，他就把这个店卖给了我，货在他那边定。那个店名叫大好，到现在还是叫这个名字。刚开始生意一般，1991年开始，生意就开始逐渐好转。可是因为老婆来，压力大了，钱不敢乱花了，胆子也开始大起来了。当时的市场，说实话，利润非常可观。我们当时是王老板把货给我们，我们每个月跟他结账，他的货大部分是从台湾来的，有部分是日本的。我一直这样跟他做。1994年我第一次回中国时带了一些样品到中国去开发市场，回来后就进口一些中国的活塞，还有一些中国的小配件，到了1998年就在山东滨州活塞厂定了一些活塞，这是一家上市公司，也定了国内的气缸套，修理包，也拿了几个日本的品牌代理，到现在为止，我保持着这些代理。说老实话，我真正赚钱是1994年到2002年，这八年我做汽车零件是赚了一点钱，觉得很不错。

养 虾

1993年初，通过朋友认识了广东海洋学院一个教授，在交往过程中，他讲了很多养虾的事情，然后我就有养虾的想法。1994年，我大舅舅已经在马查拉养虾了，一下子就成功了。我1995年也跟着去养虾，当时我们两兄弟一起去，好像买了270公顷的虾田，第一年我是买了60公顷，干得不是很好，第二年就成功，应该是1995年底或是1996年底就成功了。

养虾的利润率很高，我当时买下110多公顷，当年就盈利80多万，非常好。当时那个塘需要改造，到了1996年、1998年的时候，我所有收虾的塘都通上了电，路上全都铺上石头。最好赚钱的时候是1997年、1998年，到了2000年的时候，这个虾的白斑病就来了，那一年就亏得很惨，当时有想再买多一个150公顷的虾田，还好没有买成。我大舅舅也应该有200多公顷，他当时好像也有跟其他人租虾田来经营的。我当时在想怎么有这么好赚钱的东西，基本上两年之内就可以翻本赚钱，当时利润相当可观。我们这班亲戚天天跑虾田，最高峰时候我们整个家族包括买的和租的，大概有1000多到2000公顷。我跟我弟弟200多公顷，但好景不长，干了两三年，白斑病就来了，刚开始没有经验，觉得无非是放点药，消消毒，投了很多钱，第一年亏了，第三年亏得很少，但都觉得没什么意思了。

然后到了2008年，有个本地人看上我的虾场，通过很多人找到我，刚开始我也不想出手，但是他慢慢地提高价格，后来提到了123万。我觉得这个虾场租给亲戚做，一年只赚几万块，觉得没有什么意思，人家出123万，干脆卖给人家。我是2008年年底签合同，2009年初卖给他了，想不到现在这里一公顷值25000块美金，我卖给他的时候才六七千块美金。这个应该说我们眼光还是比较短，我最好的时候是手里掌握着虾场，还有汽车配件，我主业还是做汽车配件。

这几年试了很多生意，结果还是觉得这个虾场好。这两三年这个虾病过了，虾场的高峰期也来了。我一直都鼓励我身边的人现在去养虾是最好的时候，但也是风险最大的。我们当时卖一公顷是六七千块，现在是20000到25000块，风险很大，成本也高了不少，高峰期投资，现在的虾价很高，回报很快。目前这种投资的回报，大概两到三年。我们当时两年就有回报，是六七千块的回报。现在两年到三年，是20000到25000块吧。

我最近跟我们亲戚在检讨我们当时做的事情，早期养虾的亲戚说我们犯了一个重大的错误，当时我们为什么放弃养虾，就是养小虾，小虾价格也非常好，这是我们重大的失误，对我们家族来讲是一个重大的损失，不然现在就完全不一样了。

我最大的失误是一辈子喜欢做新的东西，不停地捣，捣来捣去还是做回我原来的老本行，从1990年到现在我主要还是做汽车配件。我的生意这两年是零售受了一点影响，批发有增长，利润稍微少了一点点。此外我做过木材，做过电器，搞农场，试了很多东西，结果只有做电器的时候赚了一点钱，其他的基本上都是亏钱的。

前年秘鲁做玛卡最热的时候，我跟几个本地人在那个山上自己搞了个1000亩的玛卡，偷偷地去种了玛卡，结果亏得都不敢讲，现在讲出来给我的朋友听，他们都当我是笑话。这个主要是技术的问题，还有地方的选择也有问题，这是一个短期的投资生意，亏了三十几万美金，当然我几个好朋友都知道，家里关系比较好的亲戚也知道。

农场我们没有正式地去投，我十几年前就在离我家大概20分钟路程的地方，试着有不到50公顷做水田，结果自己也没有那么多时间去，一星期去一次，搞了一两年，没有钱赚，结果我们就放弃，这个农场我租给一个本地人，每年收他3万块租金，我觉得也不错了。我跟我大舅舅合作，还搞了一个厂，搞了几年也没有钱赚，这个可能是经营的问题，还有我们经验不足。我觉得做生意还是要专心，不要搞那么多，我的经验是这样。以前我的餐馆有22个本地人，3个中国人；我这个做汽车零件的一共有10个工人，现在是一个店，四个铺面，我主要是做批发的。

对于当地人的员工，我早期刚来的时候，觉得这里的人不怎么好，现在觉得这里本地人还是比较善良，虽然有很多缺点，但是他们还是比较淳朴，不会有很多坏心眼。因为他们要的工资不高，也基本上没有什么怨言，如果提出涨工资的要求，我们会按照当地的法律进行合理处理，但是我的工人的工资都会比法律定的偏高，基本上都有七八百块美金，他们一年是十五个月工资。

侨团工作

1. **从理事到会长。** 我是从1994年或是1996年的时候在基多参加联谊会，开始做侨团工作，当理事，当时还是很年轻，不在乎这个东西，他们开会我经常没有去，一些活动也比较少去参加。到了2001年的时候，几个老会长组了团，跟几个台湾的朋友一起去中国访问，我的感触很深，觉得回来应该还是做理事。从2002年开始，我比较多地接触这个社团，但是我接触得越多，觉得这个侨团工作就算投入再多的精力也是远远不够的。社团工作很复杂，成员有老的、新的、福建的、浙江的，我们广东来的比较多的是台山赤溪的，还有那个花都的。说实话，这个社团的侨务工作对我来讲，不是我的专业，我觉得我做得很不够。

那个联谊会后来改组叫华侨华人联合会，90年代的时候，我在联谊会当过基多副会长。后来我一直在瓜亚基尔，他们就让我在这里当理事。当了两三任理事，两任副会长，今年三月份就改选了。我觉得我可能做得不好，可能不能胜任这个会长，我就回国去了，看看他们会不会选别人去当吧。但是他们觉得还是要我来做，两个老会长到我家里几次，一定要我来当，我自己觉得我真的不适合做。没有办法，在三月底回来之后，跟他们谈了之后，他们承诺一定帮我的忙，这两个老会长是马文升先生和李树强先生。现在想起来这两位老先生把我给"骗"了。让我当这个会长,我现在有点后悔答应他们,我这个人性格比较随和,比较喜欢交朋友,不喜欢太严肃地讲话。

我们那个华团领导人的产生方式,基本是理事会通过投票来决定的,如果没有反对的投票,我们这个团队就当选了,到现在产生四任会长,还没出现反对票的情况。我坦率地讲,我是很想改掉这种投票的方法,我觉得最好的方法是全体会员来投票,产生理事会,然后在理事会里面产生会长,我个人是想这么做,但是这个还是需要一个过程。副会长是可以由会长任命的,包括在理事会组成的时候任命,会长可以提名。现在理事会的副会长里边,中国人有十个,中国人后裔有一个,这一届副会长我提了四个人来当,理事会一共有三十四个中国人,华人后裔可能是四五个左右,理事会比较庞大,我管理这个理事会很忙。

会长、副会长都是在理事会里面产生的,总会主要还是以华人为主,这个传统我不想放弃,我们总会的第一个特色是有中国人,也有中国人后裔;第二个特色是五湖四海,主要是以广东人和上海人为主,上海人产生了一个副会长,也有河南人、山东人、福建人,也有一个黑龙江的,我们是比较全面的,各个省份都有代表。在广东人里面有我们潮汕的,有花都的,还有台山赤溪的、广州的、番禺的、中山的、江门的,这些都是我们广东人主要的力量。

在当地出生的华裔他们比较多是大学的教授、医生、工程师,主要是一些专业人士,在我们这个会里边有实力的还是比较少,像那个做过驻华大使的,也是我们这个会的理事。这里有个医院是华人后裔开的,他没有加入我们这个会。我们理事会产生四任会长,第一任会长是王老二,第二任是马文升,第三任是李树强,第四任就是我了,我们会长是两年一任。

2. 侨团作用。总会每年圣诞节、中秋节都有联欢活动。我觉得比较有意义的是圣诞节活动。我们社团每一年都会固定到一些贫困学校去,有时候给八百份、一千份礼品。刚开始的时候是四百份、六百份,到现在的一千份,给到学校去。我们应该是连续做了七八年了,每一年我们都在圣诞节的时候弄一些玩具、学生用品,到那些比较偏远、比较贫困的学校去,做慈善活动。我做了这么多事情,我觉得这个是比较有意义的。今年我们总会跟瓜亚基尔的副市长、市政厅的秘书长联合起来在这个海边长廊一个地方，我们准备跟市政府搞一千人份的慈善活动。到时候我们准备请这里的副市长、秘书长，还有领事馆的领导。我们总会大概要出四十到五十个人去帮忙。这一千个学生是副市长、秘书长他们选出来的需要帮忙的贫困学生。然后我们在那边给他们展示中国文化的东西，比如舞狮，演练太极拳，然后在那边给他们很多具有本地特色的东西，像刨冰，给他们一些热狗，然后再送他们一些玩具、学习用具，还有圣诞糖果。我们现在初步是这么计划，时间是定在12月18号，我们现在已经开始在准备这个工作了。

除了这个，我们社团这几年还接待了国内来的很多政要，也接待了好几次中国的军舰。这几年来，我们接待了三次军舰，他们除了来瓜亚基尔，还会去秘鲁，听说明年还会再过来。

我觉得我们总会必须要为我们华人做些事情，比如卫生局或者消防局或者市政厅来找他们麻烦的时候，我们总会一定要帮他们解决这个事情。但是很坦率地讲，我们总会，包括其他的会都很难做到这一点。这个是我在总会里面很有成就感的一件事情，困难重重，因为要做好一件事情，你必须有通道。我很想做好这个事情。假如我们有通道的话，他一过来，我们跟他们打个招呼，说是我们总会，就可以解决了。我们下这么大力气花这么多钱跟市政厅搞好关系，这就是我们做生意的重要保障。今年年会的时候我们就请了消防局的第二把手，也是我上任之后做的第一件事情。

我这一次还做了一件事情，就是准备在本地一所美国学校举办中文教育，因为我们的小孩在这里学的是英语和西班牙语，假如这个事情做成了，以后我们的小孩子就可以在那里学习中文了。这个对以后华侨的发展，包括他们的子女想到中国做生意发展是有极大的帮助。2018年正式开始这个教育。那个美国学校早期是美国人在这里办的，类似于教会学校，主要是给美国人和外交官的子女读的。后来慢慢发展起来，现在这个学校大概有1600到1800个学生，起码有200个华人后代，就是爸妈都是华人，儿女在这里出生，也有一部分是从国内带出来，起码200人以上，超过百分之十的。有这么多中国人去那边读书，是因为他有两种语言，有西班牙文和英文，中国人去那边读书，就是为以后小孩子长大了，要到美国和加拿大留学铺路。

侨情概况

现在移民不像以前一来就几百个几千个，现在是零散地来，我想过几年之后可能一年就来那么几个了。现在基本上没有台湾人来，早期的福建人跟赤溪人来了很多，因为那边都是比较偏远贫困的。刚刚开始我们看那个福建同乡会成立的时候，我很羡慕他们，兵强马壮，二十到三十岁的居多。当时我跟他们讲，你们过几年也跟我们广东人一样，当你们的经济发展之后也是一样的结果。现在改革开放了，福建的经济也好了起来，出来的人也少了。现在我们国家的发展形势这么好，以后出去的人会少很多。那些富二代基本上不会过来这边，都去欧美了。这次回去我很想让我们一些潮汕人出来，但现在新的一代年轻人没有这种出洋创业的精神。

过去我们广东人愿意出来，是因为我们比较贫困，逼得我们饿着肚子出来，但新的一代就没有这种想法。80年代的时候，我家里的条件算是非常不错的了，我父母亲都是国营企业员工，铁饭碗，也有奖金，生活非常好，但是我们还是愿意出来创业。这些老华侨他们大部分年轻时非常节约，已经攒下了一些基础，有个别老华侨过得不好，但是非常少。在这里开个小餐馆，只要不乱花钱，一个月挣个两三千块钱那是很容易的事情，但是大手大脚肯定是没有钱攒下来的。在这里创业失败或者生活贫困的华侨同胞，真的是非常少，今年大使馆准备找几个华侨资助他们，我们找遍了全国才找到几个条件合适的，还有几个都不是很穷。

我跟本地人的交往不多，社会关系主要还是以我们广东人为主，特别是与潮州人和广州人。广州人和潮州人来的时间比较长，二十年以上的老华侨跟我的关系比较好，和新华侨来往比较少，外省的华侨来往就更少了。我一般都是在这个圈里边。和当地出生的华裔是在总会里来往的，在总会里觉得他们非常善良，也很热心。我们的关系都是非常好的，十几年下来，我们都成了好朋友。我们有一个老华侨，中国人后裔，有两个酒店，这个女士非常好，所有总会的活动，她都出钱出力。还有一个中国人后裔是我们总会的秘书，她也做了十几年理事，有什么活动她都抢在前面，她到哪里去，她都认为她自己是华人，她本身就很认同自己的华人身份。

家庭生活

我1991年结婚，我岳父与我父亲是世交。我现在有3个小孩，大儿子现在25岁，在澳大利亚昆士兰大学读经济管理，但读到三年级就不肯读了，现在出来，在昆士兰开了三家比萨店。我女儿比较争气，现在读大学三年级，成绩比较好，也在布里斯班的昆士兰大学，读那个化学工程。老三现在是在美国读高二，成绩一般，这跟我不肯读书是分不开的。

我三个小孩都会讲潮州话，比我舅舅的小孩好了很多，他们潮州话不会讲，广东话也一般般。刚开始我还觉得不错，现在想起来有点后悔，因为从小没有教他们讲那个普通话。现在发展太快，现在的小孩需要讲普通话了，潮州话反而用得很少了，就连广东话都走不通了，现在都需要讲普通话了，这个是肯定的。

我最小的一个孩子，当时在大陆读了两年小学，但是他回来之后，他拒绝学中文，不想学。他是在这里读幼儿园，回去之后学中文一直跟不上，我是把他寄养在我妹妹那边，也是很累的，两年后，慢慢会了一些中文，因为他很闹，我妹妹管不住他，就带回来了。回来之后学习西班牙语，也跟不上，因为基础没有打好，所以我觉得还是不要折腾了。

蔡志鹏（右五）与采访团队合影

1994年我是第一次回国，当时已经赚了有一点钱了。当时有个意外，我母亲在基多的那个餐馆的二楼上摔了下来，过世了，我父亲就把这个餐馆卖掉了，本来母亲是想跟我们一起回去。到了9月份，我跟父亲、我老婆，还有我大儿子四个人到了香港，然后到泰国，再到国内去。第一次回去，连家乡都认不出来，完全不一样，连家里都认不出来了。我第二天想去找老同学，都找不到地方了。当时家乡已经有很大变化了，铺上了水泥路，我差点都找不到老同学的家。我们大概有十一个老同学，当天晚上一见面就坐到第二天天亮，很高兴，很兴奋，因为是从小学认识到大的，那次回去大概有两个半月。当时我那些老同学也没想跟我一起出来，我当时也没有这个想法。

陈裕安

口 述 历 史

陈裕安

时　　间：2016 年 11 月 30 日

地　　点：厄瓜多尔瓜亚基尔陈裕安家里

受 访 者：陈裕安，华商

采 访 者：张应龙

录音整理：钟津婷

番禺人

我1940年出生于广州番禺石楼镇，那时是日本侵略时期，广州市被轰炸得很厉害，我妈回到乡下，所以我是在乡下出生。大约4岁时全家跑到了澳门。

1953年我12岁时，我妈带我来到厄瓜多尔，刚好是过年。我的姐夫在这里做生意，我给他帮手，自己也学做生意，然后继续读书。先是在一家美国学校读中学，大约在1960到1962年那几年毕业，后进了教会大学读书。

我太太是本地人，我娶了鬼婆，生了鬼仔，变得有点没人泡茶煲粥。我有一个儿子两个女儿，两个外孙。三个孩子都在本地读完大学之后去美国读硕士，两个女儿一个读工商业管理和计算机，另一个读经济和市场的。现在两个女儿都在美国，女儿嫁了个美国人。儿子回到这里帮我打理田寮（农场）和虾场，去年才结婚，媳妇是本地人。我都叫他回中国找个中国人的，他说好的好的，可是就不回去找。你要他回中国去找很麻烦的，除非他一见钟情带她回来见父母就不同了。我都寄了几个照片给他看了，但很难。儿子对中国有感情，看到中国足球队同别人打，他都当拉拉队加油。他回去过一次中国，我现在想叫他回中国学几年中文。女儿就没去过，我说你跟你老公回去看看吧！现在中国这么大，这么漂亮，她说好啊，我说我会陪她一起去。我一定多带他们回去，让他们对中国多加深一些感情。

以前我来的时候这里的中国人是很团结的，很积极的，但是人数不多，一千来个人而已，番禺人在这里很少。以前有中华小学，现在没有了。上一次和蔡志鹏先生一起回去中国，请了两个教师到这里的美国学校教中文，小孩从幼稚园开始读中文，读到中学六年，差不多会说会写。还有一个商会，我们每个人都捐钱建了一个商会会所，有地方可以给穷人睡。中国人有什么问题，都可以帮助他们。蔡志鹏先生时不时叫我参加社团活动，我说好啊，一起帮下，大家都热心。而且有什么事故灾祸这些，一定会捐钱的。

我来厄瓜多尔十几年之后才回去中国探亲的。那个时候拼命挣钱，哪有时间回去。别人做八个钟头，我做十几个钟头。中国人做事差不多都是这样的，很拼命。没什么娱乐，什么都做。现在这些中国人来到这里，个个都要找快钱，都不愿意慢慢来做。

以前我妈在世的时候我年年都回去看她，陪妈妈一个月就回到这边。她是广州农村那边的，说客家话。她来澳门很久了，一直住在澳门。不过她现在已经过世很多年了，我就没那么频繁回去了。我有一些亲戚在广州。有个表弟做得很成功，他做包装食品，空运去日本，有云吞、烧卖、烧肉等等。那些日本人跟他买，他一个月卖几十个货柜，有两千个工人，工厂在佛山，做得很出色，是做大生意的。我回去一定会去他家里住，但他们没有来过这里，他的老婆是在这里长大的。有两个表妹来过这里。距离太远了，坐飞机要两天，我坐到脚都肿了。

做鞋起步

我在读大学时，就和同学一起做生意，开了一家鞋店，生意很好。那时的鞋子都是手工做的。我买鞋料给鞋厂，先把钱给他们，做完再交鞋给我。有四十几家厂给我做鞋，每个礼拜可以收到一千几百双鞋。我做的鞋都是皮鞋，批发零售都做，从那时开始起家。我去过基多开过店，但主要还是在瓜亚基尔做。

开鞋铺赚了些钱。我大哥来了之后就把鞋店给他做，我自己去做鞋厂。我从意大利买了新机器回来，意大利同学帮我把机器装好，开始做那些学生鞋，皮面胶底。那个时候这里一间鞋厂都没有，我是第一间。刚开始做的时候一天2000双，后面做到3000双，做了差不多四五年。这里按照古巴那个榜样来做，搞得没办法做了，贴钱都贴不了，你又不能辞退工人。你辞他工呢，他说你不能辞退我，这是社会主义，搞得我没办法做了。生意好做，但是憋屈，赚的都不够给人工，被工人告到黑，还不如关了它，所以鞋厂做了四五年就没了。

做田寮

后来开始做田寮（农场），那个田寮就在克维多，坐车去那里要3个钟头。那边的地很肥的，吃完一个橙子，放一个籽下去，两年后去收橙都可以的。那时的土地很便宜，我买了200公顷地，是分期付款的，不是一次性付清。原来的地主是一个将军来的，他的土地是政府给的，他拿着也没有用，所以就卖给我。他见我年轻老实，就收我一部分钱，另外一部分赊账给我，不然我怎么有钱买呢？赊账给我后，我就和一个做出口香蕉的德国公司说，我有一块地，你可不可以借钱给我种香蕉呢？他说可以。所以就借钱给我种蕉，种了200公顷的蕉，我以后就同德国公司合作了。九个月之后就有了第一个收成，做2000到3000盒香蕉，一盒42磅，就是20公斤。那个时候很好赚，一两年就把钱还清了，后面又做了割胶，就是这样开手的，不是直接有钱出来做的，都是从小本钱做起。

1970年，欧洲缺生果，我们出口香蕉到意大利。我们一二十个华侨华人有大蕉园，有两个华侨有5000公顷地，7万多亩，全是蕉园。另外一个姓张的有5000多公顷，全是大蕉园，跟他们相比，我是小儿科来的，只有几百顷嘛。我就同他们合伙，十几个人合起来做一家出口公司，所有出口的香蕉装船运去欧洲，每条船装25万盒，在意大利米兰放下货，然后分开去到德国、苏联和其他地方。出口香蕉赚过也亏过，因为香蕉的价钱时高时低，很难搞，而且收钱很难。去收钱的时候人家说你的蕉来到过了时，有百分之二十坏了，被人家扣钱你都没得说。所以后来我就在每条船到之前先坐飞机去，在码头等着。第一天，蕉青青的，哪里熟了？任他乱说，几条船被他骗了。那些人是很难同他做的，收钱也很难。收不到钱就运一些车回来，那个时候东德、捷克出产很多货车，不是很贵，运回这里，一下子卖光了。去的时候是蕉，回来的时候不怕空船回，没美金给我们就收回些货回来，所以两头都赚。我们做出口做了很久，后来被第二个国家的价钱顶了，就没做了，改做南美，调转出口阿根廷、智利、秘鲁这些地方。最后没有再做了，因为有蕉瘟，那些蕉的叶子全部烂掉，蕉变得没用。有几年都是这样，要用飞机喷药，后面才研究一种药去治疗，之后几年蕉都很坏很坏，不单是这里，菲律宾那里的蕉都坏了。

我本来有200公顷香蕉，因为价格时高时低，所以我不如全部砍掉，换成种植油棕。都是很心痛的，投了那么多钱在那里。不知为什么，今年油棕的价钱下跌了。之前很好赚的，卖到220美元一吨，成本每吨120美元而已，赚100美元一吨。现在就跌了，变成130美元一吨。不知道为什么会这样，忽然间下跌。这些非洲棕榈树，以前是做成润滑油，现在做润滑油的石油便宜，石油便宜就不需要这个了，因为现在石油价格是46美元一桶，以前是100美元一桶，石油跌了，润滑油的价格也跌了，就是因为这个原因，所以今年变得不好做了。但是我们不怕亏本，等等吧，等它价格回升吧，暂时不砍掉了。这里没台风也没旱灾，也没水灾，厄瓜多尔算是上帝保佑的。美国的苹果由它自己掉下来，还送纸袋给你摘，好过掉下来弄脏地面。所以，做农业听天由命！

咖啡、割胶都有人做，就是少数，不是大量。橡胶没钱赚的，我曾做过。做轮胎一定需要一部分的生胶，一部分是化合胶，生胶只有百分之二十。香蕉呢，有几个华侨做得很大，现在就没有了。

养　虾

做鞋之后我开始想做第二样了，想着养虾。我做虾做了30多年，从1982年做到现在。有一次我同一个朋友出到太平洋钓鱼，路过一个岛，见到有几个捕鱼佬在那里，那个岛多少有些围墙在那里，有些虾在那里，虾都不用放饲料的，潮水进来的时候就带来了好多微生物，那些虾就吃这些东西了。我见到虾这么大一只，他用一个网在水那里捞，那些虾苗，成千成万那样，什么都是自然的，都不用什么本钱的。我本来不懂养虾，怎么会想到养虾呢，就是钓鱼的时候看到的。回来之后，政府说那些地没用，是咸地不生草，就租给人，我租了300公顷，等于4500亩左右。租金便宜到离谱，那个时候没有人懂得做这些事情。

那个时候我多少有点本钱，先围住20公顷，就开手做了，开手的时候只有两三个鬼佬做。20公顷赚到了就做50公顷，做完50公顷之后就做300公顷，一直做到现在。不过有个时节是非常困难的，就是那个虾的白斑病，被它搞了七年。300公顷很大的，当时有80个工人在这里，一下子来了个白斑病，全军覆没，即刻停工，停工之后等它恢复，等了五年、六年都不行，第七年才好回来。那种病真的是致命的，不是一种，是几种啊，每七年都有一次的。现在好了，科学家发明一种良菌，这些良菌杀那些劣菌，就是这样整回来的，那个白斑病不是百分之百能完全消灭的，还是有些遗留的。不过现在用新的方法来养虾，现在存活率就是放100只虾下去有70只能存活。我一直都在养虾的，没停过。我现在有300公顷，拿的地就这么多了。后面我也卖了虾场，剩下这个养虾场，有4500亩吧，工人差不多有六十几个。

养虾是非常好的，有两个中国人说非常有前途，可以提高产量，一个是外省人，一个是广东人，他们都很有知识，在这里实验两个月了。可以拿到高产，一公顷产量可以拿到一万磅虾，不过我现在暂时拿不到，只有4000磅，他说帮我搞高产量，现在正帮我搞呢，如果能搞到就非常好了。

营商环境

在厄瓜多尔开工厂的人不是很多，为什么？工例不好啊，如果工人告你，你没办法赢的，去到法庭是输定了。外国人来这里开工厂一样会碰到这个问题，所以以前很多开工厂的现在都不做了，没人来投资厄瓜多尔就是因为这个。厄瓜多尔跟秘鲁、巴拿马比的话，是没得比的。秘鲁去年吸收的外国人投资比厄瓜多尔多十倍，巴拿马比厄瓜多尔多七八倍。没人敢来厄瓜多尔投资，因为工例问题，工例苛刻得不得了，对投资者不利，而且很多人都不傻的。比如，我放些钱进去，都没保障的，不如拿些钱去其他地方，可以保障我的，我有权的，如果连打场官司都输定了的话，不如不做了。

这个总统上台后，工人的工钱增加了三倍，他说365美元一个月，还有第13个月的工资，另外还要给假期，给吃用的给他们，又要给坐车费用，赚了钱还要分红，分百分之十五，一定要给工人百分之十五的分红，全世界我想厄瓜多尔是最先进的。如果你赚了100元，你要拿出百分之十五出来，还得拿百分之二十五交税，所以百分之四十没了，剩下百分之六十还有其他零碎的东西要扣，最后剩百分之五十。这里的工例是第一的啦，全世界我想没这么好的了。工人有工会，工人福利我们差不多给百分之二十，我刚才没有算这条数。我们给百分之十一，工人给百分之十，就是所谓的医疗费，还有他的养老金，每个月都要给百分之十一，工人自己给百分之十，百分之二十都在工人福利会那里，你说这里好不好？厄瓜多尔政治有时不稳定，最不好就是这个了。如果你做生意，那个地方一定要稳定，国家要保护那些投资的人，如果你不稳定，这里加税，那里加税，怎么搞呢？

方裕能

口述历史

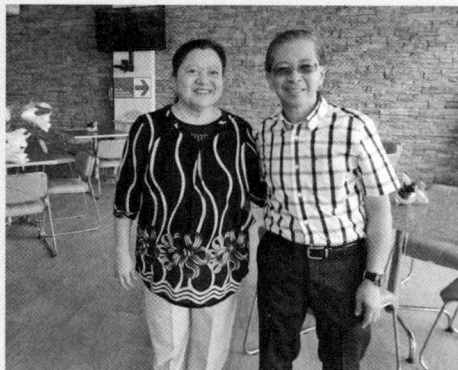

方裕能夫妇

时　　间：2016 年 11 月 28 日

地　　点：厄瓜多尔克维多翡翠酒店

受 访 者：方裕能，克维多中华慈善会副会长

采 访 者：李亦玲

录音整理：钟津婷

从香港到厄瓜多尔

我叫方裕能，1948年出生于广东省佛山市。7岁那年，我爸爸带我去了香港，因为我有几个叔伯在那里。我爸爸租了个地方住下，我上了学。

我爸爸兄弟姐妹共有八个，他最小，有六个哥哥，我的伯伯在秘鲁那边。当年，我爸爸先从香港去秘鲁。在秘鲁有很多华侨华人。他刚去的时候，给我伯伯打工。后来，我爸爸说："不行，我自己有家，有家庭、子女，有负担，一辈子打工不行。"

1955年，带着我二伯借给他的1000元美金，我爸爸从秘鲁来到厄瓜多尔的克维多。为什么以前中国人会来克维多呢？因为厄瓜多尔的蕉一直都是全世界数一数二的，最大量出口外国的，而克维多的蕉又是全国最好的。这里的天气和土壤很适合种蕉，种出来的蕉特别甜。蕉是用来出口的，欧洲最好的蕉都来自这里。但是，现在的蕉不行了，因为这些土壤已经不太适合种蕉。现在出去瓜亚基尔，或者从基多回来，可以看到很多蕉还在。以前全部都是蕉，后来被斩掉许多，种咖啡豆、橄榄、小麦、树木……。厄瓜多尔这里的咖啡豆在全世界都很有名，欧洲很多人都跑来买咖啡豆。

1968年，我20岁，刚刚读完中学。那时，我爸爸也有五六十岁了。他说："不如你读完中学，来这边看看。"当时，我想读大学。我爸爸说："看看怎样再说吧，如果不行，还可以去美国读，或者去其他地方读。"于是，我就同我的那些表兄弟一起过来看看，帮我爸爸忙，结果一直待到现在。其实，我留下来不是因为这里ok，而是因为那个时候我爸爸和他的一个表伯在这里工作，两个人没有帮手，难道做死他们吗？而且，我来的第二年，我妈妈在香港去世，那时我妹妹在香港读小学，我爸爸回香港葬我妈妈，我则一直在这里帮他忙。我爸爸回去几个月，处理好我妹妹的事。他回来时，我妹妹没有跟着过来，她同我家的一个世交一起住。我妹妹读完中学去了加拿大读大学。大学毕业后，她就在那里结了婚。

我用了一到两年的时间适应这里的生活。1968年，我下飞机的时候，觉得那机场超级脏乱邋遢。当时我想："这里这么落后，怎么赚钱呢？我给他们钱用才对。"那个时候，从瓜亚基尔到这里的路又远又烂，要用六七个钟头才能到，连车都烂了。这里下午六点钟就停电，我们有个货仓在后面那里，如果要拿货，要用光管来照。此外，还没有水，沙尘滚滚。我跟我爸爸说："我走了，我回香港去，有个恋人在那边。"我爸爸说："你回去干什么？你回去合适吗？你帮我忙吧，这里能赚到钱。"我说："这里这么落后，怎么赚得到钱？我给他们钱用才对。"我爸爸说："这里是落后，但是落后的地方容易赚到钱。如果你去美国、加拿大、欧洲，你是无法同人竞争的。在这样一些落后的国家，只要你肯做，你就会做得比他们好，因为你的脑子比他们好，你一定能赚到钱。"我觉得我爸爸挺有见识，所以想再干一年看看。后来，看到这里的外国姑娘挺漂亮，而且我在香港的恋人已经同别人结婚了，所以我就不想走了。再后来，我遇到我太太，就决定在这里落地生根。假如我在香港的恋人没有嫁人，我会带她来这里。我曾经这么想，可我爸爸说："你干多几年再说。你现在什么都不懂，带她过来做什么？"过了几年，她嫁给别人了。虽然来这里后我与她曾保持联系，但是，以前跟现在不同，写封信要一个多月才能到，那种接触慢慢就淡了，不像现在，随时都可以收到。我想她都忘了我，嫁给别人了，还是算了吧，姻缘这些事情都是天注定的。对于这段恋情的结束我感到遗憾，不过，我在这里认识的太太其实也非常好。我太太是混血儿，我岳父姓陈，是中国人，中山的，我岳母是本地人。她可能倾向本地人多一点，因为接触本地人较多，对我的生意帮助非常大。既然在香港已经没有什么亲人和值得思念的人了，所以我就安下心，待在这里帮我爸爸忙，不回去了。

来厄瓜多尔后，我爸爸曾让我去学校学习。他对我说："你去读些书吧。"我已经长得很高了，怎么读？我在香港已经读完中学，还去读什么书？我个子高，坐在那些矮矮的小孩后面，有心理压力，而且那些小孩会拉我的耳朵，弄坏我的东西，脱我的裤子。在学校学习西班牙语一年半后，我爸爸说："既然你不能专心，那就不读了，反正你在香港也学过一些西班牙语。"后来，有个年轻的收款员，就是在我店铺收钱的那个，她每天教我一两句西班牙语。

经营建材

我爸爸的生意真的很小，是名副其实的杂货铺，机油、汽车零件、鸟枪、灯泡……，什么都卖，连玻璃都卖，自己切割玻璃。有一件事情挺有趣。当时，多数人住木屋，不用玻璃，而我刚开始卖玻璃时又订了一批玻璃。我跟我爸爸说："这玻璃好像卖不出，怎么办？"我爸爸说："没关系，我找几个外国小伙子就可以解决问题。"他让几个外国小伙子晚上用石头扔路上的玻璃窗，玻璃全部碎了。第二天，就有人来找我们买玻璃了，而且当时卖玻璃的就我们一家。慢慢地，我们有了几个雇员。他们说："你们在这里生意挺好，可以在其他地方也开一间。"

我和我爸爸一起干到1978年。1978年的时候，我爸爸说："我老了，我给你做吧，你分些利息给我。"我爸爸在瓜亚基尔买了间房，同我伯在那边做汽车零件生意，我不很喜欢做这个生意，想自己到瓜亚基尔开杂货铺。基多是高原，三千尺，一直延伸到瓜亚基尔，都是凹下去的洼地，去瓜亚基尔，就得从这里上去，所以从风水来说，瓜亚基尔聚财，钱有进无出。我请了一个工头、三个外国小伙子和一个收钱的外国姑娘，慢慢开始自己做生意。刚开始的时候，我在做建筑材料，慢慢地转做杂货，做大建筑材料，我现在还在做建筑材料。

结婚后，我找了更多的帮手，在基多一直做建筑材料。刚刚结婚的时候，我们还年轻，为了抓住机会，干活不休息，因为怕过几年经济会不好，或者将来有竞争，因为从瓜亚基尔到基多，很多企业都比我们的大，要预备将来的竞争。这里跟香港、大陆不同，这里的中国人建房子都是建一整座的，建筑材料都必须自己买，而在香港则是去买整座大厦的其中一间房、公寓。在克维多，地大人少。据去年人口统计，这里有超过十五万人，有很多烂地、沼地。很多人买地，然后，自己建房子，自己起围墙，喜欢怎么建就怎么建。每个想建房子的人都来买我们的建筑材料。从1990年到2000年，厄瓜多尔有个总统非常好。那个时候，石油开始有好价钱，这里的经济增长了很多，人就有钱了，有了钱后个个都建房子，建房子的时候都需要建筑材料，而那时只有一间红毛灰（水泥）厂，当地只有我们在卖这些材料，很多人排队来找我买。那个时候，生意开始上了轨道，我们慢慢地卖瓷砖、地板、油漆……，总之，什么都卖，一直都发展得很好。

方裕能建材店

我曾经也想拿个农场做做。不过后来因为没什么人手，我的儿子很小，需要照看，而这里的人又不能信任，不能把生意交给他们做，他们很多人会偷老板的东西，整天都得盯着他们，所以没有拿农场来做。

这几年生意差一点了，因为石油价格下跌。三年前，这里的政府收入排列第一的是石油，第二是税收；后来就变了，第一是税收，第二才是石油，因为石油不停地跌价，以前一桶原油120美金，现在只有30到40美金。现在出产石油、提炼石油所使用的方法又快又便宜。厄瓜多尔跟中国借了很多钱，怎么还？用石油。尽管石油价格下跌了，国家收入减少了，但这里的工资和生活水平却逐年提高。我们这里使用美金，每个月的基本工资是365元美金，工作40小时，星期一到星期五，每天8个小时，星期六、星期日，半天，要额外支付。另外，还有第13个月、第14个月的工资，外加福利，每年都要多给一个月，也就是可以拿到15个月的工资。这样算起来，一个人的工资就差不多500美金了。按照去年中央银行公布的数字来，每一个由两夫妻、两子女组成的家庭每个月的开销大概是800美金，如果两夫妻一起工作，应该可以存到钱。这里的生活水平比基多和瓜亚基尔低很多，肉、菜、鸡等都非常便宜。

现在，我们有八十几个雇员，他们都上了轨道。当然，我们整天都看着他们，要管住他们。不过，没有以前那么拼命了。以前，我们什么都自己做，亲力亲为，做到晚上9点、10点，有时红毛灰来了，凌晨一两点钟起床，收红毛灰。现在这里有几家红毛灰厂，我们早上8点钟才开门，下午六七点钟就关门，星期日放半天假。因为我们有几个外国姑娘，帮我们干了二十几年活，我们当她们是自己人了，当她们是自己的子女了，这几个人就可以帮我们的忙。我们年年都回香港，欧洲也去了几次，上个月去了瑞士。去中国、美国、韩国、日本，一年我们去几次，都可以把店交给她们。现在科技这么进步、网络这么发达，我们可以在网上看闭路电视，不用像以前那样监控雇员，即使在外国，也可以看到这里的情况，而他们却不知道我们是否看得到。我故意让他们知道我们在监控，但是究竟我们看不看，什么时候看，他们都不知道，所以就没那么狡猾了。

管理已经全部电脑化。以前，我们的店铺很小。那个时候没有电脑，所以我们找了条铁线，外国姑娘在外面收钱并写单，用铁线夹住，送进仓库，那些外国小伙子凭单拿货。然后,我查货,另一个人验货。现在,生意做大了,还是要亲自管理,我们会监控复杂、大件东西的销售。重要的事情都自己做,而一般的事情,比如卖货、出货,就交给雇员去做。我们每个月都查一下,如果不见了东西,他们要赔。

我们当然依照劳工法去做,通过一些得力的助手去管理他们。我们全部按照法律去做,雇员多做一个钟头就给一个钟头的工资,周末干活就给双倍工资,这样,他们不能告我,如果他们有什么事,我可以告他们,比如他们偷懒、偷东西,我可以告他们。有一句话说得好:"你对我好,我对你好。"我们每年都给干得好的雇员奖励。去年我们带了三个干得好的雇员去巴拿马玩,玩了一个星期,费用全部由我们负责,他们从来没出过国,在巴拿马玩得挺开心。接下来,我们计划让干得好的三个雇员去秘鲁玩。总之,一定要给够工资给他们,把他们当自己人。

目前,我们的竞争对手有很多,既有本地人,也有中国人。我们的优势是有几家代理,红毛灰、瓷砖都是独家代理。我们拿的都是质量好的货。等到别人开始做的时候,拿的就没我们这么好的了,所以就不怕别人竞争了。而且我们做了那么久,人际关系很好,认识的人很多,特别是本地人。

在厄瓜多尔,按照规定,65岁退休。我已经68岁,如果想退休,现在可以退休,而且我们在加拿大、美国都有自己的产业,在基多还有一个社团。但是,假如现在退休,两夫妻你对我,我对你,整天吵架;倘若不退休,既有钱,又开心,我跟顾客交往了几十年,和他们很多人从小就认识,很多人现在已经不是顾客,而是朋友了。不仅他们,就连他们的子女也同我们买东西,已经是第二代客户了,所以我不舍得就这样离开习惯了的工作。有时候,做生意不是为了钱,而是因为兴趣,因为生活乐趣,因为成就感。不过,现在时代赚钱难了,就看我儿子了,如果他喜欢,就让他全部做下去,我们就到处走走,休息一下。如今,我们没有以前那么拼命了。其实我们应该可以退休了。

互相尊重

虽然在这里生活与工作了很久,很多人都认识我们,每个人都对我们很有礼貌，但是，这里的人没有从心里真正接受我们。其实，到处都一样。我们在香港看到一个外国人，心里也会有歧视，要说没有歧视，那是骗人的。现在美国宣称，没有歧视别人，其实是假的，美国一样歧视中国人。因而我知道这里的人没有百分之百接受我们中国人。很多人想占我们的小便宜，或者买东西便宜一点，总之，一切都是为了利益。他们尊敬我们，同中国的日益强大也有关，但是，说到接受，没有百分之百。而且，坦白地说，我觉得以前来的中国人没有什么文化，到这里后，随地吐痰和大小便，总是抽烟，不穿鞋，所以别人就看不起你。你要别人给你面子，你得先给别人面子。你见到别人就吐痰，把周围都搞得很脏，这样是不行的，所以以前本地人对中国人的印象不好，比较歧视中国人。不过，现在不同了，现在中国人比较注重礼仪，相对而言，比较容易被别人接受，本地人都能接受。以前，我们这些来的人都没钱，没带什么钱来，真的是来这里挣钱，赤手空拳闯世界。如今，近十几年来的那些福建人、浙江人，大都带着钱来，做成衣，卖衬衫、裤子，都有些本钱，可能不是很多，但毕竟有点钱，所以本地人就对他们好一点。不像以前，看到中国人来就觉得穷光蛋来了，中国人来抢自己的生意和钱。

本地人没有对我做过什么让我觉得很难堪的事情，因为我爸爸在这里。我爸爸是第一批来克维多的华人，他是好人，整天笑嘻嘻，跟本地人合得来。因为给我爸爸面子，所以本地人没有对我怎么样。听说，那时，中国的年轻人在街上被本地人扔石头，受到歧视，不过我没见过。另外，"chino"在西班牙语里就是"猪"的意思，本地人用"chino"叫你，就是说你是一只猪，用"cochino"说你，意思就是你像猪一样蠢。我们中国人听到这个词就感觉受到侮辱。不过，现在本地人很少说了，他们都很尊敬我们。然而，中国人有时候被人歧视是自找的，是有些原因的，当然，不是全部中国人。

劳工和税收政策

很多中国人在当地开餐馆，餐馆营业的时间很长，从早上10点一直到晚上10点，十几个钟头，晚上10点结束营业后还要拖地，在厨房洗碗炒菜的本地人干到12点钟才能走。那些中国人不但不加钱给他们，有时过于刻薄，一个星期干七天，把他们当机器一样使用，做多了又不多给一点工资，不依照当地的法律给雇员发工资，所以很多本地人都歧视中国人，污蔑中国人，去劳工部告中国人，因为劳工法保护劳工，雇员赚不到钱就偷餐馆老板的东西，米、盐、碟等，什么都偷。

现在，一般都不这么刻薄了。当今的这个政府抓得很紧，连洗衣工都得让他入工会。现在这个总统已经干了十年，他好像信仰社会主义，好像仇视生意人。总统的爸爸以前有些不好的经历，在美国曾被人陷害，带毒品，坐过牢，所以他仇视那些有钱人，仇视那些商业家，给我们加重税收，搞得有钱人和劳工的观念差别很大，劳工仇视资本家，没有以前那么听话了。

厄瓜多尔政府增加了很多针对生意人的税收，全国都是这样，税收最少的是百分之二十五，高的达百分之三十五至四十五。如果你赚得多，就增加更多的税，百分之三十五。除此之外，你赚的钱中要拿出百分之十给雇员，还要拿出百分之五给他儿女。打个比方，一年你赚了二十万美金，你要给雇员两万美金，如果你有十个雇员，一人2000元，如果雇员有子女，子女1000元，如果没有子女，就没有1000元，如果有三个孩子，就分三份。厄瓜多尔鼓励生育，如果生一个小孩，就有三个月的产假。也就是说，除了拿工资，雇员还可以分红。百分之十给雇员，另外百分之五给他（她）的子女。其实，政府分给穷人的钱就来自税收，这样的政策就是养懒人，就是优待穷人，目的是拉选票。这些穷人觉得总统对他们这么好，一定投他票，所以这个总统干了十年。现在又开始大选了，当选的总统应该还是那一派的人。在厄瓜多尔，你的子女越多，政府分给你的钱就越多，政府能得到的选票越多，因为一人一票！这里的法律就是这样。没钱赚就走，没有人叫你留在这里受罪。以前不是这样，十几二十年前真的很好赚钱，可以赚大钱，没有这样的政策，雇员也没有这样的福利。现在还可以赚钱，只是少了很多。有钱就赚，没钱赚就顺其自然，看看世界。因此许多人都不来厄瓜多尔投资。相比之下，去秘鲁投资的人是这里的十倍都不止。秘鲁的税收少，劳工法没有厄瓜多尔那么严，税收也没那么重。秘鲁挺好，现在很多人去那里。

社会活动

我已经加入克维多中华慈善会十几二十年了，它是克维多最老的社团。这里有个大众坟场，中华慈善会在坟场有一席之地，很多墓碑都是中国人的。现在我担任副会长。去年，我们庆祝社团成立五十周年。我爸爸来的时候就已经有了，我来厄瓜多尔都四十多年了。我觉得这里很少中国人，大家谈得来，成立一个会，合作做一点事，过节的时候聚聚，中秋节、新年等，中国领事、中国大使一起来唱一下卡拉OK。除了交会费，到了具体举办某个活动的时候，我们还要再拿些钱出来，或者捐些钱出来。如果是中秋节这样的日子，就买些奖品，抽下奖，大家高兴一下。请些本地人，让他们也认识一下什么是中秋节，也让他们看一下过年舞狮、舞龙、放鞭炮。

有空的时候，一般我都参加一下社团活动，联络感情。当然，我也跟社团外的人联络感情，比如每年的中秋节、春节，都会一个人出十几二十元，一起去瓜亚基尔吃个饭，看看老华侨有什么需要，帮一下那些没什么亲人、没什么依靠的人。有时候，他们走了，就去帮忙办理后事。有些老华侨，来这里几十年，孩子也走了，什么都没有，很凄凉，我们就去帮帮忙。其实，我参加这个会就是为了互帮互助，所以叫慈善会，因为我们不谋利。只要看

方裕能的建材仓库

一个月交一两万元的会费就足以证明，我们都是既出钱，又出力，完全是出于善良，帮助别人，做慈善，因此我们这个会没有政治性。

我们做慈善不仅仅面向华人，还面向本地人，他们有些什么事我们也会帮，比如这一次的地震。不仅厄瓜多尔经常发生地震，整个南美洲都如此，因为是地震带，有几十个活火山，有一两个火山整天都在喷发。我个人就捐了很多，我们慈善会也捐，然后把善款送往灾区。这些都是我们应该做的，因为我们在人家的地方谋生。这样，本地人就越来越接受我们。

对于我来说，本地人都很尊敬我，不是我自己称赞自己。很多人都对我说："你怎么不去竞选市长？你一定能赢。"我说："不，我都几十岁的人了，不做这些事了。"很多人都支持我，都说我做市长很合适。这次选总统，很多人都请我帮一下忙。第一，我没时间；第二，我太太不是很喜欢我整天在外面，她很顾家。如果我参与政治，肯定经常在外面跑。尽管她可以跟着我在外面跑，但是，她也要做事，让她丢下店铺，她不舍得。秘鲁曾经有个日本人当总统，可只有那一个，还被送进了监狱。他是右派，他的下属杀了人，虽然不是故意的，但是，账却算在他头上。现在，他还在监狱里。不过，他的女儿做得蛮好的，做议员，差点赢了本届的总统竞选，差了点票数。第二次也不行，票数很接近，刚上台没多久的现任总统。希望她下次能够当选吧！我之所以不希望中国人的后代当厄瓜多尔的总统，是因为害怕像秘鲁那个日裔总统被人陷害，而且要花很多钱，再就是我们对于厄瓜多尔人来说毕竟是外国人。那个日裔秘鲁人曾经成功当选秘鲁总统，因为他出生在那里，我无权当总统，因为我不出生在厄瓜多尔。当然，我当市长是可以的，以后吧。或者让梁先生当市长，他比我更有名。正、副总统无一例外必须是在厄瓜多尔出生的人。我的儿子可以参加竞选总统，但以后再说，先做事。

我们以前还有一间小学，是免费的，是我们自己建的，有八位老师和一位校长。我们出资，包括水电、老师的工资，等等。另外，还有二十几台电脑。那些电脑都是银行置换新电脑时淘汰下来的，因为我跟银行的经理有交情，所以成功劝说他把换掉的旧电脑用来资助小孩子上电脑课。那间学校我们办了有十年，但是从去年开始，政府就不允许办了。政府现在有法令规定，政府的学校全部免费，私人的就要全部收钱，所以就不让我们免费，否则，就不准开。可能觉得我们有什么目的，觉得我们利用小孩子干些什么事情。全国都如此，我们无奈，只能关闭那间学校。有些在那间小学读书的小孩，现在都已经开始读大学了。那些小孩都很穷。在这里，百分之三十至四十的小孩都是老爸结婚生下孩子后就走了，然后娶第二个老婆，所以小孩的母亲必须独自担负起抚养的责任。要吃饭，而小孩的父亲又不给钱，所以她肯定要干活挣钱。那小孩子怎么办？只能在街市上乱晃，所以我们让他们读书，然后，下午或晚上，他们的妈妈过来带走他们。其实，差不多像是托儿所。那个时候，我们有差不多一百五十个学生。后来政府不让免费办学，就关门了。

今年，我们想资助十几个、二十个贫穷的中学生读大学。比如有些学生成绩好，可以上大学，但没钱读，我们可以资助。现在我们就已经在计划了。我们觉得，我们不是这个国家的人，虽然我们已经入了籍，他们已经当我们是本地人，但是，我们的名字和血统始终都还是中国的。我们在这里赚钱，应该取之于民、用之于民，应该把赚到的一部分钱用在本地人身上。其实，我太太很喜欢做这一类的事情，喜欢的程度甚至超过了我。

另外，我们在每一年的年尾，也就是圣诞节，免费赠送大概三千到五千双鞋、文具等给当地那些很穷的人家的小孩，他们都排着队来领。我太太跟雇员早上八点钟就开始发放，像圣诞老人那样。年年如此，我们这么做已经有十五年了，下个月又要开始了。

家庭情况

我们方姓人家在克维多很少，只有我一个堂兄弟。平时没怎么接触中国人，因为接触这里的中国人的最好方式就是打麻将，但我不喜欢打麻将，虽然以前在香港的时候很喜欢打。如果我想打麻将，我肯定会在香港打一份工，有很多麻将打，就不来这里了。来这里是为了挣钱，为了干一番事业。我来到这边，从来不打麻将，所以与很多中国人都很少接触。当然不是每个中国人都这样，梁先生也不打麻将，他们很忙，我们也很忙。

在佛山那边我们还有很多姨妈和姑妈，经常有联系。她们很少来看我，因为这里真的很远，而且落后，飞机票贵，不同于美国、加拿大。如果到外国去玩，不如去美国、加拿大，来南美洲这边干吗？我来的时候，一个香港的海关人员问我去哪里，我说："去南美洲的厄瓜多尔。"他问："美国啊？"我回答："不是，是南美洲。"连香港海关对厄瓜多尔都没印象。现在，在大陆的中国人都不认识厄瓜多尔，只认识秘鲁，秘鲁很有名，但是，只要说哥伦比亚，却都认识，因为毒品多。其实，也不完全是这样。我经常去哥伦比亚，那里很漂亮。顺便去古巴，开放后，那些海滩变得又脏又贵，东西很便宜，但是，我们感觉上不知道为什么总有个不好的印象，始终都有些戒心。

潮汕人把很多很远的亲戚都搞过来一起做生意，我没有这么做，因为我们家只有我和我妹妹，她去年从加拿大来这里探望我，但是，没在这里住；我们在中国的那些亲戚，很多都在南海、广州，很少在乡下，现在广州不知道多漂亮，都像美国那么漂亮，生活水平挺高，在中国这么好吃好住，都不愿意过来，所以我回去看他们就行了。旅游倒是有。一些亲戚来过，他们不懂西班牙语，玩一下，就走了。

除了西班牙语，我还会英语，因为我以前在香港，而香港又曾经是英国的殖民地，我从小就学英语。当然，我是广东人，也从小就说广东话。那个时候，没有普通话，推广普通话是后来的事了。我来了厄瓜多尔这么多年才开始学说普通话。现在听得懂，但说就不是很会。慢慢来吧。现在，全世界都说中文了，中文是中国的正式语言。现在中国派了很多老师来这里教中文，就是对中国文化作贡献，让本地人懂得中文也挺好。我找那些从中国来的中文老师慢慢学。我儿子在加拿大也学中文，在汇丰有免费讲座，因为在加拿大有很多中国人。

我对中华文化很有兴趣，经常回中国。不可否认的是中国进步得很快。毫无疑问，现在中国的生活水准及文化水准已经高了很多。我太太因为有一半中国血统，所以也很喜欢中国文化，很喜欢中国的东西。每次回中国，很喜欢去那些博物馆参观。我们吃饭都用筷子。中国比以前强大很多，我感到很自豪，很骄傲，而且觉得这对所有华侨都有帮助。我们刚来的时候，也就是1968年，中国刚开始"文化大革命"。我爸爸说："千万不能同本地姑娘出去逛街，人家会骂你、盯着你的。"我问那些同辈的中国年轻人是不是这样，他们都说是这样的。那些有钱人会盯着你的，就是歧视我们。现在，中国强大了，很多本地人去中国旅游，做生意。如果同本地女子逛街、谈恋爱，她们不知道有多高兴。她们很喜欢同中国人交往，因为中国人干活勤快，又有点小钱，经济基础比这里的人好，而且比较专一，负责任，不会整天跑出去聚会，虽然也有一些人不是这样，但只是小部分人。南美洲那些人很不负责任，十个人中有五六个不是离婚，就是去找二奶、三奶。

我有两个儿子。大儿子读完中学后就去了美国波士顿读大学，读完大学就在那里读硕士。他读商业专业，因为我希望他帮我做生意。我妹妹说："他不如去温哥华那里住。"所以我大儿子在美国读完书就去温哥华汇丰银行工作了几年。前年年底，我对我的大儿子说："我都几十岁了，你来帮一下忙吧。"他当然不想回来，那里的环境不同，他的朋友、至交都在那边。星期六、星期天就开着车四处逛，这里没有地方给他娱乐。但是，他还是回来了。现在正在帮我忙，不知道将来会怎么样。他已经在加拿大入了籍，拿到了护照。我跟他说："如果喜欢，那你就做；如果不喜欢，就回去吧。"他三十七岁了，还没结婚。没法子，因为他喜欢这样，我不能监管他。美国人、加拿大人不喜欢那么早结婚，他学了西方的那些思想。

小儿子22岁，现在正在瓜亚基尔读大学，他想一年半毕业后就去波士顿继续深造，像他哥哥一样读商科。我也希望我的小儿子学成后回来帮我的忙，接手我的家业，他自己也是这么想的。

洪楚然

口述历史

洪楚然

时　　间：2016 年 11 月 27 日
地　　点：厄瓜多尔安巴托洪楚然家
受 访 者：洪楚然，华商
采 访 者：张应龙
录音整理：吴怡楠

初来乍到

我叫洪楚然，1966年出生于广东潮安县东凤镇萧洪村。文化程度初中，在东三联中读了一年初中，那个年代生活还是比较困难的。我父母都是在农村做农的，我兄弟四个，我最小。

1985年，我第一次出门到海南三亚县找我哥哥，他在那里的农场上班，可是我在海南找不到工作，便回了家乡。然后在汕头做过塑料，差不多有半年时间，然后还是想着在外面发展。1986年我就跟着朋友到珠海，做了一年民工。1987年到深圳，碰到一个朋友在福田区，便在深圳福田粮食进出口公司工作，是送粮食到各个门市部的，那个时候在深圳我们有400多块的工资，比我以前干过的工作都好很多。在那里一边干我还做了一点生意，回收面粉袋、米包。到1993年我就出来单干，跟民工一样，买了两间临时的房子，回收面粉包装袋。一个袋子赚一毛钱到三毛钱，一个月差不多有两千块的收入，向我买货的是个江西人，他把袋子送到上海去。另一个帮我买的在广州三元里，是高要人。在深圳我住了七年，然后我一心的目标还是想出国，中国那年代找好的生活出路也是很难的。

我三哥是1984年我表姐林佩珊带他来的。1994年1月份我来到厄瓜多尔，当时是我哥哥在这里帮我买飞机票，但是我那时候能付得起，我1994年在深圳已经有几万块了，但是我当时买了东西，存下一万多块给了我父母，我也没有带钱过来，我一心想创业，我的头脑这样想，反正我们中国人漂洋过海就是去赚钱，我们一定会赚到钱，我们不用带钱，我们那边有亲戚可以依靠，只要我们能学到语言，我们就能找到生意来做，我就说我们出国不用带钱，有这奋斗心，就能保证我们一定会成功，我就是这样想的。我们的第二代就很难说了，要看看他们对我们生意方面有没有这个信心，有没有这个努力，有没有像第一代这个奋斗心。

另一个哥哥是1997年、1998年的时候过来的，那时候刚好我买虾田，现在他在马查拉，侄子侄女都结婚了。还有一个大哥在中国，以前在海南岛的。我大概申请了十个人过来，有二哥、二嫂、侄子、侄女，我太太的哥哥，哥嫂，侄子，我的同学，我大哥的儿子，还有哥哥的女儿大了要找对象，儿子回家乡找媳妇，我们各人都有带亲戚过来。我们当时也不知道中国会发展这么快。我马来西亚的堂妹问我有没有兴趣到那里投资，现在去泰国、去马来西亚能否赚钱都很难说，不如在中国开公司。在本地熟门熟路就行，在厄瓜多尔都有投资空间。

白手起家

我刚到厄瓜多尔，言语不通，西班牙文一点都不懂。我哥哥请了一位老师，我跟太太一起学了一个月。1995年我哥哥出了车祸过世了，我就担起这个担子，做汽车配件和柴油车汽车配件。1994年之前都是在中国台湾和日本进口，这几年，我就在中国大陆，在上海，最近在广东进口。前几年我去美国参加展览，然后就联系从广东厂家进口。现在我们中国的质量也不错，我们现在就开始走中国这条门路了。因为我们中国的工钱比较便宜一点，现在我们就发展中国的，泰国也有进口，韩国也有进口，就是一点点，我的生意也不算那么大，算小生意而已。

我现在做汽车配件的经销范围包括整个厄瓜多尔，生意比我以前在90年代那几年做的还小，我们的亲戚好多人都是做这个汽车配件，所以有竞争，竞争也是在进口方面。中国大陆的、台湾的，以及日本的不一样，日本进口的利润都有一个幅度在25%到30%左右，中国的就没有一个固定的幅度，有的占到200%、100%，因为中国工业发达，人工还是便宜。我的配件主要是配日本跟韩国的汽车，现在有一部分是中国的。我们中国的品牌在这里大概有十几种，长春车是在这里装配的，从中国进口，去年开始在这里装配，老板是本地人，中国有派技术人员过来，这个老板也是这个城市最有钱的家族，现在也在秘鲁、哥伦比亚开厂。经销的配件全国都有，我是批发给同行，他们跟我拿货去卖。我自己也做零售，有两个店。零售的一个月有五万块，一年零售就十二万美金，批发我就没有去算，我一年就二三十万美金而已。这里的零售平均20%到30%的利润，批发最少也有15%，最大50%。我的业务现在主要是汽车配件，没有其他生意。

做汽车配件卖汽车要考虑到一条龙服务，现在看我们在中国能不能找到一个品牌，做汽车本钱比较大，配件、修理线什么都要配齐，但这个肯定有钱赚。因为第一，拿到汽车代理、维修汽车、卖个零件都有钱赚。比如长城汽车已经在几个城市卖得很好，长城汽车都在这里装，已经装了两三年了。那个江淮汽车也很好，我们也有卖江淮的配件，很受欢迎。这个江淮跟日本五十铃小的配件有90%是一样的，大的就跟美国国米这个车型一样，顾客对这个有好感。

在这里做汽车配件生意有空闲的就是星期六一天，星期天半天，一天半的空闲时间，做餐馆的没有什么休息时间。我现在有五个员工，一家店两个员工，一个是家庭工，帮我搞家里。我们一般按当地的基本工资，现在是345块左右，加上其他假期，差不多500块钱一个月。

养虾致富

我们来到这里开餐馆的比较多，以前我们有七八家人在养虾，我们表姐、表姐夫在开金矿。1998年我们通过熟人买虾田，刚好那个马查拉省长他一个虾田卖给我们三个亲戚，总共270多公顷，我买了100公顷，其余是我表姐夫跟一个老板买了。我们向银行贷款，买了虾田100公顷，在城郊，花了48万美金。在那个过程中，我表姐、表姐夫帮我一个大忙，还有我表哥也帮忙。我在太平洋银行贷款20万美金，分为三年付款。我养虾时候，最初住在虾田半年，我在那边带我一个哥哥还有一个舅哥在那边工作，因为他们语言不通。2000年12月底，我还清银行贷款后，就租给哥哥和我舅子、侄子他们做，在这个家族，我是第一个把虾田租给别人做。1公顷一年收500块美金，我是100公顷收45000块美金，我还有5公顷地没有开发，一直都是这个价，没有涨过钱，都14年了。一直做到前年2014年把虾田卖掉了。那时候我们商量了一下，银行贷款我们按期付款，虾田卖掉，我大概是赚了100万美元，卖了180万。虾田从投资到卖掉一共是16年，我自己才做了2年，我自己有自己生意，没时间去兼管，前年我看虾田的价格蛮好的，所以就把它卖给本地人。

我们以前做养虾的时候还不太好，最近几年比较好。100公顷，每个虾池放苗三个月到三个半月，四个月收一次，一年大概是收三次，每个虾池大小不论，以一公顷算，大概产量1200到1500斤左右，不是高产量的。我们是六个大池，我有十一二个池，最大差不多是15公顷，小的有三四公顷，我那边交通最方便，有一些虾田我去看过，有的要经过人家的香蕉园，有的还没有水没有电，我这个田就什么都有。那两年自己经营，一年大概是产量45万磅虾。我们在塘边上收，最贵卖到4块多美金一磅，最便宜卖不到1块美金，价格差得很大。这跟饲料也有关系，以前一包还不到20块，现在的饲料可能涨了10多块。我们一个虾田100公顷，一年可以赚30万美金。我的虾田雇过十个工人，有四部抽水机，两部小货车，送饲料、买东西之类。收虾的时候是大公司上门来收购，他们会问我什么时候有虾子收，什么价位之类的，然后试一下虾子有多大，然后计算价钱结账。现在买虾要拿定金，然后明后天就到他们公司去结账。他们带那个密封车来，用冰把虾冻死，这个虾才新鲜，运到工厂包装，一盒装多少磅这样，装好后送到瓜亚基尔出口，出口到美国、欧洲和中国大陆。

厄瓜多尔几个城市都有虾田，曼塔、瓜亚基尔、马查拉都有虾田，临海这些都有虾田。养虾的话，当时还是本地人比较多。第一个养虾的是台湾人，台湾人走在前面，台湾人也赚到钱，他们养虾这条出路很好，我们也跟着做了。我们那时候计算起来有1000公顷左右在那个城市，还有其他广东人在做。现在不做虾田，第一是因为那时虾有病，那一两年没什么钱赚，第二是人身安全问题，虾田里面本地工人打死管工，生命安全没什么保障，对这个有一点担心，然后价钱问题，所以就慢慢退出了，做了其他贸易。

做进口还是比较好，可以知道这个国际市场，比如外币美金、日元、人民币各方面的信息比较清楚。潘会长是做进口的，他这十多年生意做得最快最好，高峰期最多超过一百五十个柜子，一个柜子赚一万块美金，一年一百多万。在我们这些潮汕人里面，潘会长最有成绩又低调。我们中国人不能在这里做工，如果你在这里做工，就没有发展前途了，我们一定要创造自己的生意，做老板。

家庭责任

我来到这个国家到一月份就25年了，一直都在奋斗，没有空闲过，我只回过中国大陆两次，2001年和2014年。我来了20多年才回去两次，因为我这个生意，加上我那些儿子、侄子都还小，大多还在读书，没办法帮上我的生意，我都是自己在做生意，所以没有空闲时间回大陆。

1995年，我哥哥在去基多的路上出了车祸过世了，然后我嫂子跟人走了，留下三个孩子跟我一起，当时才7岁、6岁和4岁，我自己的儿子才2岁。我那时候年轻，便挑起这个担子。三个侄子我全部拉扯大，都大学毕业。大的侄子第一年毕业就到法院上班一年半，是工程师，后来去做生意。第二个侄子在大学教英语，他以前去过英国教西班牙语，一回来他的母校就接受他在那边教英语，一年时间因为表现不错就提升为教导主任。第三个侄子今年刚刚大学毕业，现在在学习法国语言，还没工作。我自己有三个孩子，大的儿子今年刚刚大学毕业，学国际贸易。二儿子在汕头读书，但他不喜欢读书，2008年之后才到这里来帮我做生意。小女儿有一点小儿麻痹症，已经21

岁了，生活还不能自理，我们还要照顾她。对于这三个侄子，我每个的任务是给20万美金当作生意本金，老大我已经给了，老二、老三还没出去做生意就还没给，任务还是挑在我肩上。

现在还有两个侄子跟我在一起，去年大侄子结婚，生了一个孩子，他已经28岁了，二侄子是27岁，小侄子26岁，我儿子25岁。我的大侄子从小跟我到现在，去年去做生意，娶的老婆是我们老乡，还可以。第二侄子不想娶大陆的姑娘，他在这里出生，不是经常跟我们生活的，生活习惯不一样，星期五星期六都是搞到晚上12点，甚至超过凌晨两点，星期六星期天不用上班就睡到十二点一点，这里就是这样。

我跟自己的儿子说，最好女朋友还是找我们家乡的。传统习惯很重要，如果娶了这里的人，我们的传统习惯，风俗都改了，我比较担心这个问题，其他没有什么问题。大儿子他人也好，亲戚个个喜欢他，都表扬他，我最担心娶媳妇娶到本地人，你现在有多大的本事，你的下一代就有什么出息，这说实在的。这里最有钱的亚洲人我们知道是韩国人，是我们同行做汽车配件的，他四兄弟资产是超亿美金的，这几年就有到这里娶媳妇的人，要分家产，搞这搞哪，搞到他们现在生意都跌下来很多。

我们华侨的孩子找对象80%回老家去找，在本地不一定能找到合适的。朋友介绍，家乡现在很方便，微信看看，大家聊一聊，超过百分之八十都是回老家娶媳妇，本地的中国女孩很少。大家都是这样，大家都讲潮州话，讲客家话，但就是跟西方人有差别，观念不一样，西方人离婚率很高。现在中国没有以前那么封建，这年轻人的头脑还是太简单，没想到以后成家，这个家业怎么下去，现在离婚率会提高，以前没这么多。

我有拜神的习惯，初一十五我们都有这个传统，其他节日中秋、清明、过年都有，我们兄弟姐妹都有拜神，都是按原来的习惯在家里拜的。下一代的话，就还是得看看，如果娶到老乡的女孩子，一定会有拜神的习惯。

我的西班牙语是我哥请个老师在家里教，然后在店慢慢学，平常做生意交流我还是可以应付，法律那些我就不太懂了。我现在普通话说得不好了，在这里基本没和谁讲普通话，我的广东话也是马马虎虎，客家话听懂一点点，在深圳都是本地人跟客家人，客家话现在也20多年没听过了。我孩子就会讲西班牙语、英语跟潮汕话，中文他看不懂，以前有进过学校但没学好。我侄子和我大儿子两人进过基多的中文学校，但没心学习，如果平常我们说普通话就还可以，但写也是没办法。我两公婆做生意就晚上回来，我们家庭一直都有工人，帮忙小孩子吃饭、洗衣服、打扫卫生。

我在家乡也有小小的贡献，建学校，建公路，我都有作点贡献。其实我到外面旅游也很少，我到这里20多年，才去过美国两次。刚好十多天前才去过美国一个月，有个亲戚在那边办喜事。我是11月3日到美国洛杉矶，11月13日才回厄瓜多尔，我也没什么时间。

我没有在美国买房，我儿子没有打算在那边读书，美国养老是不错，但是要找到那些亲戚买的那些地方。老人家也没有那么自由自在出去玩，不那么自在，像这里我们星期六星期天都过来游泳，一般我们没有什么空间去锻炼什么，还是游泳最好。节日比如中秋、过年亲戚大家就会聚聚，今天也有过来两三个来帮忙。他们不做餐馆就有时间，做餐馆就没有办法，做餐馆星期六星期天最忙。我那些亲戚都有开餐馆的，我一个侄女就是开餐馆，其他就没有，我表姐在基多开餐馆，她开了几十年了，很大的。

洪楚然家

文化交融

我们中国人在这里最富有的是那个香蕉大王王老二，好像是我们广东人。还有一家也很有钱，东方集团的梁公壁先生，我们现在也很少见他。以前我表姐夫儿子娶媳妇就在瓜亚基尔摆酒，我们见过一次。听说他跟我表姐一样大，虽然很老，但他自己还是扛全部的生意，听说有三个儿子一个女儿，两个是娶这里的本地人。他老人家70多岁，很有地位，很有知名度，但现在还要管着他的生意。克维多一个姓戴的年轻人很年轻，是个新秀。可能比我还小，以前他有虾田，但没那么大，有三十多公顷。以前他做过餐馆，这几年才不做。还有汽车配件，一早就跟我们一起做的。他现在是做轮胎，他现在的轮胎生意一年超过一千万美金，也是跟我们中国广汽公司合作，但是他这个生意以前是杨会长的，杨会长1999年那时候才没有做。他在克维多有好多房产，租给人家。他现在自己住在瓜亚基尔，听说还有一百五十公顷还是两百公顷的田，但主要的生意就是做轮胎。他是广东番禺人，也是说广东话的，他也是跟我们这些亲戚有交情，大家都有来往。

我们这一代在这里也不算早，我一个朋友是在这里出生的，在这里当医生，今年70岁。他家是我们这个城市的中国人中来得最早的，他爷爷都在这里，他有三个姐妹，两个弟弟。他爸爸妈妈是中山人，他会讲客家话，他弟弟讲广东话讲得很好。另一个李先生也是中山人，会讲客家话，他在这里有35年了。

我们这个因巴布拉省现在有四五百个华人，广府人占大部分，还有潮州人，这几年比较多是福建人，其他省比较少。广府人最早来的，第二就是潮州人了，我表姐他们是1977年来的，福建人是2003年至2008年才来的。据我了解，福建人大概在这里有六七家是卖衣服的，其他是做餐馆的，有十多家人，人数约一百多人。福建人主要是做百货跟餐馆，老一代的广东人做餐馆，现在我们就做汽车配件和开餐馆，养虾还有三家，还有做贸易、百货这些都有，大概就是这几个生意。

厄瓜多尔工作没有那么紧张，工作效率没有那么高，比较慢，他们的思想只有这样拖过而已，星期六星期天就去喝酒跳舞，这里的人都喜欢。我现居的房子，装修也要一年，这里做工很慢。一天8个小时，早上8点到8点半开工，晚上5点就收工，星期六星期天不做。你要做可以，平时一天是20块，星期六星期天就加两倍，加40块，加上工资底就三份工资，60块，周末都这样，如果没有就不开工。农民也不做工的，所以这里发展慢就是这一点，你想快也快不了，就是这样。生活水平也不算高，可以算农村城市。土豆、杂粮都很便宜，鸡、鸭这些三鸟都很便宜，一只鸡，不过秤的，四五斤，才八块钱左右。

洪庭亮

口述历史

洪庭亮

时　　间：2016 年 11 月 27 日

地　　点：厄瓜多尔基多假日酒店

受 访 者：洪庭亮，厄瓜多尔华侨华人联合会前副主席

采 访 者：刘　进

录音整理：吴怡楠

家族移民

　　我 1965 年出生于广东省潮州市潮安县，兄弟姐妹七个，我排老六，生活条件不是很好的。高中毕业后在一个工厂上班，当了两年司机。1986 年我姐姐过来厄瓜多尔，因为我姐的老公是杨会长外甥的关系。我们上一代也就是我叔叔我大伯都在新加坡，我大姑在印尼，我们家族都有出国的习惯。我姐在这里发展不错，觉得国内没有厄瓜多尔发展好，然后就把我带出来了。我们兄弟姐妹很多，大家发展有困难的时候都还是眼睛朝外看，就是想到国外去发展。

　　1994 年我来这里，当时想先看看情况怎么样，如果好就在这边，如果不好再想办法回去，结果这边的发展空间还可以。1997 年我太太和两个小孩也到了厄瓜多尔。

1994年6月我过来厄瓜多尔后，刚开始帮助我姐、姐夫做一些事情，他们在做汽车零配件，帮他们送货什么的，跟着她们做了四年多，后来为了自己要发展就离开我姐、姐夫出来发展。

我那些兄弟年龄太大，没有出国热情，但他们的孩子还会出来，我家这边带出来4个，我夫人那边带了6个出来。我舅子自己经济好了之后，有发展前途，也带出来2个，来给他帮忙。我外甥也带他弟弟出来，我们带出来的都有十多人了，我的外甥他们都叫他爸爸过来，亲戚就会叫他们过来生活。兄弟姐妹七个就我和我姐姐出来，五个哥哥还在国内，生活还不错，在国内的钱也不是很容易赚的，弄个加工厂一个月赚一两万块，日子过得还可以。我父母还健在。我给家里在金钱上出了不少力，责无旁贷孝敬父母，做子女就得这样，你有经济能力，肯定是要孝敬父母，这是第一的。我们潮汕人比较勤劳，我们是赚小钱。知足常乐，我们这种能力能赚到今天的样子我们都很高兴了。

家族生意

刚过来时帮姐姐姐夫做销售，汽车零配件，进出口贸易，我姐给我四百块美金一个月。做了四年后就离开他们独立了，1998年底我自己出来发展。我自己觉得自己有能力，就跟她说我自己想独立出来做。因为老婆孩子需要钱，因为你一辈子跟着人家打工，当然没有可能出头的，你碰到机会，一定要出来发展，当时姐姐只是给我一个月两千块的工资，没有说给我股份，也没有说以后干得好一起干给股份。我选择自己发展，自己当老板肯定做得比较多。姐姐姐夫也比较支持我自己干，但我没有要求姐姐姐夫给经济上的支持，我离开我姐大概有一万块美金，我都是自己从零到现在。我是有多少钱做多少生意，我刚开始开个小店，买个小车，分期付款，什么事都是自己做，我的个性不喜欢银行贷款，不喜欢借亲戚朋友的钱。当时开店就是夫妻店，然后雇了一个当地人。也是做汽车配件，在厄瓜多尔跟批发商买的，刚开始也没有本钱，跟人家赊一些账，欠一个月、两个月。我姐夫也是这个生意，我跟我姐夫也是有竞争关系的，厄瓜多尔那么小。但他现在跟我做的路不太一样，我主要是进口中国大陆的，他是从台湾那边进口过来的。

生意刚开始也很好赚。一两年后，雇的当地人偷东西，他偷了零件去卖，被我发现了，有证据，我就说我工资结给你，明天开始你就不用来做了。2001年我从老家找了亲戚过来。刚开始就是找了我舅子两公婆过来，后来就是我外甥，我侄女，我老婆的外甥，前后搞了十多个亲戚过来。当时签证也很麻烦，花了很多钱，基本上每个人过来都要一万多美金。他们帮我们几年忙，我给他们优厚的待遇和工资。做到业务熟悉，我提出我开个店给你干，我出钱，你出力，赚的钱就一人一半。刚开始给他们开了五家店，后关掉一家，剩下四家，现在都不是我的，我感觉太累，都赊账卖给他们了，等他们赚到钱再还给我，我就这样帮我的亲戚。2004年开始只做自己的店，分店都卖给他们了。我就管我自己的公司，主要做批发零售，我进的零件都是卖给他们或是其他客户的。到现在已经做贸易十多年了，生意还算可以。做零配件政府还没有什么限制，没有什么要求，包括其他证件之类的，这一行还是比较容易做的。从1998年到现在一直做这个生意，还挺顺利的。

以前东西主要进口日本和中国台湾的，现在主要进口中国大陆的多一点。因为中国大陆现在汽车配件的质量都达标了。刚开始质量不是很好，现在国内技术、材料有改进了，从中国大陆进口来卖比较放心，利润也是可以的。我现在还是主要搞零售、批发，在汽车维修门店批发零配件，主要是做柴油汽车配件，卡车、巴士、自行车，货车。小车是汽油的不做。这些大卡车、大巴都是日本产的，只要和中国零配件的型号一样就能用得上。店是开在基多，批发的客户是全国的。

目前的店雇了三个员工，货柜运输是雇了十多个当地人的，工资现结，临时雇用。现在雇的三个都是亲戚，潮汕人，还比较年轻，二十多三十岁的男孩子，来的时间不长，其中一个已经成家，另外两个没有。我一般给他们比当地政府规定的最低工资高很多，赚一个月相当于人家一年的工资。一个3500块月工资，一个雇1500块，另一个500块，刚来的就没有那么多，最低500块给他，当地人是366块。如果他干得好，就会涨钱给他。一个帮我干了十多年，他什么都懂，银行汇款都帮我，客户送货什么的，都会操作。我现在很轻松了，所以今年我都回国去两次了，因为放心。这个人就是那个3500块的，这里的公务员每月只有1000块左右，他比公务员高。我们比较信任他，他不会跟你讲究什么时间问题，礼拜六礼拜天有生意也一样做，我给他高工资也是想留他在这边帮我做。他现在应该没有想法自己出去创业，因为刚开始出去做没有那么容易做，一个月要赚三四千块也是比较难的，他吃我住我的都是不算这个钱的，他自己都是几千块剩下来。

子女培养

1994年我出来的时候29岁，那时我已经成家，生了两个儿子。我太太1997年出来，1998年生了女儿。我大儿子今年24岁在美国上南加州大学，一年要十多万美金，其中七万多学费，二万多生活费，二儿子一年也要七八万，他今年22岁，在圣地亚哥读大学，学费比较低。小女儿明年才过去美国，现在在厄瓜多尔的学费大概一年一万二左右。这样一年也就要二十万美金，我也能负担得来了。因为我是做贸易的，一年都有几百万美金营业额。我的大儿子、二儿子因为都是从潮汕过来的，家乡话没问题，就是国语有一些困难，说是没问题，他们主要是说西班牙文和英语，在美国留学当然英文很好。小女儿今年18岁，我们经济条件比较好，可以送她上贵族学校，现在已经高中毕业，在准备SIT，准备报考到美国去上大学。老大老二都是家乡出生的，以前我们回去都是一家人回去，当时他们在上高中，现在他们上大学，就没空回去了。儿子他们对老家有一点概念，毕竟在那里出生的，但是现在在美国，他已经习惯了，加上好几年没回去，现在他们对中国老家也没有什么感觉了，刚开始对老家还有概念。

因为我读书不是很多，我的下一代读书一定比我多得多。孩子是留在美国还是回厄瓜多尔还是未知数，我在洛杉矶买了一套别墅给小孩子，花了50万美金，还买了两部车，一人一部，他们在那边生活都很好，很优越，上学开车，吃的都很好。我们有这经济条件，就给下一代比较好的教育。

社会活动

1980年我参加华侨联谊会，2005年、2006年成立华侨华人联合会后，我做了好几年的副会长。我当时来这里的时候，没有参加这些活动，因为我姐姐姐夫他们不喜欢参加这些活动。我参加社团活动是在2000年，当时是朋友介绍参加的。后来我喜欢参加社团，有互动，消息比较灵通，后来做上副会长后，跟使馆的消息也比较灵通。主要我考虑到商业的信息灵通，多一个朋友，多一条路。因为你在社团里面，有广东中山人和福建人，大家吃吃饭，聊聊天。社团主要是春节、中秋团聚一下，每年都有两次活动，华侨有什么事去找侨团，这是一个方便华侨华人的平台。使馆活动也有请我们这些侨领去参加，每年的春节、国庆节、八一建军节他们都有请我们这些侨领。我们是在做生意，需要了解当地的信息，法律改革的消息得到比较快，可以相互交流经验。如果你没有参加这个侨团，你都没有什么信息的，现在网上都可以查得到，以前信息没有这么发达，现在我们用手机搜一搜，国内的信息也有，这边的信息也有。社团对我们做生意的打发空闲时间的功能不是最主要的，因为空闲时间是亲戚朋友聚在一起打打麻将。现在这边没有赌场，以前在赌场，消磨一下时间，工作有时太累，压力太大，就去消磨时间。酒吧、歌舞厅我们都不会去，中国人都喜欢到赌场那里去玩一玩。

我对家乡也有贡献，对我们乡里修路捐款，我都是主动捐款，他们没有给我下达任务，都是我主动捐多少的。今年盖学校，我也出了几万块人民币，我就作为赞助给。我的兄弟姐妹我都有帮过忙，都有资助我哥我弟他们办小工厂，兄弟姐妹之间都是无偿的，虽然他们开口都是借的，后来我就说给你了，你不用还我。我太太那边，我岳父那边，我舅子还没赚到钱，他盖的房子是我出钱帮他盖的。因为我帮助亲戚朋友，他们对我还是比较尊重的，我每次回去亲戚朋友都请我吃饭，都很尊重。如果赚到钱，你没有做慈善，人家也会说你，你赚了钱对亲戚对家乡没有贡献，人家也会说你。做慈善，亲戚朋友无话可说。

中国的地震雪灾，我都会捐一两千块美金，潘会长做会长的时候，我也捐过五千块美金，我们几个侨领在安徽那边建了两个学校，我们做一点公益事业。我们虽然人在这边，但心系国家，有什么事情，我们都很乐意捐。有一些厄瓜多尔人都是很好的，可以交心的。厄瓜多尔当地的朋友，年轻时候结交的，十多年的朋友，我都借他们几万块去买修车厂。

我跟当地人来往也挺多的，有几个很好的朋友，是厄瓜多尔人。昨天有好多朋友从别的城市帮我送货回来，上个礼拜我去外地收钱，没有收到钱，我就搬那些零件回来。我的车装不上去就放在当地朋友家里，这个礼拜他帮我送过来。这也是最好的朋友，可以相信，一万多块美金的货放在他们家，然后一个礼拜之后帮我送过来。我们经常都有聊天，生意来往。像跟中国人打交道一样，像好朋友那样大家请来请去的请吃饭。在厄瓜多尔华侨没有被歧视排斥的感觉，我是觉得没有这种排斥。中国跟厄瓜多尔的关系很好，中国借给他们很多钱，他们看到中国人都会比较尊敬。国家关系搞好，对华侨在当地侨居，或是定居，都是有帮助的。国家是我们的后盾，使馆有什么事情来找我们，我们肯定会帮使馆解决的。

当地侨情

现在厄瓜多尔有多少华侨，我也不太清楚，大使馆说八万，我觉得应该有，这几年中资机构增加了一倍多，算这些进去就有。那些是临时的，我们是固定在这里的，他们是两三年就回去，我想使馆是算这些进去才有这么多。因为是国家派出的，中资机构在这边做工程，一个公司都有一两千人，好像那个水电站，都有两千多工人，建完就回去了。华侨最多也就四万人，做老板比较多，打工比较少。南美洲这些国家比较落后，我们做老板比较容易做。如果在美国，要做老板就比较难。我们华侨早期主要是餐馆、五金，这几年是百货，这十多年来是贸易。做餐馆比较多，大部分来都是做过餐馆，但我就没有做过餐馆，没有进入这一行。做餐馆比较辛苦，时间比较长，但做餐馆比较好，周末很多人来吃饭，钱也比较容易赚。杨会长开的是中国大饭店，那个生意是全基多最好的，谢先生那个没有门店，刚开不久没有什么生意，他在伊瓦拉（Ibarra）那家的生意比较好，那个门店主要做中资公司的生意，中资公司的老板也要低调点，所以找这样的餐馆。我感觉这里还是广东人比较多，福建人也是这几年才过来发展的。他们是从其他国家转过来的，前几年阿根廷经济不好，他们都跑过来，因为这边都是使用美金的。这里赚钱比较稳定，没有什么通货膨胀。1999年两万五苏克雷兑换一块美金，从1999年开始用美金，比较稳定。

潮州人现在到这里来的有五六百人，单单基多没有那么多。潮汕人总体上大家都认识，以后也不会有太多人出来，现在也应该差不多了，该出来的都出来了。"90后"都不喜欢出来，"00后"更不用说了，"80后"还可以，他们不喜欢寂寞，不喜欢厄瓜多尔的生活习惯。一个年代跟一个年代不一样，我们这个年龄的人就很喜欢出来。现在国内发展也很快，不少年轻人在做网购，一个月赚一万几千块人民币都很容易。我这几年回去比较多，了解这些年轻人创业，马云也弄这个平台给他们就业，年轻人都不喜欢出来了，都在国内发展了。我们中国发展很快，以后人家做贸易都是去中国的。我们也没有想到中国发展这么快，以前的城市规划都是没有考虑到有小轿车，我现在家里哥哥弟弟都有小轿车可以开，我侄子是公务员也是开车上班。时代变化很快，刚开始我来这边，这里每个家庭都有两三部车，很羡慕。

李庆明

口述历史

李庆明

时　　间：2016 年 12 月 1 日

地　　点：厄瓜多尔瓜亚基尔粤膳坊

受 访 者：李庆明，瓜尔基尔中山同乡会理事

采 访 者：张应龙

录音整理：钟津婷

上山下乡

我叫李庆明。广州人，家庭成分工人，爸爸是理发员，妈妈是沙河粉厂的职员，都属于穷家庭。我三姊妹，男的就我一个，我最大，还有两个妹妹。那个时候我们住工房，条件环境不是很好，一家五个人住二十个平方，整天要去房管站调换房子，大家谈妥了，换房住，所以广州的东山、越秀、海珠、荔湾啊，每个区我们都住过。

1965年响应国家号召上山下乡，去了中山县神湾公社，在中山生活了六年多。我不是下乡对象，我是主动下乡的。那个时候我才16岁，思想幼稚贪玩。我跟高我一两届那些属于动员下乡的玩在一起，他们叫我一起下乡，我说好啊，就这样走了。那时刚踏上中学的门，初中还没读完，所以我文化水平很低的。动员下乡的时候说下乡锻炼三年回来就安排工作。后来呢，三年又三年，我足足去了十五年，五个三年。

我在中山神湾公社菠萝场种菠萝种了三年。当时有些条件好点的人被招工走了，我们这些不是很够条件的就尽量转移撤离边防地区，当时中山算是边防地区，近澳门嘛。我在中山下乡的时候，曾经偷渡，但不成功，未曾出门就被发现有偷渡想法，被捉上舞台批斗了一番。那个时候下乡呢，生活环境是比较差点，有点米，但是没有菜，买盐也没有钱，生活比较艰苦，所以有偷渡的想法。后来一方面是招工，另一方面是撤离边防地区，1971年我就离开中山去了海南。

我下乡的时候结识太太，她是神湾人，属于农村户口，我们在神湾结婚的。我的女儿在广州出世，儿子在海南出世。女儿满月时一家三口人过去海南。我们到的时候是年底，去了都是做开荒牛。在海南开始时都是住茅寮，住茅寮对我们没什么影响，因为我们在神湾的时候也住过茅寮。我们在海南白沙县大岭农场广州生产建设兵团种橡胶。到海南，可以穿军装，有大饭堂，又有工资领，过集体生活。早上五点钟打钟出来跑步，正式的军事训练，每个连队都有穿军装的做领导，那个时候纯粹是一个兵团的形式，我们的工作服，都是支援越南退回来的军装。我1971年去海南，1980年顶职回广州。

申请出国

我老婆1979年申请到厄瓜多尔投靠她爸爸，那个时候我还在海南，我老婆来厄瓜多尔后，1980年我就回广州顶职，在广州粮食局沙河分厂做了一年多后便申请来投靠我老婆。我首先是到澳门，在澳门停留了一年，之后才来厄瓜多尔。我申请来厄瓜多尔，但真真正正入境厄瓜多尔还未曾达到条件，只能申请那张出口纸让我在中国拿护照，拿到护照后出澳门，在澳门停留，打工，等到这里办完手续，才来厄瓜多尔。我老婆先带女儿过来，我和儿子在大陆，迟了三年才过来。澳门有我老婆家的亲戚朋友，以前我下乡中山的那些朋友在澳门，我去投靠他们，在他们那落脚，大概一个礼拜后自己租个床位住下，马上办证件。我将儿子带回广州给我母亲先带着，自己出来找份工作做。那个时候儿子才七岁多，一来他要读书，二来我带着儿子做工不方便，但来的时候是一起到厄瓜多尔的。

我1982年到厄瓜多尔，先到瓜亚基尔，后来去帕兰基投靠我岳父岳母。我老婆的弟弟妹妹，还有大舅子，他们比我早两年来厄瓜多尔，现在也在马查那（Machala），一直都是做五金杂货。

刚过来的时候，厄瓜多尔是很落后的。帕兰基那里晚上没电也没有水，晚上点火水（煤油）灯，公路都是泥路，没有水泥沥青路。那个时候汽车很少，大家都是骑马出来买东西的。那些马绑在铺头门口那些电灯柱那里，那些马满大街拉屎拉尿，很邋遢的，很落后。这样的生活环境，我在农村经历过十五年，都已经习惯了，觉得这个算好的了，所以我没有想回去，因为我是农民出身。

我在帕兰基生活了三个月就来瓜亚基尔"五月花"那里打工，其实是学些厨艺。刚去时只能洗碗打杂，慢慢学，在"五月花"做了一段时间，又去奥兰地那里做了一年帮厨，后来打工打了一年多，就出来自己做生意。那个时候做了一段时间，觉得都还是自己出来做好点。一家四口，自己要担起一家的重担，要尽量早日争取不要依靠别人，发奋做人，给人打工也要真心跟人学着怎么做。

当时来到的时候不懂语言，我早上四五点调好闹钟起床，听下那些录音讲话，西班牙语，听得多，自己记住一两句，到晚上八点钟就很困。到现在，说实话，来了三十多年，说西班牙语还只是能说一半而已，不能全部都会说。我的工作重点在厨房那里，做了三十年餐馆，我都还是长期在厨房，我太太就在柜台那边收钱，接触的客人多，说西班牙语比我说的好很多，我就应付厨房说一点。

开餐馆

在瓜亚基尔的餐馆学一下炒东西，做了一年半载，然后同大舅子在瓜亚基尔开了个小餐馆。后因生意不是很好，就去了马查拉，在马查拉生活了30年，都是做餐馆，生意算是蛮好的，一帆风顺。我做生意刚刚开始的时候，没资金，问我太太的亲戚和我的朋友借，这个借两千，那个借几千，加起来让我的餐馆开张。刚开始的时候也是很寒酸，买米都是三五袋的买，买油也是两三箱的买，因为资金不够。后面半年内，我将债务全部还完，才有钱逐渐扩大自己的餐馆，刚开始开张的时候是很简单的。

我在马查拉的时候，餐馆的生意很好，个个都在那边赚钱。当时选择在马查拉做餐馆，是因为有个朋友去马查拉做过餐馆。当时我在瓜亚基尔给人打工，做厨师，他请我去那里帮他开张，帮他开张做了一个礼拜，确实是好生意，到了晚上8点钟都没时间吃饭。我后来看到在马查拉那边做生意这么好，刚好我在马查拉那边找到一个铺位，所以我自己也开了一间，一开生意确实很好。餐馆全部都是请当地人。我们做些半唐番（中西混合）的餐，都不是纯粹做中国餐，做当地人的生意多，都是炒饭、炒面、炸牛扒、云吞、小炒这样子。当地人喜欢这些经济实惠的餐，所以做些这样的餐。我开张的时候规模很小的，只有九张桌。租人的铺位，后面生意好，又搬去另一条街，买了房，扩展到现在有三十张桌，楼下二楼做餐厅，三楼住家，都可以的了。最高峰的时候请了23个工人，这几年生意差了点，现在保持15个工人。在马查拉，我那个餐馆不说数一数二，都是有名的，叫中央餐厅，主要做半唐番的。我的餐馆一年大概是20多万美元纯利润。刚开始买的时候是砖木结构，后来全部改为水泥结构。我的楼地皮是两百平方，建了四层楼，住在上面，下面两层是餐厅。现在那里租出去了，租给潮汕人，收三千元房租，餐馆的生意就收五千元一个月。现在做餐馆的这个潮州人潘浩彬他都过来15年了，他以前也做过餐馆，但是生意不是很好。他也有些经验，所以接手了之后，刚开始两年也保持了生意额，但是他说这两年跌了三分之一，厄瓜多尔的经济不是很好，各行各业的生意也都跌了。

我大妹妹一家三口都来过我餐馆帮忙了一段时间，来了都不是很适应这边的生活环境，后来又回去了。小妹妹的儿子，刚大学毕业也过来帮我厨房做了两年时间，后来他说回去过春节，买了张机票回去后就不回来了。至于原因呢，还是不适应这边的生活环境，一来语言又不是很通，还有这边也没什么娱乐，只有工作。虽然说钱赚的比在中国国内打工要多，但是年轻人还是不适应这边的生活。我退休前的两年他们就回去了，我现在退休都四年半了。他现在在广州建筑商那里做质检，听说一个月差不多一万元。

马查拉从这里去要三个小时，靠近秘鲁边界。以前我在马查拉做餐馆的时候，有四间中国人餐馆，都是广东人开的。马查拉那里华人都不是很多，几十个华人吧。现在40几间餐馆都有了，有上海、浙江、福建等地的人去到那开餐馆。

那边的华人不是很多。现在加上养虾的、开金矿的、做餐馆的，再加上台湾人，有一百多个，不是很多。刚开始在马查拉，台湾人最多，后面十来年，很多广东人来马查拉。以前是台湾人为主，马查拉养虾的人以台湾人多。除了餐馆生意，还兼养虾。马查拉那边广东人都没什么社团，台湾人有个社团在马查拉，每一年市政厅搞什么活动啊，都是台湾人出面，广东人很少，没搞什么社团。

养 虾

我1993年开始养虾，到现在20年了。刚开始的时候只有40公顷，养熟了之后，就有120公顷。现在我也养虾，不过给儿子在打理。

我现在买了100多公顷的地做虾场，都很大了。它不是集中在一起，分成三个虾场。最大一个是70公顷，一个是40公顷，一个是20多公顷，分成三个地方，没集中在一起，如果集中在一起，就好管理。虾场收入都还算ok，不过有时赚，有时亏，曾经几个池子都亏本。之前虾得了白尾病，一个池都亏十几万的。如果是顺利收成的话，还蛮好赚的，一般养虾投资下去，如果顺利的话，两年回本。比如你投资两百万下去，顺利的话，两年回本。本大利大，但风险也很大，也很危险。出入危险，因为治安不好。有时人到半路，有些人为了打劫拦截在那里。虽然养虾人可以从国家警察局那里领到枪牌，带枪支进虾场，但是你自己一支枪抵挡不住成群人，因为他们个个都有枪，都没用。钱是赚到了，但是养虾出入不安全。我们虾场都遭遇过绑架。晚上六点钟吃饭的时候，工人集中在饭堂吃饭，突然十几个人进来，将工人全部绑起来。谁望他，就打伤他的眼睛，让他的眼睛肿起来，认不出是哪个贼。将这些工具、网啊，走去虾池闸门那边开了闸，将一个虾池里面的虾全收了，都有过这样的事，都有2万磅虾被收了。

虾苗放下去到收成的时间，如果你想养炒面那种虾，大约是养三个月到三个半月，如果你是想炒那些椒盐虾那么大只的，炒菜那些，那就要养五个月到六个月。按照我们收虾收了十年的经验看，都是养大虾，养五六个月虾的收益高。因为虾大了，重量增加了，价钱也高了。如果你养那些中虾，价钱就低，产量也低，计算下来，都还是养大虾划算。但是这些水盖住这些虾，究竟水下面有多少虾，就得靠你的经验去估计，估算准不准，放多少饲料，这些要凭经验了。养虾成本饲料占到百分之六十，其他的是人工啊，收虾的水泵啊，工人的伙食等等。

养的虾直接卖去那些进出口公司。没有签合同，靠讲好的。讲定之后大家你情我愿，他就派车过来收，收了之后要一个礼拜才给钱。为了防止公司压价，你卖虾之前就不要跟同一个公司打交道，问过几个公司，看看哪个公司的价钱高，条件大家都合理的，这样就卖给他了。你卖虾，起码要问过五六个公司。收购虾的公司有中国人去收，中国人办的公司还是想赚你多点利润，但是卖给当地的公司呢，价钱是高一点，条件适合自己要求多点。

这几年顺利了，没这么严重，但是每次从放虾苗到收虾，都会病一次的，要不就是两三克的时候有病，要不就是七八克的时候有病。最好是两三克的时候病，如果大了，是七八克的时候病就会很惨了，就是死亡率很大。按照我们养了二十几年虾的经验，就是很难控制，最好是两三克的时候病一次，剩下多少自己心中有数，如果大虾病了就惨些，那样传染的范围会很大。一般放些石灰，具体的话我也不是很清楚。我的儿子在马查拉养虾呢，算是有些成绩。很多人养虾的产量都达不到我儿子的产量那么高，他现在养虾平均来讲都养到4000磅一公顷地，很多人收虾都收两千磅。而且我儿子养虾呢，估计的产量，没百分百，都有百分之九十九准。我每次跟他去收虾，未收之前，我就问他能收多少，他说50000磅，或者55000磅，真的达到这个数，产量估算得很准。我刚开始买虾场的时候就紧张一些，有时一天去两次，但是做熟之后，一天去半个钟头，其他时间都在外边处理问题。去半个钟头安排一下那些工头怎么做啊，吩咐一下那些工作就算数了。主要靠那个主管，那个主管很重要。主管在里面住，在里面做工，是当地人。

多元家庭

我有一个儿子，一个女儿。儿子打理虾场，女儿嫁了当地人，我也买了虾场给她做，但是她做不起来，现在请了个当地人帮她养，赚到的分一半给他，她就这样过生活。为什么做不起来呢？她一个女人，婚姻是属于失败的。她嫁了当地人，生了个女儿，大约两个月时间，开车上来基多，意外事故，她老公当场身亡。后面嫁给第二个，人家以为她很有钱，其实我的女儿没什么钱，因为经济问题所以完了。

我的子女都是八岁的时候过来，在这里读一年级，读到大学，但是两个儿女都没毕业。为了工作，做虾场的时候，没人打理，我儿子本来读夜校的，但是养虾白天做工，晚上有时收虾，放虾料，所以我儿子大学都没毕业。他们俩都大学没毕业，都是读到大学二年级、三年级这样子。当时都是没办法，穷之过吧！

儿子的老婆是当地人，他们是大学同学，一边读书，一边谈恋爱。他们自己喜欢就行啦！子女会说中文，但是不会写，也不会看中国文字，在这里开始读一年级就学西班牙语，不学中文。会说广东话，会听，会说，但是不会写，不会看。我子女他们都四十几了，女儿大点，1971年出世，现在都45岁了；我的儿子1974年出世，42岁。儿子、媳妇和孙女回去过，但是女儿就还没回去过。女儿属于早婚，嫁给鬼佬，她的家庭生活这些由她自己安排，老爸老妈是管不到的。

现在我们两公婆在瓜亚基尔这边住，儿子女儿都在马查拉，他们都有自己的房子。我平时每个月都回到马查拉我儿子那边住，我儿子那边地方很大，有1800平方米，很大。基本上我的虾场给了儿子打理，赚多赚少基本上是他的问题了。本来虾场的屋契、地契，一人一半，我就想着够花够用就可以了，赚多赚少都他的了。

我都算是顺利的。生活比较辛苦点，但是都通过自己的努力慢慢站稳。现在我来到这里已经35年了，很多老华侨说我迟来先上岸，我来的时间不是说很长，这么快就退休，比他们那些比我早来十年二十年的都早退休。自己想着子女的生活都能自己搞掂，放得下了，我们自己也有铺租收，而且又多少剩些老底，想着过得去就不用再去这么操劳了。

社团工作与业余活动

我现在在瓜亚基尔中华总商会担任理事，在中山同乡会那里我担任财务，管着十几万的账，中山同乡会有会员一百二十户。中山人做饮食业为主，还有做五金杂货，好像有些人做那些夹板、木床啦，有的做瓷器，有的养虾，有很多我也不是很清楚。厄瓜多尔华侨华人总会，我是担任理事，中山同乡会做财务，都是参加这些。现在想着都已经退休了，有空了，为华侨，为乡里服务，消磨下时间。现在还未挣到经费，现在我掌握的十几万也是为中山会所筹集，乡亲们捐出来的，但是还未达到构建会所的金额。找到合适的机会、地址，如果不够，再号召大家捐下。这边没有广州同乡会，广州人不是很多，李树强会长就是广州人，都没有几个是广州人。

现在退了休，我参加歌唱组、太极组，同老华侨打打麻将。我们每个礼拜日一帮中国人都去海滨公园那里打打太极，一般从9点打到12点钟，然后大家聊聊天这样。刚开始是有武馆，我都没跟过那些太极师父，都是跟大家这些朋友玩一玩。唱歌都是这样，聊一下天，唱一下歌，大家聚一下这样子。粤剧懂是懂，但是兴趣不是很大，以前都是经常唱那些革命歌曲。

我们现在退了休，一年都出国旅游两三次，同一班老朋友，你去哪儿，拉我一起，大家一起出去走走。上个礼拜刚过去纽约，去四天。我没有在美国买房。本来2000年的时候过去那边买房，那个时候牛市，亲戚朋友都劝我在纽约那边买房，三层十五万。那个时候不买，去买股市，股市现在反而跌了。如果我之前买了房子，现在卖了反而赚六七十万呢！我都没横财的命！将那笔钱没去买房子，而放去买股市，买了之后第二年就开始跌了。我都不懂看行情。如果那个时候在那里买两间房然后转租出去，几年后再卖出去都可以赚百万。

我来到厄瓜多尔十年后才第一次回到中国，是1991年或1992年才回去。回去广州和中山，两个地方都去。因为我老婆是中山人，回去探望外家是要的。我现在回去广州也要住酒店，因为广州没房子，我父母已经去世了，以前那些公房什么的，他们不在，都被政府房管所收回去了。两个妹妹结婚了，他们有自己的家庭，住的地方也不是说很大，都是四五十个平方，我们回去他们还要腾个房出来，这样很麻烦。

经过上山下乡那十五年，无论如何，我都适应这里的环境。如果未曾上山下乡，来到这里也是不适应的。

李树强

口述历史

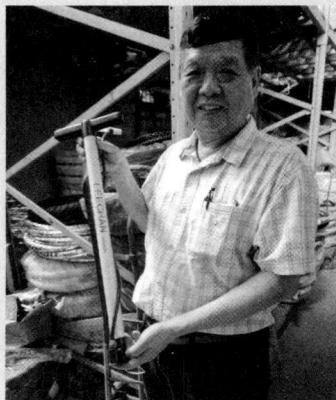
李树强

时　　间：2016 年 11 月 30 日

地　　点：厄瓜多尔瓜亚基尔粤膳坊

受 访 者：李树强，厄瓜多尔华侨华人总会执行会长

采 访 者：袁　丁

录音整理：钟津婷

弃教从商

　　我出国前在广州市第53中学（后来叫做广师附中，现在叫做广大附中）担任教师。我从事教育工作十年之久，先后任职正式班主任、年级组长、教研组组长、教导处主任等。出国前夕，我们整批教师都下到基层去带那些好的学生，教尖子班，教研究班。因为我姐姐的需要，最后出国来了这里。

　　我姐姐应该大概1979年来厄瓜多尔。我姐夫是70年代的中山知青，后来去了澳门，从澳门到香港。姐夫的爸爸在秘鲁的利马，于是他就过来秘鲁看他爸爸的生意。后来他爸爸说"厄瓜多尔好赚钱啊，几个舅父在那"，我姐夫就自己从秘鲁来了厄瓜多尔。到了厄瓜多尔后，自己稳定了，就叫我姐姐过来。我姐姐当时还未结婚，和他只是恋人。当时他自己生意比较好。他们在克维多做五金生意，卖单车零件、摩托车零件和一些五金。克维多那里每个人都认识我姐夫。我姐姐来了这里之后，就把我们带出来。

我本来打算1979年就出来，但是刚好厄瓜多尔总统坐直升飞机出事，所以我们那些证件批文就不再被承认。后来等到1981年下半年，我们等来那些证件批文再办正式的移民手续。我姐夫帮我办投资居留，买个房子写我的名字，授权给我，用这个房子来帮我申请。1982年2月我来到厄瓜多尔。

五金、单车生意

我过来之后的那几年就在我姐夫那里帮忙。在帮忙的同时，我就感觉到有一个新的商机。当时厄瓜多尔不像现在有这么多进口商。有些进口商是只把商品卖给自己的客人，不公开卖这么多，偷税漏税，只要能赚到钱就够了。我们认识几个这种进口商。我们发觉向这些进口商买货然后再倒卖给这些客人有百分之十几到二十几的利润，还是比较高的。我就边打工边学习这方面的知识。我姐夫是搞五金的，我就学五金的东西。如果我姐夫是开餐馆的，那我就学习炒冷饭。所以门口的语言，都是生意上的语言，如货架、商品啊，你说炒冷饭那道菜是什么名字，我们也不会说。

在这个环境下，跟我姐夫先做了两年。两年之后，我姐夫开了新铺。我对整个厄瓜多尔的环境很熟悉了。我们在卖那些零件的时候很善于自己总结经验，归纳总结，让自己有知识，就可以做得很好。所以出来的时候，他的舅父和他公司的人都问我，这些零件是配哪里的，他们卖的人都不知道，我就直接把表格拿给他们看。这些轴承可以配哪些摩托，用在哪里，都写好了。他们看了，说这么厉害啊。其实这些生意是很简单的。因为我们有这个基础，第三年的时候，我姐夫有机会出去休息。在这样的情况下，我们就到外埠去发展。去到马拉维、曼那等省，利用星期天去探望那些客人，那些客人全部都是我不认识的新客人。我们去到那些公司，大的店铺，拿着单去买货，一直这样做下去。

不过开始的时候，我遇到两个当地人，这两个当地人是恩人，给了我赚第一桶金的机会。因为自己语言又懂得不多，刚好找到这两个大客，他们的生意又很好，不论这些价钱贵多少，只要有货就行了。这两个客人跟我买了很多货，第一个月卖一次就赚了一千多美金，当时心里是很高兴的。我打工打了十几年，加起来都不知道有没有一千美金。我刚毕业当老师一个月37元，后来41元、45元，到最后走的时候47元，交些伙食费给老爸老妈买些衣服，自己的伙食费，还剩多少钱？所以那个时候自己好高兴，慢慢地就从这个道路上去创业，后来跑单帮，跑了两年多吧，再去到瓜亚基尔。我们现在这个铺头是我同一个朋友一起开的。这个朋友也是中国来的，我在广州就认识。他也经营餐馆，我当时同他谈得来，大家合伙做生意。我懂五金，他做餐馆，又赚了点钱，所以拿些资金来合份在我们这里开了一间单车零件店。开了以后，我们的合作一直到1994年、1995年就分开了。我们属于和平分手，虽然有些意见不同，但很简单地和平分手，没有算得很清楚。反正工人打包好，你拿一箱，我拿一箱，都不知是什么。

当时我姐夫也想来瓜亚基尔做，他知道我在瓜亚基尔做得不错。我1991年在瓜亚基尔开始就办进口了。1990年我回去广州结婚，自己当时都没什么钱，不过在当时感觉当地的女子是比较热情的，但是生活习惯和生活作息跟我们中国人还是有差异的。自己感觉朋友可以做，但是长期生活的话可能比较难，所以回到中国去找自己的伴侣。几个月以后，大概回去两三个月后，我就结了婚，过了一年以后，就带我老婆过来。刚好我老婆又认识一些同我们有关系的公司。她原来在广东省外运公司工作，认得不少客人。我们一开始跟广州第一橡胶厂进口车胎，我们一直进口，开始搞大。由于我们自己本身不懂斤斤计较，一直不敢偷税漏税。

我们的生意也都比较专一了，都是单车零件、摩托车零件。开辟了几个项目都失败了，做不成，也试过去买个农场养鸡，养不成。想转行，转其他产品，又转不成，都始终是老老实实做回单车这一行。单车这一行在厄瓜多尔这里还是比较专业的，进口比较齐全，店铺也比较大。市区那里有条街，都是卖单车的，以前只有几家单车店，现在是四十多家单车店。

我们最旺的时候，就是2007年、2008年的时候，都有20多个工人，还有几个管理人员。到了现在，我们还有16个工人，加上我们自己几个管理人员，还有我姐姐，一共19个。工人最低工资是366元，加上劳保和第13、14个月的工资之类的，大概500元一个月。我们预算的是550元一个人一个月。工资不是很高，但是物价不贵。这里吃个午餐要2.8元到3元，占工资的百分之一。

李树强在瓜亚基尔的店铺

但是现在亏损，我们不想炒掉这些人，就想坚持一下。现在生意很差，差到你要亏本去买卖。现在的经济形势没办法，只能去适应，做好自己的事情。而厄瓜多尔的特点呢，就是你要融入一个社会，要同当地人加强沟通。如果不加强沟通呢，我们的推销网络建立不起来。我们一直都在做记录，里面有三四百个客源是比较稳定的。

经济形势的影响

这么多年生意上经历了不少风波，有好有坏。1998年、1999年那两年行情很差，当地的货币叫苏克雷，贬值贬到一跌再跌。我们的生意在当时受到很大的影响，几个仓库的货贬值到只值一个仓库的货的价钱。贬到这个国家没办法了，总统就说用美金取代当地货币，要不一没钱就印钱，一印钱就贬值，如果用美金就没得印，是不是？2000年5月份开始，全部用美金。一用美金，我们的经济稳定了，放账出去没问题。以前不是，记好价了，放出去一个星期，结果买回来，又亏本了，明明可以卖到5美金的，放回来只能卖到3美金，即是白做。1999年的时候，我太太、姐姐她们回中国，感慨良多，说2000年的时候如果没钱赚就要回中国。刚好2000年用美金了，政策变了，生意马上有起色了，非常开心。2007年12月24号圣诞节那天，我们卖了999部单车，连零售批发一起。那天大家都生意很好，货都卖完了。当时河边那个自由贸易区摆了很多单车卖，我们发货都发得手软，累到都不知道怎么形容。七点钟的时候，我姐姐说，"还做不做呀，999部了"，就是再等十分钟十五分钟你就可以超过一千了。我说，"我们不要超，这是好意头啊"。999无尽头啊，工人又高兴，加班费又多，吃得又好。

2008年开始就差点了，新的总统上台以后，进口政策又改变了，2008年、2009年生意慢慢开始下降。他控制进口，改变了进口政策，不允许自由贸易，加税，还有要提倡在国内生产。他这个保护主义思想是好的，但没有考虑到现实因素。譬如说一部单车可以组装，但是这个工业基础在厄瓜多尔是很差的。还有他以为做一个单车的杠线所需的那条辐条是很简单的，实际上我们去进口一部机器，好的也要百万元美金，那你一百万美金什么时候才可以挣回来？他认为很简单，几十万而已，做不出来的，生产出来没地方销售，你说怎么办呢？你这个国家小嘛，外面的人又不向你买。他这个政策不停地改，而且增加了进口的难度，提这个条件，提那个条件，设置了很多障碍、壁垒在那里，所以我们的进口就越来越差。

还有对出口的汇款收一种叫"资金流动税"，从百分之一到百分之五，就是现在我们每寄出一笔钱到外国，除了手续费以外，还要加上百分之五的税，这样显然就增加了成本。客人是不知道的，顾客大众也是不知道的。但是百分之五的税我没理由是送给大家的，肯定只能在成本上面再增加，增加得越来越严重。成本的价格越来越高，但是那些工资呀各方面又不协调，所以生意就慢慢低落了。再加上我们中国人缺乏团结精神，无法联合在一起办大企业，文化水平不高，很成问题。所以做大企业，个个都是不济，个个都是小康社会，我赚几十万一年，你也赚几十万一年，就是没那种长远的意识去做，个个都是短期。如果那个时候我们就开始搞厂什么的就好了，可是个个都觉得费事。做自己的小生意就不用那么啰唆，进货卖货进货卖货，赚钱还快呢！

整个厄瓜多尔的经济形势在石油跌价以后从2014年开始就一路衰落，到现在都没谱了。现在这个国家没钱了。厄瓜多尔的政策变了，我们中国人未能够真正地跟上，所以在生意上大家都停止进步。现在呢，大家看中了新的行业，比如养殖业等等，但思想还是不行。每个人总有自己个人的想法，有的时候确实很难。但是你又不学中国，请一个人来管理自己的企业，也找不到这样的人。如果有这样的人才，他何必来打工呢？这里的生意很容易做，怎么容易呢？你有两三千元就可以开个小店。很多中国人来给我们打工，他们打工赚一两年，一个月1000元，两年两万元，自己可以做餐馆了，做老板好过打工。

内贼难防

我们的工人偷东西的现象比较严重，始终没办法从管理上去防范。我们以为是男工偷，其实女工更厉害。女工中负责收钱的那些人很厉害，就是钻我们电脑的漏洞，掌握了改单的方法，任意更改发票。我因为有些客人买了东西后突然不要了，才发现改单这回事。我们当时就想得很简单，任她更改。好了，她就利用这个机会。客人来买货，我们工人收了钱，就将这些货发了，然后再将这张单偷出来，更改这张单，将一百多元改成十几元，再发一次这些货，或者不发这些货了，从发货那里偷了出来，再向收钱的人换了它，偷了这些钱。这个我们一直没发现，有时一些工人也告诉我。他说："你知不知谁家好多个单车零件被偷？"我说："没理由啊，怎么会被偷？"因为一个争风吃醋的男人来告密，我才知道。但是我不相信，这件事我也没去处理它。后来一个到现在还在我这里做的女孩子告密，说她自己参与过，但是感到良心过不去，偷得太厉害，偷偷告诉我。可是我当时不是很理解她们是怎么偷的。我当时又刚刚回到中国。我说别出声，帮我看着她，等我回来再说，告密的女孩子一直监视着。我从中国出差回来，有一日捉住她了。我说这张单，今早拿去了，多少钱，现在换了名字了，然后就问这个客人，这个客人根本就没到这里来。但是那张底单呢？那张单没被她偷走，另一张单就传进来了，然后就破案了。我们都感到很奇怪，明明数的时候有3000多，怎么一下子就变成一千多一点？怎么会少这么多呢？辞退了这个人以后，我们又再来清第二次，以后就安全了，电脑重新更正了，补救了。

第二次更厉害呢，又是收钱的女孩子。那个女孩子看起来很老实的，我们选了好久。结果这个更厉害,在我们收款那一行更改日期。我们不知有这个漏洞。这个漏洞就是有时里面一些程序冲突了,结果开了给别人都不知道。有时上帝会帮我们。偶然间有一天我要开会,我姐姐在里面的电脑上干活,噗的一声有张电子单出来,平时这个不出故障,是印不出这张纸的。但是出故障了,将一个月之前更改的那张单印了出来,一看,怎么是这样子的,马上叫我来看。于是我们马上就开始查。我还有个账目呢,就是每日支付的发票在我自己电脑里面,是逐张逐张入账的。我一对,是没有这笔账的。接着找程序员来打开电脑,根据内网来查,她更改了发票的程序。我们看不到的,程序员看到了,才发现了。

厄瓜多尔的人偷东西的方式很多很多,不是说偷一点点,而是很大批地偷盗。我们现在防得很严,但是始终都是防不胜防。在厄瓜多尔做生意最大的体会就是:丢东西丢得很厉害,损失不少钱。哪里都没这个地方偷盗严重。我们家请了个工人,没想到是个贼。那个时候我大儿子出世,接着小儿子出世。我们一家人买东西,洗发水、爽身粉之类的都是一担一担买的。因为经常用,价格便宜,钱也不是很紧张。结果,她走的时候拿了好几瓶,将我们一些漂亮的衣服用包包着走了。这些老外的特点就是贪,所以这里做生意最头痛的一个问题就是防盗。再加上生意上面那些欠数,比如支票随意折现。不过我们就控制得比较好,宁愿不卖,不做,都不去冒那个风险。很多大公司因为没办法控制这些东西,最后漏了很多税。因为这些支票没钱,以前呢是刑事犯罪,现在是内部矛盾,自己解决,判不了什么。所以收了支票对方却没钱给,你就去催他略,催他一点一点给。但现在经济形势比较差,我们也都是很耐心,要求他们一百或五十元一个星期,逐渐给一点,就这样去解决这个问题的。

社团工作

我们中国人都是从偏远的农村来的,没什么文化。前一阶段开放了,那些福建、浙江一大堆人都是从农村来的,很多都没什么文化。他们带钱来,之后进货,进了些冒牌货,没办法赚钱,导致侨胞同当地的关系很差。很多人的商店因为走私冒牌货被查封。我说你们怎么被别人整得那么惨,他们说就当是交学费了。他们没办法用高级的，走正当的路子是卖不出去的，冒牌货就好卖，一双鞋就要四五块。但是那些海关查得很严，什么住家有多少货，什么都给你查清楚的。但是也没办法，给这些人开很多次会，不听，只能算了。

八九十年代这里已经有不少中国人。一直到2003年、2004年开放，才涌入了一大批中国人。这里一直都封闭，很难办签证，而且洗黑钱。所以我弄个厨师团过来，每个人要投入一万元。他们来的时候讲得很好，来了之后不适应要走。这样我赶你走也不是，不赶你走也不是。现在就好了，来了几个月，觉得好了，再办居留都不迟。他们只是擅长说，实干就不行了。

我是从1995年开始搞社团工作的，当时是要负责欢迎"四海同春演出团"的工作。我们当时同使领馆都没什么关系。当时有个朋友跟使领馆有关系，是开铺头的，大家都是朋友。他刚好在做工作的时候就拉我一起做，问我有没有空去帮下忙。我无所谓，然后就加入那个8人小组。1995年的时候，厄瓜多尔同秘鲁在边境打仗。这场仗厄瓜多尔打赢了，就是打地道战和游击战，还打烂了秘鲁的飞机。当时有个捐钱买东西捐给军队的活动，是我们发起的。大家后来用这笔钱买了36部摩托车，捐给当地的军方。领事馆慢慢同我们熟识，开始有侨务工作交给我们做。

到1998年，中华总商会工作全部停顿了。当时这个中华总商会是在八九十年代换届，换届的时候发生冲突。后来新的一班上来了之后，本来以为是比较亲民的人，结果不是。他们上来之后就不工作，霸着那个位置，搞到整个会都瘫痪了。瘫痪了之后领事馆又恢复了正式的社团工作，要求我们重新组织一个社团。但是在当时来说，中国人没有一个扛大旗的，就是不愿意扛。我们推荐的，他们都不愿意来扛。王老二就拉了商业协会同我们8人小组联合起来组成一个新的厄瓜多尔华侨华人总会。在成立总会之前，领事馆已经做了多次工作，要求中华总商会他们合作。在最后逼不得已没办法的情况下，我们才成立这个总会，和他们分别开来。由于那帮人有个利益关系，要收钱收租。现在，我们再同他们和谈，表示我们加入中华总商会，只要对外交往，各司其职，不要你的楼，不要钱，只要中华总商会，我们做会长，你们可以做副会长。他们都不干，以为我们要骗他去做什么事，要收买他们。如果要接待国内的代表团，他们根本做不来，我们做了很多很多的工作。

社团成立第一年我们组织了一个两三百人的队伍去游行，很威武。我们的五星红旗第一次同厄瓜多尔国旗、市旗，三面旗一起，很多人都很激动。这个场面很少见的，因为中厄建交以来从来没人见过这么激动的场面。连续几年我们都参加这个市政厅的游行，还有做花车。做花车投资很大，虽然不是我们亲自做，却由我们负责监管。监管是很辛苦的，晚上十一点看着他们做，看着日期。他们说慢慢来，我们急，最后出车的时候，他们还在这里喷那里喷，还没做完，他们的性格一向如此慢条斯理。几年来，我们以厄瓜多尔华侨华人总会的名义，打响了这个名号，让他们知道整个社团。

我一直都在做幕后工作，这几年才走出来，很多老家伙因为某些原因走了。这个会成立之后我一直做财政部长，什么事都管，什么事都知道，之前跟马文升是拍档，一直搭档到前几年。因为他回中国次数较多，大家一定要我出来，说我不出来是不行的。这两年我也要退下来了，轮到蔡先生他们了。中国代表团来这里的时候，我们都接待得蛮辛苦的，既出钱也出力。我们很成功地举办了2013年南美洲中国和平统一促进会年会，得到大家公认，不是我们自吹。相对来说，我们集中了我们所有的精华，总结了别人开会的经验，开辟了一条新的路线，各方面都搞得很细致，从机场接机，从进来开始就走绿色通道，一开始就跟那些头头吃饭喝酒，打通这些通道。这些人来到这个国家，见到这么热情的绿色通道，知道已经是很不错的了。我们挂着牌，拿着旗帜，站在这里。这些移民官看到了就知道很好了。我们知道，在外面开会的中国人要讲食，就是吃得好，工作无论做得再好，如果吃得不好，大家都有意见。所以每一餐在哪里吃，吃什么菜，用多少钱，我们全部都设计得很好。到最后开会舞台的设计，我们采用最现代的方式，按当时来讲，就像中国那些大型会议那样设计得很漂亮。我们一直很严谨的，包括那些宣言都写得很好。我们有几个文员在那里，执笔写得很好的。所以讨论的时候，他们对宣言都很高兴，说要再简单点。那我们就再简单点，就再删减点。由于我们本身有乐团，唱歌很厉害，还有节目主持人，所以在节目的表演上面我们很成功，所有参加的人都有很深的体会。

因为我搞得那么好，累死很多人了。大家相互学习，介绍一下程序，有一个认可的模式。这里面核心力量是大使馆、领事馆的大力支持。如果没有他们的支持，我们这个会做不到的，这是第一个。第二个是这个社团的力量，民心所向，大家团结一致，亦是充分发动群众，差不多发动一百个人，理事朋友全部都来做。每个理事分配的工作一定要到位，如果不到位，你自己搞掂它。大家执行的时候确实很彻底。比如机场接送的问题很重要。往往每个社团只接不送，送的时候是没人的。我们开会的时候也是，早走慢走那些社团都是不理你的。我们就吸取这个教训，规定了接送都必须有人在。送的时候，我们在机场那里都会有人值班，有些什么事情我们都很快处理好。当时最大的会长是潘先生，我是执行会长。我在瓜亚基尔搞，这样他就不用怎么理的。我是不喜欢出风头的，如果喜欢出风头的话又不同了。我们那一次会搞得很成功，使得厄瓜多尔提高了国家的知名度。

那个时候出了件很不好的龟岛事件。当时的情况是这样的：促统会结束了，按照惯例，就是自己组织自费旅行，这个是很正常的。巴西那边来参会的有九个人去龟岛旅行，其中有一个人在当地买了海参。海参呢，我们知道是违禁品，是不给出关的。大家都没意识到那个龟岛是专属旅游带，不属于厄瓜多尔，而是属于另外一个部门管理的。他们因为带着那些海参而被抓。一被抓，他们打电话来向我求救。结果这帮人一被捉，就要坐三十年的牢。那天我们都紧张得要死。我们打电话给警察局，他们不接电话，接到的就说这件事不归他们管，是属于环保局的。环保局根本就不理睬我们。但是警察局的人就在没有中文翻译在场的情况下强行过堂，骗我们的人说，快点录口供，录完口供就可以走了，没事了。我们根本都不知道法律上的情形，过堂是违法的。其实我们大家可以不给他过堂的，坚决等律师来，这样就好点，不然的话就被陷害了。我们当时还没意识到，就觉得拿几千元给他们，然后叫律师帮我们弄下，一点都没意识到。

第二天一张证明要扣我们三十天，全部都定了。我们想有没有搞错啊，然后就开始日日奔波了，找律师。我们这帮人组织了个会，请了个律师团，开始想办法搭救这些人。好在那边的警察和我们的警察沟通了，不把他们送入监狱，就是专门把警察办公室给他们用。一个给男的，一个给女的，就在那里睡觉。同时买些新的床品回来给他们睡，但是不允许他们出警察局，带着他们去市场买菜，自己煮饭吃，然后等我们在外面打官司。我们又不知道怎么打，就只能信律师。那些律师根本就不知道他们犯了两条罪，一条是环保罪，一条是违法罪。我们打完环保罪，打到龟岛那个市长那里，搞掂了。他说我不起诉你，你们可以走了。结果不是，他不起诉我们只是第一个官司完了，但是还有一个违法罪，就是龟岛要起诉你，因为买这些海参是犯罪的。那我们怎么做？我扛大旗，没办法。我们这帮人找一个当地人，是出口海参的。他有龟岛带海参回来的证明送给我们，然后写个证明说是赠送给我们的，肯出个证明给我们。我们去打官司也不止两场，每场官司都要钱的。我们说给巴西那些人听，他们就说没钱，又不肯汇钱来，要我们帮他们垫着。没办法啦，我们硬着头皮都要垫的，让他们签合约，让他们回去巴西后把钱还我们。

在打官司的时候，我最受罪。为什么呢？那些记者不听我们讲，硬要将这些新闻爆给全世界。后来他们有一个巴西的亲戚过来，说我们是黑社会，收他们的钱，实际上我们是一分钱都没赚还要折本。我们一开始都不知道，后来看了新闻才知道我们被传为黑道人物。而且我们有时候太过于心急，有什么好的消息就说给他听，说打完官司给了一万五千元就可以走了。律师是这样跟我说的，我就这样跟他说。但是没想到，打完了还不能走，我说为什么不能走。律师说他也不知道。原来打完第一个还有第二个，我们就打第二个。那些巴西人就说我们骗他们，对我们完全不信任。好在他们向全世界爆料的时候没有说我们这些海参其实是买回来的，是假赠送的。我们也都害怕这些新闻，那些记者也夜晚十一点钟打电话来打扰我们，问我情况究竟是怎么样的。我说你不要相信太多的事情，你要绝对相信我们，我们有能力去解决问题，法庭上是要走程序的，有些困难，但是这些不是我们能掌控的。我们并非别人所说的那样没做这些事情。最关键的是，他们没有受到虐待，一点都没有，因为他们住在警察办公室，有床铺住，可以出去市场买东西煮饭吃，不是同犯人关在一起的。你们不需要太多担心，太多担心是多余的。但是有报纸写信来问我们究竟是怎么回事。我说你采访了也不准发表，你发表就会影响我们的工作。我们最担心的是这些媒体发表的东西会影响我们的工作。我们想要他们不要走漏风声，由我们自己在内部慢慢搞定。

最后我们出钱出力解救了他们。他们回去之后再给回我们钱，始终有几个不肯给钱，还差一万二千七百元没给我们，都是我自己的数，没办法的。做会长就是这样子，如果这件事你不敢担当，不去考虑这帮人，大使馆照样要承担。所以最后那个参赞走的时候，专门来瓜亚基尔见我，感谢我。本来要到12点才放人，那晚7点多的时候，赶他们回来的时候，警察打电话过来给我说："你怎么不带他们走？"我说："不是12点吗？"警察说："12点我们没人看守他们的。"警察把护照还给他们，就这么出来了。巴拿马那边等着消息，我说告诉中国国务院侨办，他们出来了。我们现在马上买机票，准备第二天就走了，但是现在还不算安全，没离开那个岛，还是很害怕，怕在机场被截住，所以那天晚上我们买机票，靠我弟妹打通旅行社，就算是贵也要买，如果不买，要过两天之后才能走。就是他们出来之前，那里九张机票我们都扣着的。他们走了也安乐，不然我们都没心情吃饭。这次事件也锻炼了我们这帮人。大家都很齐心，出钱的时候一起拿钱出来。但是那帮人只有嘴巴说而已，走了就不给了，又不肯承担，不理你的事情，不管你的责任。更搞笑的是，我去追钱，他们要求我们拿正式发票给他们。这些人也真是，没出来的时候，说叫律师帮忙，多少钱都给。这件事是社团工作里面比较令人心寒的。社团工作有很多事情要做，但很多事情都是力不从心的，真的是力不从心，没那么多时间，没那个精力，没那个经济实力。

李玉良

口述历史

李玉良

时　　间：2016 年 11 月 27 日

地　　点：厄瓜多尔安巴托洪楚然家

受 访 者：李玉良，厄瓜多尔华侨华人联合会前副会长

采 访 者：刘　进

录音整理：钟津婷

出国经历

我叫李玉良，1955年出生，是广东中山环城公社人。我很小的时候去了澳门，在那里长大，读书到高中。我在澳门读书的时候，父亲经常往返于秘鲁和澳门之间。那个时候，我母亲还在中山老家生活，我祖母早一点来澳门生活，我是祖母一手带大的。高中毕业后在澳门餐馆里做了一年工，主要是做柜面收银工作。我的父亲是秘鲁归侨，住在澳门，我20岁的时候，父亲叫我出国谋生。

我们家移民南美的历史很久远，我太公（爷爷的爷爷）就到了秘鲁去，那是很久之前的事情了。父亲本来想让我去秘鲁，恰巧那时秘鲁政府改选，新政府政策有改变，实行有点社会主义那样的政策。此前秘鲁华侨的生活不是问题，大部分在那里可以赚到钱，可以把钱寄回家乡去养活家人，买房子啊什么的。但改选后的秘鲁政府禁止汇钱出去，一美元都不可以。因为这个原因，父亲就叫我到厄瓜多尔。我们兄弟几人只有我一人来了厄瓜多尔，他们在澳门、香港生活。

1975年我来到厄瓜多尔时，基多市的中餐馆只有七八家，现在有400多家。父亲叫我到厄瓜多尔来，是因为我有个堂叔在这里开餐馆，我刚来的时候，就被收留在他的餐馆里打工，在那里干了三四年。我刚出国那个时期的厄瓜多尔，以现在的眼光来看是很落后的。我父亲叫我们过来这里谋生，他认为在这里有机会做生意。那个时候我年轻，适应当地生活比较快点、容易点，也不觉得苦。现在我已经很习惯在这里生活了。

过了几年，我积攒了一点资金，就自己到安巴托做餐馆生意，这是我跟自己一个叔祖（我爷爷的弟弟）合伙开的餐馆。那个时候餐馆的生意不是很好，当地人还没有习惯吃中餐，也可能那个时候我们也弄得不大好，所以我们结束了餐馆的生意，去基多打工。

我在基多一个名为农工商开发的公司里打工，这家公司是广州白云山制药厂投资，跟当地的药厂合作开设的，公司聘请我当翻译，那时候我的西班牙语已经讲得很不错了。后来这个项目也弄得不大好，散掉了。我在那里干了五年时间。

之后我来到一个名叫万德斯的旅游区重操旧业，开了三四年的餐馆，刚开始的时候有一点生意，后来经济形势不大好，生意跌下来了，我又搬回到我的老家（刚来厄瓜多尔谋生的地方）做了几年的餐馆生意。随着孩子慢慢长大，他们都开始读书，家庭费用增大了，我就到基多工作了。

在基多，因为我的西班牙语讲得比较好，就从事与华人移民有关的生意。华侨有什么事情，譬如开办餐馆的时候，需要到卫生局、消防局去办理手续，就叫我去办，新来的华人移民，需要办理身份证件、居留证件啊什么的事情，也委托我去办理。中国人在基多遇到法律上的问题，法庭和检察院也是叫我去当翻译的。一些华侨遇到事情，就打电话到大使馆要求帮忙，大使馆也会打电话叫我去帮忙。

我是边开餐馆边兼职做这些为华人服务的事情，我帮他们做这些事情，是继承了我叔叔的兼职。那个时候华侨有什么事情，都请我堂叔去帮忙解决。他的西班牙语很好，就帮助华侨办理身份证件啊什么的，跟政府部门打交道。他人缘很好，乐意帮助华侨，大部分华侨是老乡嘛，是我们中山那边的客家人，他差不多也算一个侨领了。我叔叔年纪大了不干了，就由我来我接手干。我们替华侨服务，收一点费用，因为付税呀什么的，政府部门都是一定要收费的。但是我收费也没有什么标准的，有的人能力比较强就多收点，如果没有能力的人，我自己也会倒贴，因为人家过来不熟嘛。有些人不认识我，通过朋友、老乡去找当地的律师，但律师拿钱后帮不了忙，办不好事情，连律师的人也找不到了。当事人打听到我的情况，重新叫我去办，没关系，我照样帮他们去办。

1997年后，我们不再开餐馆了，那个时候流行开百货店生意。我家现在还有一家小百货店，是我太太在管理，在我的老家那边。我们的百货店雇了当地的工人，给他们政府规定的最低工资，全部包在一起大概一个月500美元。这几年当地工人工作态度比以前好一点了，经济不好，他们找工作很不容易。

我们没有像潮汕杨会长那些人做进出口贸易，做贸易可以多赚钱，但我们都没有那么大的资本，所以做不了。我是1975年来厄瓜多尔的，杨会长是1977年，比我晚来两年。杨会长后来转行做养虾的生意，还有开五金店，批发汽车配件，开农场，他有好多生意。

华侨华人联合会

我1975年刚到厄瓜多尔的时候，大约百分之九十的华人是我们中山客家老乡，那个时候虽然说西班牙语，但说客家话在华人中是走得通的，你去到哪里，也是我们中山客家人多。到了80年代初，杨会长和他们的潮汕老乡过来了，之后广州人来了。90年代来的最多的是福建人，一批一批来，层次很分明的，我们住在这里，哪个时期哪里人来的最多，我们是最清楚的。

80年代开始，华人人口增加很多。1980年，基多华侨成立了一个社团，名为华侨联谊会。这个会2005年改组了，这是因为我们觉得这个联谊会对华侨的利益的维护不是很好，运作方式也不是很好，所以我们就从这个联谊会退出来了，包括杨会长、潘会长和我，还有好几个老华侨都退出来。

2006年，我们成立了华侨华人联合会，杨会长是第一届的会长，三年一届，第二届跟第三届是潘会长，我当副会长。去年，联合会又换届了，我们退下来了，但我们还是会员。有些华侨不知道内情，说我们的华人华侨联合会是1980年开始，这是不对的，那个时候叫华人联谊会，是联合会的前身。

我们退出来后，原来的那个联谊会弄得不大好，他们就解散了，有一些人参加到我们这个联合会。我们联合会前一届会员有三百多人，但这不等于只有三百多，一个家庭只有一个会员，他就代表整个家庭了。我们开联欢、春节的时候，一般有五六百人参加联欢。

华侨为什么要加入联合会呢？我想很多华侨的想法是，如果有个团体做依靠，一旦有什么事情发生，可以找团体，可以找会领导帮忙，这是第一。第二，可以一起联欢，在节日里，大家聚在一起，热闹一些。中国领事馆举行春节、国庆的庆祝活动时，也会邀请联合会的人去参加，如果不是联合会的人，一般不会被邀请。

作为侨领，主要是华侨如果有什么问题或困难，在能力范围之内的，侨领可以帮助华侨解决，侨领不是为了谋利。我干了八年联合会的秘书长，也做过副会长，说实话我们不是谋利，也没有拿一分钱的工资，很多时候是自己掏腰包的。

婚姻与家庭

我刚到厄瓜多尔我叔叔的餐馆打工时，认识了我的太太，她是印第安人与西班牙人混血的后裔。她经常来我们的餐馆吃饭，谈话聊天，一来二去我们产生了感情，就结婚了。

我们夫妻共育有五个孩子，都在厄瓜多尔工作，四个已经结婚，最小的女儿26岁，尚未结婚。其中两个是律师，一个女儿是国际烹调学校毕业的，她擅长烹饪国际上的各种菜系，还有一个硕士毕业，是心理学家。

可能因为父母也不在我身边，没有跟在后面管我，说什么"你不要跟当地人结婚"这样的话，所以我结婚就没有遇到什么阻碍。但我父亲是不同意我同当地女子结婚的，但他在澳门，拿我没办法。父亲之所以有这样的观念，第一，这可能是在秘鲁生活多年，他看到一般南美洲国家的妇女，大都比较开放一点。第二，当地人跟中国人生活习惯也不同，风俗也不同。

我结婚之后，可以说我父亲就不承认我这个儿子了。我来厄瓜多尔40多年了，4年前，我回去过中国一次。很多人问我："你为什么不回中国去？"结婚后，生了很多孩子，回去会花不少钱。后来呢环境比较好一点，但孩子们也在读书，也没有什么时间回去。父亲对我们结婚有不同意见，我们有顾虑，也是一个原因吧。

我父母亲现在90多岁了，还生活在澳门，但是他们仍然对我同当地女子结婚想不通。第一，他们的思想比较保守；第二，父亲虽然在秘鲁生活多年，但他看到的情况不能说全部的都是那样子，全部是不好的。世界上每个地方有好的，也有不好的，他呢，主要看到不好的，他就先入为主，以为外国的女孩子全部是不好的。

我对选择我的太太从来没有后悔过，她人很好，就是身体比较弱一点，经常生病。我的孩子们对我们夫妇很孝顺，特别是有个孩子在政府部门里比较高级职位上工作，赚钱多一些。他经常请我们两夫妇去临近的国家旅游啊，经常请我们去吃饭啊，过年过节啊经常过来看我们。

我是中国人，对于小孩的教育比较严格，我教育他们要好好读书，做人做事的道理，灌输中国的那一套家庭教育思想。我们兄弟姊妹小的时候，我父亲对我们也是很严格的。当然，我太太是大学生，对孩子的教育有时候比我还严格。我在这里41年了，看到当地一些家庭（当然不能说是全部）对孩子教育比较懈怠一些，要求松一些。

我的孩子们对中国的事情很感兴趣，其中一个女儿还会说一点中文，因为她在教中国话的学校读过书。但他们读书的时候也没有什么时间去对中国了解更多。我小女儿去年说还想去中国读语言，学中文。我有一个女儿在政府的大学城里工作，是财政处处长，她们有很多跟中国的合作项目，譬如建楼房、建学校。孩子们通过媒体，通过社交，他们也知道中国越来越强大，对于中国也很向往，但他们目前都还没去过中国。

我听朋友、老乡回去中国后回来给我讲，现在中国变化很大。作为一个中国人感到骄傲，感到高兴，我们中国强大起来了，人们的生活也改善了，虽然现在仍有贫穷的人。我也深深希望中国慢慢缩小贫富差距，变得越来越好。

李玉良接受采访

梁公璧

口述历史

梁公璧

时　　间：2016 年 11 月 28 日
地　　点：厄瓜多尔克维多翡翠酒店
受 访 者：梁公璧，厄瓜多尔东方食品集团董事长
采 访 者：张应龙
录音整理：张　钊

偷渡到香港

　　我叫梁公璧，广东鹤山人，1942年11月出生于鹤山共和镇。我没有兄弟，我爸爸只有我一个孩子。我家当时的经济条件还算不错，我爷爷在外国经常会寄钱回来。我爸爸就拿这些钱做点蒸酒生意。小时候因为家里条件好，我比较懒，很少读书。但当时同乡十八个人去广州考试，我是第一个考入培正学校的。虽然我当时功课比较懒，但我没有放弃，而是当做任务去完成。当时也不知道读书有什么好处，反正爸爸叫我读我就读。后来解放了，人人都跑了，我却没有走。为什么呢？因为我爸爸思想比较陈旧，他是乡下的太平绅士，不愿意离开。人家都拿着东西跑了，只有我拿着东西从广州回到家里。

　　我爸爸当时打算去香港马鞍山，我有个叔叔在那里做工程师。但是他后来没有去，因为舍不得乡下的事情。以前我爷爷在美国底特律经营餐馆，担了五担白银回乡买地，结果我爸被当成地主遭批斗。后来家里出了变故，家境一落千丈。以前因为家境不错，不需要担心钱的问题，但后来就不同了，没人愿意理我们一家。我可谓小小年纪尝尽世态炎凉。我明白自己需要独立。学校的教导主任说想办法让我继续读书，但是环境还是不行，所以我爸爸去世后我决定游泳偷渡去香港。

1968年，我26岁。我们一共三个人偷渡，只有我一个人成功。晚上12点在南头下水，一路非常凶险，一个民兵队长在南头山上摔死，我的同伴被边防部队捉到了。我就拼命地跑，当时正好遇到三号风球，是养蚝人救了我。到了香港之后饿得不行，赶紧联系在香港的亲戚。当时他们送来了饼干，我就拼命吃，没喝水，差点咬到舌头。之后我去投奔我叔叔，他说只要我肯老老实实干他就收留我。先在织造厂推车仔，干点脏活累活。做杂工也不错，包饭吃，还有薪水。后来我去马鞍山学制作手套，给我原料做，在那里工作了两年。那些手套好重，大约200斤。那里有很多农民在种菜，早上5点钟就起来搭把手，帮我忙。我有个培正的同学当时在洋行，他想请人帮忙制作钉珠手袋，就找到了我，并保证帮我打本钱，后来我生意就做得不错。

1972年工厂起火，工人抽烟引起的，幸亏对面中国工会有水管灭火，但工厂里的东西全部被烧掉了。当时我的脚烧伤了，被送去医院，医生认为我的脚有三成把握治愈，七成可能无法治愈。我当时还很年轻，才30岁。手术过程很辛苦，也很痛，但最后还是治好了。我把所有的钱都用来治病，保险买得太少，欠了一大笔钱。

移民南美

后来听别人说秘鲁和厄瓜多尔情况不错，很好挣钱，我就去找厄瓜多尔领事馆，他们很快给了我签证。我当时有个叔叔在美国经营餐馆，他有四个女儿，叫我去帮忙，但我不喜欢经营餐馆。我在来到厄瓜多尔之前做了些准备，一个人来到这里，但这里我一个人都不认识。那时是1975年，国家还没对外开放。我当时找到一家餐馆吃饭，看到很忙，老板看我穿西装，没有收我钱，我说我可以帮手，我们后来成为了朋友。他的舅父是国民党军长，带着很多黄金到了厄瓜多尔，还买了豪宅。他收留了我，跟当地学生住在一间屋。后来，餐馆没有酱油，我就做酱油给他试，结果很受欢迎。

我刚来厄瓜多尔的时候这里的中国人还很少，不到两千人，克维多这个城市大概一千多一点，这个城市是华人最多的。华人血统的后裔很多。那时候的华人主要是四邑人，广州郊区人和的人主要是最近十几年来的吧。现在厄瓜多尔的华人大概两三万人，还有三百多华人后代。原来克维多上千名华人后代中的很多人都离开这里去了其他城市。福建人在基多比较多，我们这里少一些。这里有一位梅先生，他办中文学校办了很久。浙江人，讲浙江话的，是专门来办学校的。我以前还捐过钱，现在还在继续办。他从中国政府那里申请赞助，不用自己出钱。办学质量过得去，有不少华人送子女去那里读书。这里华人不多，同乡会大概有五十年历史。

我们这里主要靠农业发展，以前行情不错，现在不太好，所以很多人离开了。以前这里很多人种大蕉、香蕉、黄豆、玉米等。这个城市在这个国家中排第七。中国人最早来到厄瓜多尔之后都是来这座城市从事农业，而且这里空气很好，一年只有两个季节，不会很冷也不会很热，没有暴雨，也不会狂风呼啸。生活在厄瓜多尔，如果你要去冷的地方就应该去首都基多等地，如果要去热的地方就应该去瓜亚基尔等地。这里恰好处于中间地带，一半面山一半面海，气候非常适宜。一年到头都是穿短袖或者一件长袖，不用穿冬装。以前这里的人很淳朴，现在很爱贪小便宜，贪污和偷窃盛行。社会治安还可以，我们自己也有保镖。这里的中国人都变了，现在的年轻人有的很令人讨厌。现在的政府比较坏，假共产，一天到晚加税，收得很厉害，所以很多人都跑了。但明年竞选估计就不行了，因为不得民心。

我以前很辛苦的，一步步积累才有今天。我以前是吸烟的，后来戒了。因为对身体不好，如果不戒烟，怕很难长寿。我自1978年就不吸烟了，戒烟也不简单，很辛苦的。我以前烟瘾很大，每日吸三包烟，后来改吸烟斗，再后来就觉得应该戒烟。后来我一个香港的朋友和我打赌，说我戒不了，结果他输得心服口服。

东方集团

当时我先到瓜亚基尔一个月，然后到克维多这里。现在我工厂这个地方以前是一片农场。我们一开始只有三个工人，再加上我们夫妻两个，一共五个人，就开厂了。自己制作酱油，然后找客户，交货车拿去卖，卖给那些餐馆。那时每天骑单车或者和工人们一起用三轮车送货，送去基多或者其他城市，将货交给货车，自己还要跟车去。我始终奉行顾客永远是对的原则，所以口碑还不错，一般而言人们都对我赞誉有加。那时厄瓜多尔中国人很少，都是住在田寮，没有那么多房子，我就在那做酱油。我制造酱油的技术是小的时候跟爸爸学的，我还学过如何晒咸鱼、炒菜、制作点心。来到这里之后，我正好有个朋友在外交部工作，他帮我办好所有手续，还借钱给我。他已经过世了，儿子还在这里。

我们一开始制作酱油，然后是辣椒酱、番茄酱，主要是这几样。我们的酱油炒饭颜色非常漂亮，味道很香，很受本地人欢迎。人人称呼我为酱油梁。我们在这里经营了四十来年，我的公司叫东方食品公司，产品有口皆碑。我们制作的酱油和辣椒酱很出名，很多人都喜欢。许多去外面谋生的厄瓜多尔人都很熟悉我们的产品。

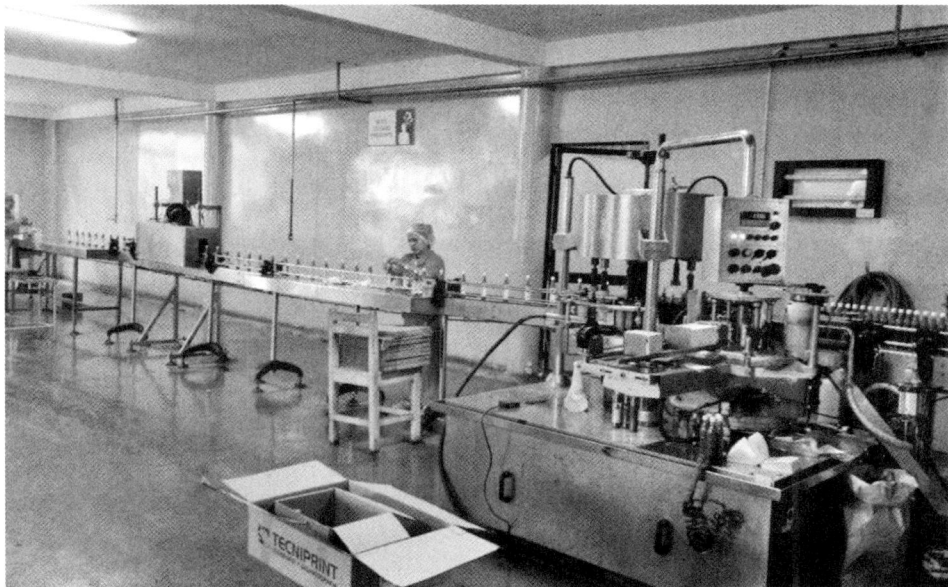

我当时感觉中国人经营餐馆的方式有点问题，但我也没办法。很多人为此用三字经骂我，他们认为他们是我的衣食父母，没有他们我就没饭吃。我做生意是很真诚的，想把生意做好，很多人对我也很尊重。后来我觉得只是把产品卖给餐馆是不够的，于是卖给超市、商店，采取"农村包围城市"的策略。农村是很少人去的，我就偏偏去。最重要的产品质量过关，有人买。后来有超市老板来找我，说要订货，和我商量价钱和付款方式，他们提出付款期限180天，我说不行，最多45天。我的公司很小，买豆的量很少，只周转一个星期，卖豆的老板看到这样，支持我，给我赊账，后来我和那个老板成了好朋友，我的工厂剪彩的时候他也有出席，现在他已经退休了。我很感谢这些生命中的贵人，他们对我有很大的帮助。如果没有他们，我不可能这么快发达。总之，我做人是很真诚的，所以才能取得一定的成绩。

我于1995年开始经营餐馆，当时我的餐馆是最阔气的，在瓜亚基尔，那里是个大城市，这里太小了。餐馆是我一个人搞的，我当时亲自去美国买货。我的餐厅有四层楼，非常漂亮，还有停车场，非常厉害。酒楼占地面积起码四千平方米。一开始生意好到极点，十分爆棚。当时全南美洲最大的中餐馆就是我们这间，秘鲁都没有这么大的。餐馆时好时坏。我觉得工厂的利润大过餐馆，所以把餐馆交给了小姨的外孙打理，那家餐馆后来经营得不好。但我还是要资助他，因为是我亲小姨的外孙。

我还有农场，除了耕种和养猪外还种水果，总共养了几万头猪。我一有钱就买地，大概800公顷。我买了两块土地，近上山路上，土地很好，后面这个农场土地比较老旧。

在开了酒楼和办了农场之后还开了中医诊疗所，有中医和西医。诊疗所是1996年前后搞的。当时钱其琛副总理来我们这里访问，同我们攀谈，希望我们能在这里发扬中华文化。大使馆建议我来搞，我就搞了。我们和山东一间医院合作，初期比较成功，但是现在已经不合作了，我们只好请私人医师。中医诊所也还过得去，诊所的医师和工人很难请，医师如果水平高，生意才会好，如果医师水平不行或者不肯给你打工，诊所就开不下去，这里面问题很多。

我所经营的产品除了酱油、辣椒酱之外还有面、水、果汁等，统统都有。所有的生意中食品是最重要的，因为每个人都需要食品。面粉是最重要的，因为每个人都要吃。面粉是在本地买的。自2000年开始，面粉还销往欧洲。现在一年的生意额是大概四千多万美金，不过最近形势不太好。2008年我开始从事售卖饮料，主要是卖给外国的，出口的。但是工厂无论如何也不会太差，只要维持生产的正常即可。我们和国内的中山大学、中国检验所等机构合作，由我们提供原材料。

现在我的工厂总共有700多人。我的工厂准备开始裁员，因为我的工厂要实现一定程度的自动化。在这座城市，我们算是最大的企业，员工人数也是最多的。我的工厂在各个城市都有分店和代理商，其他地方有写字楼和货仓。我没有开超级市场，如果开就很难搞。别人会认为我在抢生意，很有可能不再要我的产品，所以要小心。

我的公司是厄瓜多尔从事酱料生产的企业中规模最大的，已经在2008年开始打入全国500强，一直到今天都是。每任市长和我都是好朋友，他们有需要我都会帮助。必须要这样才行，否则会产生矛盾。我也有给当地捐钱捐物，选举也要帮忙。这次大地震，我是第一批捐物资的。当地政府给了我感谢信，还有一些奖状和证书。我们创造了很多就业机会，700多员工之中很多都是本地人，他们靠这一份工作可以养活四口人的家庭。我们的食品厂、酒楼、农场、养猪场加起来有员工1000多人。在国外做生意真的好难，我都是经过长期的艰苦努力才有今天。国家的政策和政权的稳定也很重要，1998年金融危机的时候我亏了很多钱。

子孙满堂

以前在香港很辛苦。那把火烧了工厂，我的脚受了伤，去看医生，那个医生恰好后来成为我太太的姐夫。当时她正好去探望她姐姐，所以我就认识了她。我伤愈之后就来了南美洲，然后写信给她叫她一起来。她是跟她妈妈一起来，几个月之后我们就在首都基多结婚了。我是1975年来的，她是1977年来的。1980年大儿子出生，我们一共有三个儿子一个女儿，女儿经营餐馆，也做出口，主要是出口至哥伦比亚、秘鲁、智利乃至欧洲等地。儿子主要在工厂这里，工人中也有很多当地人，没有当地人很多问题搞不掂。

我的几个子女都是在这里接受教育，大学也是在这里读的，他们平时和我们讲广东话，他们现在全部都结婚了。我们现在有十二个孙子了，我大儿子生了一个男孩一个女孩，我小儿子生了三个女孩，我第三个孩子生了三个男孩一个女孩，除了女儿在瓜亚基尔之外，其他三个儿子都在这里。平时大家分开吃住，周六周日他们来我们这里吃饭。三个儿媳都是本地人，是他

梁公璧的儿子

们自己的选择。我们一开始也有反对，后来也改变了看法。即使他们娶了华人女子，下一代还是会选择和本地人结婚。我们不能那么自私，婚恋是他们自己的选择。如果和中国女孩子结婚，他们会很不开心，很难过一世。这里的华人子弟也有找中国女孩子结婚的，但我们很开通，结婚对象让他们自己找。

我平时有拜神，不光自己拜，也叫子女孙辈来拜。他们家中没有牌位，只有我们家才有。他们读书一定要入天主教。我们的子女在这里出生长大并且接受教育，完全融入当地的风土人情。我的儿媳都是律师，身家清白，有正当职业和稳定收入，与我们的子女感情很好。但只有我的儿子和女儿在我们的公司工作，儿媳和女婿不可以进入我们的公司。孙辈不会讲广东话，我们找机会教，希望他们以后可以学会。现在中国逐渐强盛了，中国文化越来越有吸引力。他们去过中国，三年前我们带着子女、儿媳和孙辈回中国祭祖扫墓。他们对中国的印象不错，中国现在发展得真好，这对我们这些海外华侨来说是好事。

我经常回老家，第一次是1987年。刚来厄瓜多尔的时候事业刚起步，忙于工作，也没有钱。从1968年偷渡去香港之后直到1987年才回中国，我对中国后来的发展不是太了解。我回到乡下后，村里面的队长书记请我吃饭，大家成了好朋友。同时还把我家当年的地和地契还给了我，还给我爸爸立了一座山坟。以前我自身出身不好，地主家庭身份，我没有回去和族人争地，现在我回乡人家都当我是好人。

他们请我回去捐钱办学校，投资就没有了，我觉得不合适。我是广东省侨办顾问，广东省侨办、鹤山市政府、鹤山侨办都有人来过。我曾经帮两个人移民来这里，但他们赚够钱后就回老家了，他们两个是我的堂兄弟。现在鹤山的年轻人都不愿意出来，因为现在国内的情况很好，他们也不愿意出来吃苦。

我其实很早就有参加相关的团体，但因为生意比较多，所以后来还是把社团工作交给年轻人打理。如果他们有需要帮忙的地方，我也会施以援手。因为我自己也尝过世态炎凉，知道困难的滋味，所以我觉得如果别人有了困难需要帮助，我也应该帮忙。

廖振声

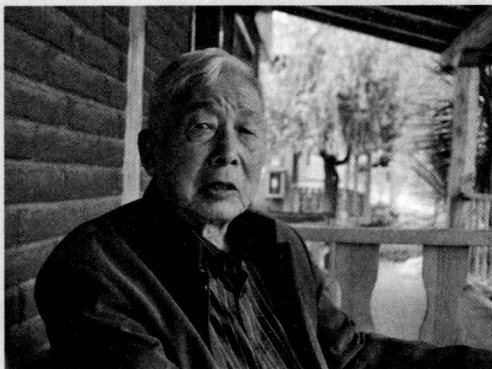

廖振声

时　　间：2016 年 11 月 26 日
地　　点：厄瓜多尔奥塔瓦洛
受 访 者：廖振声，餐馆老板
采 访 者：张应龙
录音整理：钟津婷

偷渡香港

我是广东中山翠亨人，有两个姐妹，我的婆婆、妹妹、叔叔，很多人在香港。我读到初三就不读了，出来做事种地。1959年我24岁时偷渡去香港。那个时候没办法，刚刚开始公社化，分饭吃的，一小盅饭，哪里能吃饱。我的家人在香港，我申请没被批准，所以偷渡过去。我们乡下近海，到澳门很近，三个钟头就可以了。那个时候不用给钱，治保主任等整班都是年轻人，大家一起，一到晚上来七条船。第二天早上我的叔叔过来澳门带我过香港，那个时候想过去香港就给500港币，有500元就给你个纸袋，香港那些移民局看见这个纸袋，说明有钱收了，就不用检查了，你就照过。不然的话你就要偷渡，偷渡过去香港也是要花很多钱的。

到香港后住我叔叔家，开始做车内衣。两年后出来做餐馆，做餐馆做到

1976年的时候，香港环境不好，那些股票即是大杂牌，不行了。我在香港有18年。

双双移民

我们有个乡亲人在这里，后来去了巴拿马，他介绍我过来的。1976年我和太太从香港坐飞机去法国巴黎，从巴黎转去基多，机票4800港币。基多那个时候的机场不是现在的机场，旧机场是玉米地。我都想回香港，那个时候的基多很落后的。现在看到基多很漂亮，那时路边都是玉米地。基多那边好多中山人。那个时候，你说白话，吃饭啊、喝咖啡啊就不用钱，那边的人招呼你，那时候的人亲情很好。后面来的人又打劫、又绑架，搞坏了。那个时候很好的，那个时候你没钱，看到你是谋生的，就给钱给你做生意，你找到了工作再还钱。见到唐人都是说广东话，从达湾鲁（音）下去都是广东人。基多那边有的是花县的，有的是人和的。那个时候讲广州话是好好的，个个都在餐馆吃饭，聊下天。你说我想找间铺子做餐馆，不够钱，你差多少，多的话我就没有，少的话我帮你，赚到钱你就还我。现在的人就不行了，有的都会帮，但是没有那个时候好了。

来到基多之后在朋友家里住了两个多礼拜，我就找到了我那个亲戚，他在下面那个埠，在那开了间餐馆。我开始帮头帮尾嘛，后面找了间铺头在达湾鲁那边一直做到现在，没有离开过。那个时候做间餐馆是很便宜的，有两三百美金就可以了，唐人个个赚到钱。以前中国货进来，卖中国的货，卖那些衣服、鞋子啊，都可以挣两餐。那个时候到那边的，只有我的亲戚和外甥，才三个唐人嘛，他们来了五六年了。我帮手都没讲钱的，自己亲戚讲什么钱呢！在这里吃这里住，学东西，你要什么就买给你。那个时候唐人很好的，不会像现在这么坏的，现在的人都变了，亲情都没有了。那个时候赚钱很容易的，那个时候用的是苏克雷，现在总统换了，用美金了。现在赚钱就难了，除非你不是做餐馆的，做第二项生意的，做进出口啊，或者做其他的进口电器啊那些，那就赚钱了。那个时候在达湾鲁，当地的土人看中国人就像看明星那样咯！就是没见过嘛！现在很多土人从美国那些地方回来，思想进步了。

开餐馆

开餐馆的时候，他们吃饭都是给现钱的，没得赊。那个时候，那些当地人见到唐人都怕，以为你会功夫，怕被打。他们看中国人的戏嘛，以为个个都会打。他们问我会不会功夫，我说会的，怕他们不怕我嘛！现在那些土人，没那时候那么纯，那个时候他们更纯的。他们吃饭很简单的，他们喜欢吃中国人那些炒饭。本土人好过唐人，唐人吃饭挑嘴些，他们不会嫌弃的。他们吃饭都没试吃，就先将酱料、盐等调料倒进饭里，中国人就会试下，他们就不试的。吃饭的时候也喝汽水、啤酒，我们赚钱多的部分是喝东西。这里餐馆没有开茶位。每一间都有炒饭，都做回头客。

那个时候做餐馆，日夜都做。早上八点钟就开门了，开门后做到晚上十一点钟才关门。有时候下午两三点关门，跑去下面找人打麻将。那个时候是辛苦点，不过就不用自己亲自做，让那些当地人做，自己不做。厨房让当地人弄，我自己买菜、买肉。那个时候东西很便宜的，带十几二十块钱就出去街市买货了，然后叫两个人运回来就可以的，米啊、糖啊几元而已。那个时候没这么紧张的，有生意没生意都是很闲的，现在人工高了。我刚开始请的那些工人，20到30元苏克雷一个月，不是一天喔，没有劳工保之类的。那时生意好做。新年不开，新年就叫下面的唐人上来吃饭。

自己开餐馆太太有帮忙，我自己很少在餐馆里面做的。刚开始开的时候我还在餐馆自己做，后来就叫那些鬼佬做了。我就负责收钱，早上出去街市买买东西。除了做餐馆，没有做其他生意。餐馆都是做给鬼佬吃的，唐人怎么会吃你的东西，都是假的（中餐）。餐馆里面的菜，有炒饭、炒面、牛扒、鸡扒、猪扒这些，没其他的了，没有炒青菜，去哪里找青菜？以前我来这里，虾都没有。如果要买虾，得去基多那边买。咕噜肉我们也没有，鬼佬不懂得吃的。我们做餐馆，是没有跟师傅学过的，都是半途出家，自己搞掂的。在中国时根本都不是做餐馆的，但初来这里，本钱没有，逼上梁山咯！

现在开餐馆就要开高级的，好赚钱，如果你开中档的，就没什么钱赚。高级一点的餐馆，一两万美金就可以了。一般的话，几千元就可以了。这里的餐馆很少有吃自助餐的。这里的人很少人喝咖啡的，像中国人喝咖啡聊天是没有的。现在就只有中国人最多时间，本地人没有时间，聊一下天就去做自己的生意。

我做餐馆做到两三年前才没做了，几十岁了，年轻人不让我做了。那个时候我的餐馆是很大的。后来那个业主要回铺头，我给回他了，回自己的家做了。现在我们年纪大了，做不做都无所谓了，做的话是挣两餐，你说赚钱就没有了。现在生意难做了，同时人也穷了。

婚姻家庭

我是在香港结婚的，太太是广东开平人，来到这里才生小孩，两女一男。女儿在本土读书，读法律的，在政府里面人事部工作。另外一个女儿在市政厅福利会那里做，老人福利会那些，打理那些人吃饭之类。儿子在大学堂里面教年轻人驾驶。子女都和我们住一起的，我的房子有四房一厅嘛！一个女儿还没结婚，一个女儿结了婚，老公在基多那边做工，儿子没结婚，但是生了个儿子。已婚的女儿嫁给本地土人，现在很多唐人嫁给鬼仔，没有同家里人来往。你不要去逼迫，让他们自由发展。是她同那个男人过一生，又不是同你过一生，是不是？有没有的吃是她自己的事，你还理这么多干嘛？

土人喜欢中国人，因为中国人不会撇老婆嘛，那些当地人会撇下老婆嘛，跟你睡觉了都会撇下你的，所以说很不一样嘛！加上土人跟我们中国人完全不同，他们呢，女儿亲，儿子不亲；我们中国人儿子亲，女儿不亲，所以说完全不同嘛！嫁女儿了，生多少小孩父母都帮你带，如果是媳妇的孩子的话就不给你带，因为觉得不知道媳妇生出来的是不是我儿子生的，完全不同。本地人是女儿亲，分土地的话分女不分男，有屋子都不给男。我的亲戚就是娶了本土的。以前很少娶本地的，以前老一辈的人是很守旧的。那些本地人很简单的，唐人结婚就难了。我有个朋友在这里，女孩子写信说要结婚，但要买间房子和买辆车给她结婚。我说，你哪里有这么多钱啊。结婚时我们广东人一定要摆酒的，请朋友之类的。同土人结婚不用钱，你喜欢的话就去酒楼摆一下餐，请自己的朋友之类的；不喜欢的话就不结婚不摆酒咯，当地人不会要求你摆酒，不会要求你金戒指金项链之类的，什么都不要求。我后来不就是笑我那朋友，你还不如娶当地的女孩子更好。人又大，生出来的孩子也大。当地女孩子又热情，唐人有这么热情吗？你出去一趟，跟你亲吻，回家了，也亲吻，很热情。所以我有个朋友，有个本地人老婆，有几个孙子，他就知道这些土人好不好了。

女儿中国话能听但不能说，她妈妈跟她说的是本地话嘛！我太太喜欢说本地话，家里的孙子孙女，她都跟他们说本地话的。儿子说中文说得多点，说白话他多数能听，说国语就听懂的少。那个时候没有中文学校，中国和厄瓜多尔还没有建交。现在住的房子是买的，那个时候买得很便宜。家里拜关帝君，没有加入天主教。

现在自己都不开车了，以前自己还开车，四处走走，不开车好几年了。我现在很少上街。以前我经常下去那边埠打麻将，同唐人接触多，现在都几年了，有的走了，有的死了，逐渐少了，现在只剩下两三个人打一下麻将了，这里生活是慢了点，唐人都有麻将打。这里的土人都喜欢唱歌跳舞，现在唐人烂赌，那个时候基多有赌场的。赌场每晚都是唐人在那里赌，很多都在那边赌没的。土人赌，但是没有唐人赌得那么大，唐人赌就像拼命一样，土人赌一点点咯。在基多有黑赌档，这里没有。

赚到钱后，我两三年回去中国一次，回去13次了。那个时候我的家人在香港嘛，还有那些堂叔堂嫂，回去看下他们嘛。中山现在生活好点了，我们乡下哪有见到人耕田的，都去澳门了，没人过来这边了。过来这边做什么，中山那边的福利都多过你过来这边赚钱呢！

当地环境

这里气候最好了，终年都是这样的气候。很多来几十年的，回去三四个月就死了。有些回去中国很久了，回到这边又死了。刚才提到的李石轮，来这边几十年了，回去中国了，他在石歧有铺头收租。他回来这边三四个月就死了，10月份死的，在瓜亚基尔死的，我们怎么可能知道呢，这么远。

这里的治安，大埠就麻烦点，杂人多，小埠就没这么多杂人，个个都很面熟。大家都客客气气的，没打打杀杀的，打架之类的。在瓜亚基尔就小心点，那些人看见唐人就会跟在你后面，会抢你的，他们看着唐人有钱嘛！唐人多数开铺头嘛，所以埠仔有埠仔的好处，平平稳稳，赚两餐，你说大发就没有。

我来这个埠已经40年，西班牙语，哪有学的，听得多就熟了，其实也不是懂得很多话的，有时候说深点，都听不懂的，年纪大，这边进那边出。

刚来的时候这个埠只有我一个中国人在这里，下面那个埠就我亲戚在那里。现在我住的地方好多中国人，有个台湾佬，有个福建佬，人数不多，两公婆两公婆这样。福建人在做针灸，他原来做餐馆的，他隔壁的铺是做医生的嘛，就跟他学。我成日跟他开玩笑说，你要看着点啊，别扎死人啊，你有多少料我知道的，又不是正经的学医出身。现在中国人加起来有二十几人。大多认识的，也有不认识的，最近来的那些我就不认识。他们主要是开餐馆。基本上来到这些地方，除非你是资本大又懂当地话，就可以做第二项生意。如果你不懂当地话，又没有本钱，最便宜就是做餐馆咯。餐馆日日见钱。餐馆都是收现金的，没赊账的。哪个敢赊，赊账人家第二天都不来了，跑了。本地人就算是欠你一块，他们也是不来的，当地这些人是信不过的。

谢绍生（左三）、潘坤平（左四）、廖振声（右三）、麦杰章（右二）

　　以前厄瓜多尔最多的就是中山人。中山人住瓜亚基尔多些，多数都是开些杂货铺的。我去过很多次了，有些老的就不认识，年轻点的就认识。中山会馆在瓜亚基尔，我没有参加，我们几十岁的人参加什么。叫你下去开会，你怎么下得去。现在基多有侨联会，有时候请吃饭，我都不去的。一来，我们老一辈的很多去世了，剩下一两个还在，有的就不来，你跟那些年轻的格格不入，见到的话，不知说什么好。唐人第二代有很多在美国读书的，读完后多数不回。这里没什么进步，吃都不方便。在美国你吃中餐也行，吃西餐也行，吃虾饺、烧鹅都有，这里哪有？没什么吃的。早茶？基多有，这里没有，没人做。有个开烧鸭档的，开不到两个月也不敢做了，没人吃。

林佩珊

口述历史

林佩珊

时　　间：2016 年 11 月 27 日
地　　点：厄瓜多尔基多假日酒店
受 访 者：林佩珊，杨溥桓的太太
采 访 者：张应龙
录音整理：张　钊

从潮安到香港

　　我叫林佩珊，广东潮安江东人，在潮安出生。1960年申请去香港，因为叔叔和婶婶在那边，我过继给他们做女儿。我爸爸和家人都在新加坡，以前不能申请去新加坡，所以就去香港。1960年去香港的时候才13岁，还是小孩子。到了香港之后没有读书，在潮安也没有读小学，那个时候条件太艰苦，吃都吃不饱。在潮安生活的时候家里就只有我妈妈和我一个弟弟。我去香港就是赚钱寄回家，仅此而已。我那个时候一个月挣90块，寄40块回老家。我觉得在香港很好，工作很好找，有什么就做什么。到了香港之后一开始做塑花，后来从事服装行业，做设计，比如设计晚礼服，一直干到结婚为止。我先生是1963年去香港的，他也是潮州人，比较能吃苦。我在香港生了3个孩子，2个儿子1个女儿。我自己家一共7个兄弟姐妹，1个在老家，1个在厄瓜多尔，5个在新加坡。

闯开一条路

1977年我是带着3个孩子来这里的。那个时候一个6岁，一个5岁，一个2岁。当时我先生比我早一个月来到厄瓜多尔，他说这里不错，然后我才带着3个小孩子来这里的。我首先到的地方是伊瓦拉，不是基多。因为那里有一个朋友，可以在他那里学一点东西。一开始做餐馆和其他行业，然后自己开店做生意。在这里开一家餐馆大概要两三万美金左右。以前中国人少，餐馆生意比较好做。汽车零件配件也是如此。我们这里靠进口和批发生意。刚来这里我主要的任务是学习炒饭，照顾小朋友反而不是大问题。这种生活我们在香港已经很习惯了。

我在这里也不错，有什么做什么，样样东西都可以自己先去学，然后后面的人跟着来。我也不算策划，只是知道哪一样生意好做，然后告诉他们。我来到基多，我的亲戚就跟到基多，我去养虾，他们就跟去养虾。养虾就是我发起的，一下子买240公顷，我说你们尽管去做，我负责投资。我有很多亲戚都做养虾生意，很多都超过100公顷。在厄瓜多尔养虾是粗养，不是精养，很浪费地方。现在不养虾了，选择多样了，大家都很灵活。两年前我还去广州订汽车零配件，帮年轻人开店。我见识过的事情很多，知道什么生意好做，可以给他们提供经验和建议。潮州人不会讲广东话，只接触潮州人。我会讲广东话，接触的人多，知道的东西也多，明白什么生意好做什么生意不好做。我经常在美国、厄瓜多尔、中国之间往返，以前我先生国庆去北京还带我一起去。我们去过很多地方，比如广州，我们也在人民大会堂和钓鱼台吃过饭，广州的很多高档宾馆我们也去过。我们就是简单地做自己的生意，最重要的就是经济发展得好。

我不喜欢做太辛苦的，喜欢做轻松的，但我很喜欢工作，很享受工作。我和我的子女一样喜欢工作，不喜欢浪费时间。年轻的时候要拼命赚钱，然后买点物业，老了之后可以靠物业赚取利润。我现在不经营餐馆了，交给工人，由女儿帮忙打理。已经开了三间，准备开连锁店。在整个基多就数我们的餐厅最大。我们都是靠辛勤劳作赚来的辛苦钱，不宜太招摇。现在也不养虾了，准备开咖啡馆，做本地人生意，因为本地人很爱喝咖啡。但是卫生情况不容乐观。这里一旦有问题，就可能蚀几十万美金。

我总觉得，人生应该找点事情做，不应该坐吃山空。我经常跟亲戚们讲，不要那么早退休，否则退休之后做什么呢？潮州人出来之后就是要赚钱，你看在东南亚潮州人的成绩就很出色。当然老一辈的潮州人是很艰苦的。我和国内不是很熟，国内各省除非是请我们去考察，否则我都没去过，怎么和国内做生意我不熟。如果我们熟的话，以前已经做了很多了。有的生意蚀本太多，有的赚钱，有的不赚钱。但最重要的是保持经济实力。这一行不赚那一行赚。

"扶贫移民"

潮州老家那里空间就那么大，土地很少，一块土地还没有我以前的虾场大，没有发展前途。他们只知道用钱建房子，坐吃山空。我们经常捐钱给家乡修路、办老人院，也捐钱给学校和资助当地的文艺活动。那里毕竟是乡下，人们比较贫穷，必须要捐钱。但这个社会如果每个人都靠别人救济，那还有什么希望？还是自力更生才是长久之计。我讲话比较坦白和直接。因为我不想骗人。我个人看法，将来中国人都是为自己而活，我鼓励年轻人到外面来闯荡。我们老家地方就那么大，人口不断膨胀，发展空间受限，外面则海阔天空。我经常和他们聊天，告诉他们既然出来闯荡，就要学会自己求发展。我同他们有一定的年龄差距，起码差了十岁八岁，大家是不同时代的人。

1981年，我申请了表弟陈照国过来，他是我舅舅的儿子。因为我舅父是年纪最大的长辈，然后才是姨妈，然后到小舅父，按年纪长幼一个一个轮着来。我姨妈、舅父、外甥女、姐姐等亲戚排队轮流来，因为80年代大家还是很穷。出国手续零零碎碎的，基本都是我帮他们办。有的申请不到签证，有的人跑去其他地方申请签证，到现在很多中国人都没有合法的居留权。很多人是从哥伦比亚转道而来的。那时候我儿子已经长大了，可以和我一起开车带他们过来。机票大概两千五到三千美金，居留权起码还要两千美金。他们本身都是一穷二白，我还需要事先寄钱给他们。此外还有很多其他费用。一个中国人来到这里一般需要七千到一万美金。所以我等于在他们身上投资了一大笔钱。他们来到这里之后很快可以找到事情做，开始发展事业。

我不用他们还钱，能够帮到亲戚就好。我的原则就是，你们到了这里之后，自己帮自己求发展，我不求回报。所以在外面大家都很尊重我，我是很有号召力的。我们潮州人和广府人不一样，他们往往要求亲戚来到国外后要先用几年时间打工还债，还清机票钱之后才能自己求发展。他们之中很多的人等到还清欠款之后，已经浪费了好多年的青春。我们潮州人就不这样，所以我们发展得快。养虾、汽车配件、餐馆都发展得很快。

第一个来这里的表弟现如今已经带了五十多个人来这里，主要是他老婆那边的亲戚。乡下地狭人多，发展空间有限，来到这里之后感觉遍地黄金。他们来到这里之后都做得不错，我们一家在村里面名气也最大。我们时常寄钱回乡做点福利。

2014年，有亲戚经我帮助来到这里。为了帮他，我花了十万块人民币，签证费五千美金，还有机票和其他费用。他们以为在这里发展的人都花美金，觉得在这里发展很容易。他们错得离谱。2014年来的这位来自澄海，是远房亲戚。他来到这里很不习惯，整天只知道看手机，什么也做不了。现在的人说话很粗鲁，不知道肚子饿是什么滋味，与80年代出来的人完全不同。以前的人比较穷，不会享受，出国之后做事很勤快，现在的人观念太开放，比较会享受，不需要去努力。再加上现在中国生育较少，观念不同以往，太辛苦的工作做不了，也不想做。他们今后的发展是他们自己的事情，也要看他们家庭教育的结果。我2014年接来的那个年轻人现在已经不在这里发展了。他看不起厄瓜多尔，他自己没本事，何德何能，但他本身生活条件好，衣食无忧。我不喜欢这样的人。新一代的潮州人很多都这样。我们统计过，三十多个潮州人来到厄瓜多尔之后没多久都回去了。短则一个月，长则一两年。他们觉得在家乡衣食无忧，为何还要来到这里打拼，但也有人觉得这里遍地黄金。所以八九十年代来的那几批人都比较能吃苦，最近的这几批都不行。

我希望他们出来之后看到哪种生意好做就去做，也不要去干涉别人尤其子女的婚姻自由。基本上我们潮州人还是比较传统和保守的，婚姻很少离离合合，分分合合太多，就会产生很多矛盾。他们来到这里之后都是先住在你家里然后给你打工，一来到这里就可以有工作领工资。他们如果选择出去做生意但又没有本钱，我会选择借钱给他们。我们和台山人不一样，我们不要利息。潮州人在海外很团结，很合作，相互之间借钱扶助，他们来到这里大概需要两三年可以自创生意。我们潮州人是很厉害的，不愿意给人打工受人控制。大家都是亲戚，你拉他一把，他很快就能发展起来。这样大家的势力就不断扩大，否则只是你一个人发达有什么用呢？来到之后，如果愿意给我打工你就继续做下去，如果不愿意可自谋生路。我要再次强调，潮州人这个群体是非常特别的，不喜欢打工，不喜欢受别人左右，有一点点钱就可以做生意，比如餐馆。

这么多年来我担保的人很多，我都分不清楚谁是谁。有的人是我的亲戚，有的人是我弟弟的亲戚，还有好多其他的，经我手或由我出钱来的最少都有20个。我最开心的就是每一个来到这里的亲戚都能赚到钱，乡下很穷，大家来到这里都很勤奋，一个月收入几千美金，这么好的生活别的地方很难找。

潮州人

我始终都是在这里和美国之间走来走去，也很怀念香港。但现在的香港已经不是我们那个时代的香港，所以还是留在这里。

这几年我一直呼吁要搞一个潮人联谊会，后来我们成立了一个潮商商会。但我觉得潮商商会限制太多，应该组织潮人联谊会更好。由年轻人做代表，对于将来在南美洲的发展更好。我觉得潮州会馆是一定要成立的，我经常这样跟年轻人讲，但他们希望我们夫妻两个能出来号召大家。我觉得这是一件好事，可以在历史上写下一页。我们潮州人在这里打拼了几十年，已经完全适应了这里的生活。以前有一个中华总商会，是60年代台湾人成立的。我们潮州人一直没有，潮州人来到这里都是做生意的，没有打工的，经济实力不是问题，但比较分散，很难集中。我希望以这样一个组织的名义参加两年一届的国际潮团联谊会，整个南美洲只有厄瓜多尔了。潮州人成立的潮州会馆始终是属于潮州人自己的，不会被别人抢去。这个我一定会去做，但我需要统计一下人数。因为有的人需要入会，有的人则不一定愿意。我现在年纪大了，需要一个精神支柱。以后条件好了，还可以在会馆内办中文学校。这个要一步步来。因为我们本身有生意做，平时都很忙。

潮州人比较顾家。人在外，名在内，潮州人这个群体的确与众不同。我呢广东话不是太标准，潮州话也说不全，来到这里之后慢慢学会了国语，西班牙文也仅限日常用语，英文水平更加不好。我做人思想比较灵活，不会很死板，做事灵活，乐于助人，但其实也只是一个普通人。潮州女人善于持家，小小年纪便赚钱养家，婚后既能旺夫，也能扶助娘家，非常能吃苦，也很能干。这就是不同群体的特点。

在我住的这个区，一共有9家人潮州人，此外还有30多家台湾人。我们经常在节日吃饭，开好几围。大家都有经济能力，对生活要求不是太高，所以都很开心。新来的因为没有本钱所以要努力奋斗，早前来到的，一般都把子女送去美国，在美国买房子。所以说大家一方面来到这里落地生根，一方面还要给自己留条后路，送子女去美国，所以永远没有办法扎根。

自从来到厄瓜多尔，三个孩子用了差不多十年从西班牙文学校毕业，然后就带他们去美国，一个礼拜之内买车给他们开。他们很好，去了美国没有学坏。他们三个在美国读书起码要花五十万美金，学费很贵，一年就要四万美金，还要吃住。我以前去探望他们的时候，一个孩子一年起码要六万美金，现在可能要十万美金。学费、生活费很贵，没变坏已经很开心了。大儿子是制造飞机零件的工程师，儿媳是医生，也是从香港来的。小儿子在厄瓜多尔做生意，女儿也帮忙做点生意。他们毕业之后有的留在了美国加州，有的做一下地产生意，在迈阿密买房子。

子女不会中文，一个都不会。他们来到这里之后从幼儿园开始一直都在接受西班牙文教育，而且以前是不需要学中文的，因为无法想象中国会发展到今天这样。我十来个侄子，无论是在美国还是留在厄瓜多尔的，都不会中文。两个儿子只会说广东话，女儿会一点潮州话，他们精通英语和西班牙文。以前只有香港人才能移民外国，所以大家都是说广东话的，我家里讲广东话。以后退休了，打算去美国投奔子女。我对子女最为看重的一点，就是叫他们抓好经济。他们现在做得都不错。

家里拜陶朱公，因为在这里做生意嘛。这里的台湾人原本想搞一个佛堂，但是到现在也没搞起来，请来的法师没有一个愿意留下，现在那个佛堂有一个广东人。他们那里搞了一个会负责做宣传，我也参与其中。里面有一间学校，为了安全着想，不会经常开放。这间佛堂主要拜佛祖、观音、地藏菩萨，也有一贯道，但我从来不参加。我们这里华人很少，都是正宗的佛教。我的子女也拜神。我觉得一个人只要心中有佛就可以啦。老实讲，我们这里人少，哪里有人供养佛寺呢？

我去过很多国家。中南美洲很多国家我都去过，比如墨西哥，我在那里只见过一两个并不算很正宗的潮州人，他们都是从其他地方过去的。我在哥伦比亚见过一个潮阳的，也是从其他地方过去的。据我所知，秘鲁现在才开始有潮州移民，委内瑞拉也有几个，阿根廷、乌拉圭、巴拉圭都没有潮州人，巴西好像有，但我没有见过。委内瑞拉很多恩平、开平等地的四邑人。我见过一个澄海的，在那边制造塑胶，真正自己从老家移民出去的很少。以我所见，非洲还有古巴等地都没有潮州人。欧洲各国中，法国有讲广东话和潮州话的，潮州人主要分布在十三区，比利时主要是台湾人，瑞士没有多少华人，欧洲将来应该是上海人、浙江人的天下。

旅外感思

厄瓜多尔的普通人对华人多少还是有些嫉妒的，他们本身很懒，什么也不做，却认为中国人来到这里抢走了他们的工作机会和财富。有的商家的商业道德不是太好，招致偏见和嫉恨。所以很多人最后都想去美国，这里到美国佛罗里达的迈阿密只要4个钟头，到加州的洛杉矶要9个钟头，总要给自己留点后路。

入籍没用的，没什么保障。以前我们是香港身份，现在持中国护照，办了居留权，然后才申请入籍，手续很麻烦，日后可能又不承认你。不过我无所谓，我在这里有很多物业，美国那边也买了房子。如果这里局势不好，那就去美国。香港我不想回去了，虽然我在那里住了十几年。在香港没有买房子，因为对香港没有信心，还是觉得这里好。香港很难赚钱，我没有那个福气。

但其实，在南美洲投资成本低，是赚钱的好地方。这里的土著大多数比较淳朴,地理环境和气候也很好。我们现在最主要的任务就是巩固自己的财产。我去过哥伦比亚、秘鲁、阿根廷、乌拉圭、巴拉圭、危地马拉等,厄瓜多尔地方小,人口少,比较落后,投资成本低。相反,那些面积大、人口多的国家投资成本高,比如墨西哥。墨西哥有很多台山人在打工,做进出口生意的主要是台湾人。阿根廷是福建人的世界,我去年去过玻利维亚,那里不过五百多万人口。苏里南总共才五十万人口,中国人占百分之十都不止,很多都是番禺、台山、东莞、宝安等地的人。我没去过巴西,巴西有很多大城市,人口规模几乎等于厄瓜多尔全国,我觉得没有发展的空间,在厄瓜多尔就好了。除非将来排华,否则太遥远的事情不用去想。

福建人、浙江人他们发展得比较快,爱搞批发,我们比较老实,做餐馆。因为我们距离国内太远,没有联系,没有人脉基础,不了解国内情形,所以很多行业无法涉足。刚来到这里的人,没技术没本钱,能做什么就做什么。我们这些已经有积累的,就害怕局势变化,子女都在美国,不知道将来如何。

马文彬

口述历史

马文彬

时　　间：2016 年 11 月 28 日
地　　点：厄瓜多尔克维多翡翠酒店
受 访 者：马文彬，华商
采 访 人：袁　丁
录音整理：钟晓梅

少小出国

　　我祖籍新会，1940年7月出生于香港。7岁开始读书，一直读到16岁。我们是普通人家，我父亲帮人做工。我们五个兄弟姐妹，我是长子，有两个弟弟、两个妹妹。香港有亲戚从事五金行业，有时放学了我就去五金店里玩，同一帮伙计、掌柜学打算盘，聊天。香港以前做五金生意的很多都有货仓，有几家分店，还卖旧铁，把一整条旧船买回来拆了再卖。耳濡目染之下，我也学到不少五金常识。那时我读日夜两班，中文读到初三，英文也是读到初三，中英文水平都一般，但应付日常交流已足够。原本计划以后读会计和建筑，这时有个在厄瓜多尔做生意的朋友说，来厄瓜多尔吧，赚钱容易，本地人不懂五金。我决定一个人出去闯闯。那是1956年，我才16岁。

　　我是在香港九龙医院出生的，有出生证明，也有香港的身份证，本来应该拿个香港护照才对。当时香港和厄瓜多尔没有建立关系，要到澳门办签证。工作人员给我一张纸说，你拿这个名就可以了，这成了我后来在厄瓜多尔的名字。这样一来，多了张厄瓜多尔的身份证，成了厄瓜多尔"本地人"。

五金生意

我搭螺旋桨飞机经过巴拿马到瓜亚基尔，一到的时候感觉好像进了森林。没办法，谁叫你自己说来的。我来了之后搭车进来，搭的是那种叫芝华的车，既是货车也是客车，用一行行的木板搭起来的，现在是当古董。搭那种车进来，自己还穿着西装，想着自己是来做生意的，我就这样生存了下来。

初到南美，人生地不熟，我只好在朋友那里给他打工。来了一个月，朋友已经放心让我一个人去办货买货。有人问：你学会西文了？这么快就可以办货买货？我说，还没有，只是学了几句，知道怎么表达时间、搭什么车、到达什么车站而已。

帮朋友进了几年货之后，1964年，我决定自己开五金店。我找到之前合作过的厂家买货，坦言自己本钱很少，对方说，你拿货，要多少任你拿。每间厂家都很信任我，愿意帮我。我说，为什么这么信任我？对方回答，我从来没见过一个负责进货的人不把拿到的折扣装入自己的口袋。你不是那样的人，因为你让我们在单据上写得很清楚。

这里很多人对五金了解不多，五金店一般只卖铁钉、铁丝、锤子之类常见的五金。我的五金店铺面不大，但注重高级的五金，种类齐全，销量不多，但不用那么忙碌。

我做过很多生意，除了五金，也开工厂、买货办货。这么多年，先后有几百个伙计跟我做过事。这里很多工人条例很严格，你只要依照规定条例做事，工人也可以接受你，因为他知道条例是这样。但是，如果你请个工人，一味追求平靓正，结果损人利己，你就不公道。想深一层，伙计帮你做事就是帮你赚钱，不能把伙计当成奴隶，要将心比心。以前有伙计的子女要读书，没钱买上学用的纸笔，我会资助他们一点。几十年前要用到打字机，我送伙计四个子女每人一台打字机。总而言之，对工人要不损其利益，对生意伙伴要公平交易，给足货款。如果看不开，或者总想占便宜，就容易结怨。

就这样，我从一个未结婚的年轻人，慢慢发展到今天的程度。我常说自己是"矮仔上楼梯"，步步升高。我不喜欢冒险投资，自己有多少做多少。小时家教很严，规矩很多，不像现在年轻人这样自由。我也从小养成了勤俭的习惯。我今天能有这样的成就，全是省下来的，慢慢积蓄，逐步有了今日。

家庭情况

我太太是中国人。本来，一个年轻人，有生意，有车，和当地人关系融洽，当地小姐也愿意找我这样的人。但有时姻缘这个东西很神奇，突然有一天，有个朋友说有个中国小姐想认识你。我和太太就这样认识了，没多久就结婚了。我太太也是从香港过来的，她出生于澳门，在香港住过一段时间。

这里的人都叫我维素尔。我也一直用这个名字。我们五兄弟姐妹都在香港出生，他们几个拿的都是英国护照。以前我去问过，如果我想要申请英国护照，就要取消厄瓜多尔国籍。我有厄瓜多尔的身份证，我的生意、物业都用了这个名字，如果改了，岂不是搞到自己一头烟？还有可能让人趁机找你麻烦。譬如有人妒忌你的时候，告你一状。所以，我就没有改回自己的姓。我的子女、我的孙都叫John这个姓，不是姓马。他们知道自己姓马，我的儿子叫马笑龙，我女儿叫马凯思，他们也会写自己的中文姓名，因为自小教过，再教多些就不会了。

现在有中文学校，以前是没有的。我们自己教子女说中国话。譬如他们想喝杯水，不能用西语说，要用中文说"一杯水"。他们想要十块钱买糖吃，也要用中文表达。就这样逼他们学，不然连中国话都不会。四个子女都会说中文，能写自己的中文名。他们在这里长大，在这里读书，有的去美国读书，有的能讲英法葡西四种语言，他们还能和我讲中文，我已经很满足。

现在，四个子女一个在波士顿，一个在纽约，一个在巴拿马，一个在厄瓜多尔。我任由他们读书，直到他们个个都说读够了。有个儿子在厄瓜多尔瓜亚基尔做生意，种植大米，做农业机械进出口贸易。他不喜欢美国的生活，说与其在美国打工，不如回来做老板。我们经常在春季广交会期间回中国采购农业机器，现在农业机械化了，他自己的农庄也要用到很多拖拉机、收割机和灌溉机械。

我的儿媳是厄瓜多尔当地人。孙辈不会说中文，和我讲西文。逢年过节，子女从各地回来，几十人在家团聚，很高兴。我有五个孙子，五个孙女，最大的20多岁，最小的10岁，都会英文和西班牙文。我过去和他们团聚也很方便，巴拿马一个半小时就到了，美国也几个小时就能到。我们在美国、加拿大有很多亲戚，我老婆的父母、兄弟姐妹都在加拿大。现在回香港反而不习惯，住的地方太小，空间有限，天热的时候热到抽筋，天冷又冻，街上十分拥挤，寸步难行。回中国也一样，厄瓜多尔朋友多，沟通容易，回家乡要重新开始相识，好像有些尴尬。我还是经常回去的，在香港有亲戚，在新会乡下也有亲戚。

我爸爸是1970年来厄瓜多尔的，当时我们三兄弟和一个妹妹都在这里。三十几年前我买下了一个农场，农场大概有16公顷。那时我对农业没什么经验，在克维多找到这个靠近路边的小农场，农场后面有条小河，环境好，各种水果都有，就买下来了。我在农场种了很多柚木树，柚木价钱不是很好，我在考虑回中国采购些机器，将柚木加工再出口，这样会值钱很多。之所以买农场，是因为我爸爸想找个小农场休养一下。我专门请了个司机接送我爸爸，他每天在农场散散步，有时和工人种些东西，摘摘生果，吃饭时司机又接他回来，他身体健康了很多，去世的时候82岁。我妈妈还健在，现在90多岁了。

我一向很顾家，把两个弟弟也带过来这边了，二弟马文升在瓜亚基尔，曾任厄瓜多尔华侨华人总会会长。我妹妹也来过厄瓜多尔，他们夫妇在委内瑞拉生活了几年，后来委内瑞拉情况不好，就去了美国。还有个妹妹在香港结婚后也去了委内瑞拉，看到形势不对就移民到澳洲了。

克维多

50年代的南美还比较落后。当时不是到处有自来水，只能去河边取水。负责担水的人就那样一桶桶担。河边取的水都很干净，现在就不行了。以前，路都是烂路、泥路。

来了之后，发现这里的华侨以广东人居多，外省人很少，香港人只有几个。老实讲，香港人头脑很灵活的，大概是我这种"蠢材"才来这里吧。华侨大多数经营餐馆，开杂货铺。杂货铺什么都卖，比如布匹、食物、饮料等。从事农业的也有，比如种谷种大米、种香蕉、种椰油树，水果园也很多。也有人从事鱼类养殖，养非洲鲫鱼。

克维多中华慈善会是在1967年正式成立的。以前大家围在一起聊聊天，当年的会馆发起人都是我的老前辈，现在一个都不见了，如今我是最老的。1967年成立了中华慈善会之后，我们就四处筹款建了华人坟场。坟场有256个位，为百年归老的侨胞提供免费安葬之所。我们还筹款购得一个公寓作为商会会所，虽然简简单单，也是有了一个场所。登记在册的会员有一两百人，会费我们也不苛求，会员一个月缴纳两元会费。会员费连买糖都不够，我们的常委捐钱支持会馆运作。但每个会员背后有个家庭，譬如我，加上太太、子女、儿孙，有十八个人。我们希望慈善会能办得更好，所以现在要培养新一代人做慈善会工作。

克维多和基多之间连着一条桥，是去基多的必经之路。我曾建议以慈善会名义对这座桥进行装饰，比如弄些中国灯饰。很多政府机关在那附近，大学、中学、小学都很多，可以在桥的两端建亭子卖纸笔墨，在桥的两端建公众厕所，一边男厕，一边女厕，让店铺的人管理厕所，保持厕所清洁。还可以请中国帮忙设计桥的装饰，或者帮助我们做一个"中华慈善会欢迎你来克维多"的牌匾。很多地方都有牌楼，挺有意思的。中国很多这样的技术人员，如果中国方面能够提供些意见，帮我们设计一下也很好，给我们一个优惠的价格。我曾经和几任会长提过，梁公璧会长、朱会长都说好，但都未有下文，不知道是未有合适的时机，还是未找到支持。有些社团遇到困难，我会帮忙。消防局让我送地，我也送了三千呎地。但这件事情不一样。如果以个人名义做，一来可能没那么多资金，二来自己做也没意思。我认为，在这里赚钱，贡献多少给其他人是很应该的，每人捐一百就可以了。

比起其他小城市，克维多的侨胞算比较多的。一百多年前，克维多已经有中国人居住了。我来的时候，中国人后裔估计超过两万人。他们不会说中国话，但有中国姓。这里空气好，气候好，雨水充足，土地肥沃。吃个橙掉个核在地上，会长出一棵橙树，吃个木瓜掉个核在地上，会长出一棵木瓜树。这里有雨季和旱季，知道几时下雨，几时天晴，几时收割，几时耕种。种植业也发达，各种水果应有尽有，食物新鲜，原汁原味。一个人，如果不是太苛求，这餐要吃鱼翅，下餐又要吃什么珍味，厄瓜多尔是一个生活的好地方。

这里的治安环境，说安全也可以，不安全也可以。你知道那个地方不干净，你就不要去。认为自己一个人出入不方便的，你就多带一个人。要自己小心，好多人太掉以轻心。我在这里从来没被人打过，也没有被人指责我做错什么。不正当的事情我不做，损害人的事情我不做，你好我好，很容易相交。克维多现在从广州白云区人和来的客家人比较多。虽然我不是人和人，但他们都很看重我，有事就叫我。大家和和气气，懂得做人。

人生观

我生性乐观，认为助人为快乐之本，如果得罪了人自己都伤心，能帮到人就感到很快乐。今时今日，没人指着我说你做错了什么。同华侨也好，同当地人也好，个个都是朋友。大家乡里也比较团结。

我是国际青商会的会员。在全世界很多地方有国际青商会，国内可能未有。世界上继扶轮会、狮子会之后排第三的就是国际青商会。国际青商会，不是像有钱人那样又捐钱又怎样，虽然也有些捐款，但是最重要的工作是提拔会员、指导会员贡献社会，教会他们社会的常识、办事的常识。我在国际青商会里面做到最高级，在那里读书读了差不多十几年。我同这里的土著关系很好，国际青商会这个国家的主任和我一样姓John，但是他不知我是中国人，以为我是当地人。我有次同他们十几人去中国，又去泰国，又去菲律宾、日本。我完全可以沟通，中文可以，英文可以，西班牙文也可以。那次去和菲律宾总统一起吃饭。

很多本地朋友叫我加入政界，我说我做不得的。我做你朋友好了，有什么事情你告诉我一声就行。本地人欠缺奉献国家的精神和爱国的观念，个个爬上去就把钱装入自己的口袋，办事不妥当。政府有时候说得漂亮，但是做不出来。拉选票的时候就说些好听的，但是上任就忘记，只顾着自己的口袋。我不懂做不正当的事情，那我怎么和他们沟通呢？全都是贪官污吏。你叫我做，我不做，我做你朋友好了，你做官，有什么事情你告诉我一声就行了。

我有时同当地人讲，如果不是这样，厄瓜多尔应该很富裕。天时地利人和，农业林业渔业资源丰富，又是鲜花出口国，金矿、煤油都有。最近计划开采金矿，据探有565千公两（56.5万两）的储量。对一个小国家来说，已经是不少了。每天有50万桶煤油出产，有几年每桶煤油超过一百美金，现在减到每桶三四十或四五十美金，也还是很可观的。

我认为助人为快乐之本，我只会帮人不会损害人，没有跟当地人有什么争执。我帮人不要报酬，欠人的钱我会记着。我不会看不起别人，你有钱不尊重我，我无所谓。你穷，我也和你牵手。这里的人不错，你和他好，他和你好。尤其现在中国声望好，如果是六十年前就差些，因为他们当时对中国人还不了解。

我知道当地的政治和当地人的情形，很多时候都会注意的。我的当地朋友也会通知我什么地方要小心，会保护我。有时候会陪我一起，或者派几个人帮我。一个人要行得正走得正，有些东西看开些，不要斤斤计较，就不会有问题。这些我想与父母对我们的教育有关，以前我们家教很严，在香港十六七岁也不能晚上出去玩。中国传统的教育很重要，现在太自由，对子女骂大声点，打他几下，他当你是仇人。以前不是这样，做得不对，父母拿条藤鞭就鞭你两下。

我现在七十多岁，感觉人生安安定定。我有一辆车，自己可以开车，如果钱太多会担心，出门要有保镖。但我不需要，因为个个都知道我在这里只是有一间屋、一家店铺而已。我认为一个人最重要的是安定、安全、愉快，亲情、家庭的温暖很重要。夫复何求呢？一路发达，爬得越高，跌下来越凄凉。所以我不贪，因为不需要，衣食无忧就可以了，能帮到人就帮。

马文升

口述历史

马文升夫妇（左、中）

时　　间： 2016 年 12 月 1 日
地　　点： 厄瓜多尔瓜亚基尔粤膳坊
受 访 者： 马文升，厄瓜多尔华侨华人总会执行会长
采 访 者： 庄礼伟
录音整理： 莫　菲

五金立业

1955年我在香港出生，我的家乡是广东省新会，父母以前做旅游业。1967年我12岁，因为香港"反英抗暴斗争"，大家都很敏感。我妈妈看我年轻，怕我参加暴动，让我去厄瓜多尔我哥哥马文彬那里，那时我哥哥已经来到厄尔瓜多差不多十年了。

1967年，香港已经很繁荣很先进，已经有旋转餐厅，而当我来到厄瓜多尔，去我哥哥五金店时，发现那里的人去买货物还是骑马去的。当时的自来水是早晚供应，夜晚才有电，路是石子路，很多尘土。当年这里算是农业地区。我在克维多读中学，当时因为对事业比较看重，读完当地的中学就没有再求学了，学的是西班牙语，所以中文和西班牙语，我都是懂一半一半。

大概1975年左右就自己出来独立创业了。去到离基多北部4个多小时路程

110

的图尔坎，与哥伦比亚交界的地方，当时我们家庭在那里也有生意，我开了家餐馆，经营了一两年之后，到1978年，我就到了瓜亚基尔正式开始做五金生意。

当时开五金店，不像以前那样守着店铺，我们是出去闯，走全国，上门推销，直接卖给大公司。我们自己在中国订货。那时在中国办货很困难，要经过香港贸易才能跟中国做生意。付款要经过英国伦敦银行才转到中国，无法直接付款给中国，因为中国当时还没有国际贸易。从下单到收货大概最少都要8个月。当时通讯都很慢，我们都是通过打电报或者写信，那时打电报都很了不起了，写信要一两个月之后对方才能收到。当时我们五金店有四个股东，都是二十来岁，很年轻，整天到处跑，差不多跑遍了厄瓜多尔，有时一整天不吃饭都不觉得累，开车开了十几个小时，从一个埠到另一个埠，做生意很兴奋。一直到1981年，四个股东就分开了，各自发展，我和太太经营五金店。直到现在，我依然开五金店，一直都有从中国进货，店里多数是小五金和电器。

2000年之后，我对树木有兴趣，种了一片柚木林，有6000亩地。但种树很困难，要等20年才有收成，每年都要打理，成本很高。当然，到20年后收入也应该可观。用中国人的话来讲，前人种树后人乘凉，以后都是交给子女打理的。到收成的时候，一棵树都能卖600到800美金，那里大约有18万棵树。现在还不知道未来价钱，都是估计的。

厄瓜多尔是一个发展中国家，什么都需要。今年因为我和政府的良好关系，政府要求我帮忙在中国招建筑商，来厄瓜多尔建房子，在瓜亚基尔建5550间房子和一个自来水厂。刚好我有朋友给我介绍了江晟公司，它是一家很有实力的公司，总公司在澳门，工厂在江门新会，刚好是我老家，这是很好的机会让我乡里来这里发展。我乡里很感兴趣，我们在3月份的时候就

111

开始谈判了，我乡里在这里正式考察了两次，我与他们合作入股，现在就已经这里办公了。现在我们建的5500间房子是给平民的，很经济的，不超过3万美金一间，两房一厅、三房一厅，四五十平方。我们把自来水厂建在瓜亚基尔最新的发展区，那里多数是高级住宅区。现阶段，水厂每天可以供应35000到40000立方米一天，未来有可能会增加，这是近一年来做房屋发展的情况。

家族情况

1980年，我25岁，在这里结婚。我太太姓王，她爸爸是王永高，在厄瓜多尔是侨领，在中华慈善会担任过几任会长。我太太的父母都是中国人，但她在当地出生，接受当地教育，讲西班牙语和英语为主。

1981年我们生了一个女儿，1982年生了个儿子，现在我儿子结婚了，也生了儿子，我当了爷爷。他们都在当地的美国学校读书，很多华人子弟都在那里读，因为那里是英语和西班牙语双语教学。毕业之后，我鼓励他们回中国读书，他们到北京的语言大学读了一年，但是还是想着厄瓜多尔，又回来了，之后又去美国读了一门课程回来。我儿子现在自己发展，卖一次性医疗用品。我女儿也是自己发展，她喜欢做那些很有特色的蛋糕，也从中国进口货品，在这里销售。

我的两个孩子去北京学普通话，都讲得挺不错的，但学习的时间很短。我鼓励他们读三年，但是只读了一年，回来之后没怎么复习，很容易忘记。他们的母语是西班牙语，英语也讲得很流利。

我看电视报纸都是看当地新闻、国际新闻，当然也看中国新闻。现在网络方便，第一时间可以看到。我们在这里生活没什么特别的爱好，都是白天工作，晚上在家里休息。过得很平常。

我妈妈还健在，今年95岁了，还很健康。我父亲1992年在这里去世了。我有5兄弟姐妹。我大哥马文彬在克维多；我二哥马文辉在瓜亚基尔，他已经退休了，我大姐在美国，二姐在澳洲。每个兄弟姐妹都有几个孩子，现在分布在好几个国家。

华侨华人总会来龙去脉

瓜亚基尔中华慈善总会有100多年历史了，它的历史很复杂。当时慈善会的宗旨是做慈善工作，瓜亚基尔这个慈善会和克维多慈善会有点关系。后来克维多的慈善会就独立出来了。瓜亚基尔中华慈善会有一栋6层的大楼，是1960年代由华侨一起出钱建成，是我岳父王永高亲手建成的，刚好他那时是中华慈善会的会长。

以前厄瓜多尔跟台湾有邦交，中华慈善总会里有一些人支持中华人民共和国，有一些人支持国民党，两派斗来斗去，当时很混乱，我听别人说还有人因此打架，其中有两个人死了。后来，大家觉得都是做生意的，不要搞那么多事，有些逃避，于是中华慈善会交到一个第二代唐人手上，一直到现在，他都不肯交出来。我们也不想用暴力解决，所以我们后来就成立华侨华人总会。直到现在，中华慈善会那六层楼依然存在，他们其实也没多少人，只是霸着那里，因为可以收租，有收入。有很多领事、大使、总领事都跟他们谈判过，让他们交出来，这是一个社团，没理由变成私人的物业。我们也跟他们谈判了很多次，都没结果。但是中华慈善会的历史声望依然在那里，我希望有朝一日，他们能交回给我们，这对我们来说也是很有历史意义的，能增加我们社团的力量。

36年前，厄瓜多尔才正式和中华人民共和国签订协议建立外交关系，有了大使馆、领事馆。当时中国政府看到我们华人在这里没有社团，不是很团结，在瓜亚基尔的总领事严小敏就发起建立社团，让华侨华人在这里有自己的代表，可以接待中国团体。当时发动王老二出面，他是香蕉大王，当厄瓜多尔还没有和中国正式外交关系的时候，他做了很多工作，很热心帮助中国和厄瓜多尔建立外交关系。他后来和厄瓜多尔总统访问中国，中国也感谢他出力，做了这么多工作。当时中国的农业部长跟王老二说，有什么可以卖给我们，王老二说我们只有香蕉可以出口。那个部长说卖香蕉给中国，中国有需要。所以他一直跟中国做了很多生意，后来又开拓了欧洲市场、北美市场，生意越做越大，他出了名，人人都叫他香蕉大王。

当时领事馆鼓励我们建立厄瓜多尔华侨华人总会。总会的特色是，凡是有中国血统，有中国姓氏的，都可以加入我们总会。因为以前中华慈善会的章程写着，是中国人、会看中文、会讲中文才可以加入这个会。当时他们没想到自己的子女在这里出生，有些人没法接受中文教育，但他们的父母是中国人，他们对中国很热心，唯一就是不会讲中文，影响了他们无法入会。所以我们改了章程，凡是有中国血统的都可以。我们很多时候开会，都用双语，西班牙语和中文。总会在1998年成立，第一任主席是王老二，实际上里面的成员都是以前中华慈善会的。后来我们正式注册了。当时王老二当了两年多会长，很不幸因为癌症，任期还未满就去世了。当时我是副会长，顶上了他的位置，做满任期，当时是2000年。我连续任了几届会长，两年一届，我差不多做了8年会长。

总会的会员有300多人，理事30多人，会长、副会长、执行会长加起来总共9人。现在蔡志鹏是总会长，华侨（中国籍）的执行会长是李树强会长，华人（本地籍）的执行会长是我，正副会长9个。我们的团体很适应这个社会，说普通话、广东话、客家话、西班牙语的人都有。我们华侨总会有周报，叫《厄华侨报》。

我们总会的宗旨是做慈善工作，社会工作。比如发生水灾，我们第一时间运送救济品给灾民，有什么需要我们都会支持。四川地震，我们第一时间捐了超过20万美金。当地的火山爆发，很多村庄受灾，我们都运送了很多车救济品给灾民。今年4月份，马纳维省发生7.8级地震，很厉害，我们总会第一时间送很多救济品给他们，有两个的大货车的救济品。中国也很热心，用运输机送来很多救济品。

政界、军队、警察局跟我们的关系一直都很好。比如市政厅的埠庆10月9日，需要中国花车游行，我们就帮忙弄花车，一辆花车大概花费1万多美金，瓜亚基尔的市民看到我们的花车这么有特色，非常鼓舞。如果我们需要警察的保护，打电话过去，他们都会过来跟我们接触。我帮过很多被绑架、威胁的人，我帮他们找秘密警察，所以我对那些绑架、勒索的案子都有很多经验。当地警察的破案速度很快，很多时候有些坏人勒索我们中国人，他们很快就能破案。去年有个中国人在餐馆吃饭，他不知道当地情况，把贵重物品留在车上，结果吃完饭之后，发现东西都不见了。那个人认识我，就给我打电话，跟我说明情况。我打电话给瓜亚基尔的警察司令，不用20分钟就原封不动地拿回来了。

我们和使领馆相互支持对方的工作，我们需要使领馆，使领馆也需要我们。很多时候我们合作做很多事情，接待中国团体，凡是喜庆节日，新年、国庆、中秋节，我们都把华侨聚在一起吃顿饭，都是和使领馆合作。

厄瓜多尔的中国人相对其他国家来说算少了，秘鲁有二三十万中国人，这里大概就2万多，只有秘鲁的十分之一。福建人是近十年八年才多。我们广东人的历史在这里有138年，将近140年。老一辈华侨多数是广东省中山人，他们见到厄瓜多尔，尤其是瓜亚基尔、克维多的气候跟广东省差不多，觉得跟在自己家乡一样，他们在这里发展农业，种水稻、香蕉、大米，所以克维多直到现在都还有这么多中国人，毕竟它是广东人比较喜欢的地方。其次，是现在和中国做生意方便多了，通讯又快，发一封邮件过去，立马发货，30多天就可以运来厄瓜多尔了。我跟很多当地人都很熟。我们会馆的圈子都是中国人，我们基本都认识全国的华人。每一个埠都有很多朋友，尤其是克维多，因为我在那里住过。新会的同乡有几个，但不多，现在主要是台山人。

很多时候，这里当地人对中国人的想象是中国人都是留辫子的，还是像清朝那样。实际上中国几千年文化，最新潮的也有，最古老的也有，这也是中国特色。我每年都回去一两次香港、澳门、中山、新会那边。1986年，我第一次回去，当时中国正在发展中，我感觉家乡还是以前那样；1989年，我回到中国，当时还没有电脑，我想用传真，他们都不知道传真是什么。1980年代，说真的，中国发展还是很困难的。到了1990年代，中国开始飞速发展。1992年去上海旅游，整个上海都是在建设，过几年，上海的建筑物越来越多。2003年，我带了两个国家议员回去进行公务访问。去到深圳，他们看到深圳这个城市如此新，发展得这么厉害，他们很羡慕我们。他们说他们国家几百年的发展都没有我们二三十年的发展这么厉害。这使得我们中国人在国外的地位提高了，值得我们骄傲。中国越来越强大，对于我们的发展很有利。

麦永杰

口述历史

麦永杰

时　　间：2016 年 11 月 30 日

地　　点：厄瓜多尔的瓜亚基尔 Sonesta 酒店

受 访 者：麦永杰，厄瓜多尔瓜亚基尔中山同乡会副会长

采 访 者：庄礼伟

录音整理：吴怡楠

投资移民

　　我是中山石歧人，1961年出生。2003年10月1日到瓜亚基尔，我是一家四口一起来的，我跟我老婆和两个儿子一起到南美洲，一个小孩当时是14岁，一个是10岁。我是43岁才出来。当时我在中山是搞装修工程，我大概做了有十五年，搞装修那个行业都是通过关系去接一下工程，后来这个行业竞争越来越激烈，同时自己也要垫付一些员工工资，要垫钱，那时候从私人客户或政府客户那里收款都比较难，所以就出来了。

　　我当时考虑到有亲戚在厄瓜多尔这边做得不错，当时这边改用美元已有好几年，没有使用它们这边的本国货币。同时，也考虑到这个国家的一些特点，华人比较少，我想把两个小孩带出来，学习外国的文化和外国的语言，我当时就以投资移民的形式过来，当时有投资移民的政策，6000块美元就可

116

以到这里做投资移民。最低起点是6000块美元，家里的人是随着投资人这种资质带出来的。

我移民的原因是，第一是把小孩带到一个新的地方学国外语言，另一个原因是找一个自己工作、发展的新的地方，因为在国内搞装修，那个时候在国内不好做，想出去找一个新的路子，当时去厄瓜多尔就主要是这个目的。

初试失败

刚出来三个月我们也没有就马上做生意，而是花了三个月对市场进行了解，但也了解不了什么，因为没有语言能力，后来就敲定做进出口的装修材料，我比较熟那个。租了一个店面，回中国买了一些材料过来，开了一年就倒闭。因为没有语言能力，没有客户，进了货卖不动，卖了多少都拿去交房租了。然后就才开始检讨，为什么不行，刚开始到厄瓜多尔以为自己是很有本事的人，实际上做到倒闭了才知道自己什么都不是。但亏也没有亏多少，卖不出去的东西就租了一个小仓库，把所有东西都往里面挤。

然后又在市中心找了一个店面，卖鞋，生意还可以，做了有两年多，就赚够了所有的生活费，那时候就慢慢地学到当地语言。也通过这些过程，接触到他们当地的经营模式和经营的方法。两年半到三年之后，那时候厄瓜多尔就逐步来了很多中国人，那时候我就把那个店面卖掉了。卖掉再重新做我三年前要做的那个工作，就是从中国进建材材料，那些材料过来了，就可以卖掉了，因为那时已经掌握了经营的方法，经营的策略，找到了适销对路的产品。那时重新来，相当于我花了四年的时间在做那个铺垫。

自从刚来做了一年建材店倒闭后，从那个时候我就开始学西班牙语，学营销，学怎么做生意，我就是从那个时候开始学，所以，我就是很有体会，就说这里是我们的一个大学。没有语言，我根本不能跟伙计沟通，也不能把我学到的营销教到我们的当地工人，他们也知道，顾客就是上帝，但是我就问他们，当一个卖方和一个买方都在孤岛上面谁重要，一个卖粮食一个有黄金，谁重要？我就会用当地语言跟他们讲，不止是顾客是上帝，我们也是上帝，两方面都重要的。慢慢地跟"鬼佬"沟通，怎么样去做销售，怎样去做服务，以前只是叫去做买卖，但不知道什么叫服务，我们做生意实际上就是在做服务，不是在做买卖。买卖你要是服务不好，根本做不成，我们过去在中国的认知，去到国外做买卖根本就是一个天一个地，所以在这个过程里面我们通过努力，慢慢懂得怎么跟"鬼佬"打交道，怎么去把我的产品宣传出去，怎么样才能扩大销路，这个就在一年经营失败后才去追去改，就这样一个故事。

建材起家

从中国来的建筑装饰材料销得比较好，慢慢地有些材料我们在厄瓜多尔排在第一位，销量、客户量、品种都很多，比如，我们做家具实木的材料，经销各式各样全世界的品种，在厄瓜多尔我们是第一位的，还有几个产品，在厄瓜多尔我们也是第一位。在两年以内我们就渗透了市场。比如，封边的材料，当地有PBC的材料，我们也有，当地人没有木的封边，我们从中国进过来。我们甚至也这么做：把厄瓜多尔的木材发到中国，帮我做好后再重新返发回来，这样的操作模式也是我们独家有，当地没有，因为要用这种木材，但中国没有，我们只能发木材到中国，做好后再从中国发过来。这个我们一直做了四年。

我们从中国进口那个夹合板，夹合板操作一年之后，我们就在瓜亚基尔投资办了一个夹合板厂，就在当地做木材加工，用当地的工人，刚起步的时候也是亏本，中国来的工程师，那时我们请的不是工程教练，请的是会讲外语的人过来，我们缺的是工程教练，没有熟练的工人，做不出什么产品。后来就继续在中国请人过来，现在我们有好几个中国技师在所有的机械岗位上做操作工，目前在瓜亚基尔只有我们一个夹合板厂，以前这里他们的夹合板有进口也有自己生产，现在夹合板厂就我们一家，大也不是很大，在中国来说，这算是最小的了，在瓜亚基尔算是中等的工厂，有六七十人这样子。目前我们的主业是搞夹合板厂，还有一些进口的材料就做贸易，还有一些木材返销中国，主要是轻木，全世界最大的轻木产量是厄瓜多尔。那种轻木，是十分特有，比重在130公斤到160公斤之间，每根方，跟泡沫一样。在中国需求也比较大，主要是一些新兴行业。像风力发电的螺旋桨就大多数使用它，很轻很坚固，螺旋桨很多也可以用铝合金，但这轻木的特点和铝合金不一样，它是一种可再生资源，是种树种出来的，用塑料或用铝合金它都不属于可再生资源。所以全世界都要用它，用量很大，整个荷兰的风车都是用这个。厄瓜多尔的出口木材，排第一位就是轻木。虽然我作为一个外国人，把他们的树买走，他们当地人也没有意见，他们高兴得不得了。因为作为种植产业，他们种植就是为了卖出去，卖出去就需要有消耗者，主要的消耗者是欧美，中国对轻木的消耗是属于新兴的大买家。中国用这些材料做风力发电，同时也有很多帮外国建设风力发电，包括厄瓜多尔也有风力发电，很多也是中国公司过来这边安装的，用厄瓜多尔那种轻木。

善于学习

出来后，也有人问我想不想回中国，但我从来没想过，我只是想我怎么可能在这里两餐都赚不到，这是不可能的事情。后来我就一直在学习，在这个过程中我们开了一个鞋店，卖鞋比较容易嘛，都是用手指和计算机就可以沟通了，指着要什么款，那通过开一个鞋店，也学了就很多经营方面必须的条件。

开鞋店里面也有一些故事，我在开鞋店这个过程中慢慢地领略如何在当地做生意，开了三年后就把店卖掉。鞋店的故事，比如说，经营的必备条件，一个顾客进来买双鞋，他必须具备几个条件，首先鞋的款式他喜欢，这对于一个商人来讲很简单，但对我来讲，没有这种认知，他必须款式合适，价钱合适，之后，他还存在一个服务，没有赊账，也没有分期付款，没有赖掉，也没有退换，过去我们不懂，这是条件。还有一个条件，他看中了，我们有没有他的码数，通过这个故事，我们之后做所有的经营都会把他套进去，比如说我们进这款手机过来，那我们也会推销，什么理由能够卖得掉，你的条件是什么，具不具备，我们经常会考虑这几方面的因素。还有一个故事，我们卖鞋给下级零售商，我们进货是五块钱，卖给下级零售商是七块，是属于批发价，那么下级零售商拿到我的货之后，收款的时候，我看他卖给再下级零售商有三种卖法，九块、十块、十一块，我问他，你怎么会卖到十一块，他说，十一块是三个月回款，十块是两个月回款，九块是一个月回款，这个分级赊账回款制就可以灵活地多赚钱。而当初到了这里之后所有老华侨教我们，一定不能赊账，朋友是信不过的。通过这个案例之后，我觉得老一代讲法是不对的，假设我有十万块，慢慢地赊了出去，光是利息我就已经翻了一倍多，1.4倍，从五块钱卖到七块钱的那个价差还不算，光是利息就已经够了。之后我们就慢慢地大多数都是赊账，因为只有赊账才有大多数的回报，因为他们卖零售卖到二十多块的，卖得挺贵的，所以我就刚才讲到，为什么他可以从五块钱买到十多块钱。

还有一个故事最经典，我刚才讲到在中国进的是库存的货，价钱就是跳楼的价钱，我们曾经有进过在国内有种建材出口到厄瓜多尔平均每一平方米三毛钱美金，我们批发价可以卖到八块钱美金一平方，我们卖了之后，秘鲁卖多少呢，很多水客到我店里面拉到秘鲁去卖16块美金。所以我刚讲地球村只是一个概念，信息其实是阻隔的。秘鲁为什么这样，它是有历史性的，至于什么原因我到现在还不知道，一贯都是秘鲁人跑到厄瓜多尔买建材到秘鲁去卖，但我到秘鲁去了解，他们卖的一半以上的这种建材是我的，这就为什么我说在这个领域我是最大的。很奇怪，那个信息根本就没有沟通得很好，为什么我们会在中国买呢？因为我们的竞争对手一贯以来都是在欧洲买货，在西班牙买货，西班牙对这种商品的定价是非常的高，进到厄瓜多尔再加一个价钱去销售，而这种商品在中国已经是很普通的东西，是不值钱的东西，而我们中国生产出来的卖到全世界，这里面有一个很大的地区价差，信息还是阻断的，不是没有界限的。讲起来这个故事也是很经典，这边卖三毛，这边卖八块，那边还卖到十六块。他们零售的价差也是挺大的，他们当地销售的模式跟中国完全不一样。中国人赚三到五个点就觉得很不错，是以量为主，但这里不是这样，它跟世界很多老牌的资本主义一样，没有固定的毛利率。

这里很多中国的新移民，都是薄利多销，抢了很多生意，就这样子，后来我们认识结交那些做建材附件的，有个别是很短时间赚钱赚得一塌糊涂的，这种很普通的，没有什么技术性的产品他赚得很厉害。当时他们有些做内衣裤的也不能说薄利，非常厚利，而且销量非常的大，这样的事都有。

很早以前很少中国人在厄瓜多尔做贸易，当地人对中国的那些商品还是信不过，那么鬼佬从中国进口再销售到这里的也有，但是他们的价格很高，中国人一做比你便宜一半，对开5%的毛利率都有，把本地商家给整垮，他们不会对中国人有意见，因为中国人经营的种类很明显，不是什么都做，有个别的影响是有，但是他们大公司有很多产品，老板也不会注意到这个种类给你抢去了，他也没办法，但也不等于他没得做，他有他的客户，你有你的客户，他的客户有些讲究当地的品牌，他有他自己的客户和商品品种。而中国人做的大多数是属于面向低收入阶层的那种。

国外大学

我来了这里之后，就觉得对于所有的华侨，到了国外之后是在上一个大学。我就举个例，我们中山很多老华侨开了很大的餐馆，包括厄瓜多尔最大的酒楼也是我们中山人开的，中上等的酒楼也是我们中山人开的。那些老前辈跟我们说，他们中学小学毕业放下书包就来了厄瓜多尔，煮饭怎么煮都不懂的。到后来他们是大厨，西班牙语会写会读，进出口方方面面在中国是学不到的，进大学也学不到。所有中国人到了国外，在生活上工作上的无形压力促成了那个发展，促成他们努力学习。尽管他们都是农村来的，但是他们有那种毅力。

刚才讲到一个华侨，他开个店的时候，就用木材搭了一个屋子，完全没有本钱。那么他开店时卖的就是锤一个，尺一个，锉一个，锯一把，就这样开店，摆张桌子这样一天一天地卖，然后接了单在农村里面卖，当地消费者就向他们订，买钉子买多少，买铁线买多少，每个礼拜两三次，就从两百多公里以外去采购，一个礼拜走两三次，这样慢慢地发展到这个地方最大的店就是他们。他也是从农村出来，没有经商的经验。国外对我们很多中国人来说就是一个大学，一个很有特色的大学。

比如说我过来，我在国内还算是专业人士，也不算是穷人，起码有店有房子，算是生活得比较好，就是我不出来，两餐也是没什么头痛，有点物业有点东西，人际关系也很好，国内有很多朋友，有自己专业的一些技术。到了这里，我以为自己是一个人物，打开门面做了一年之后，才发现什么都不是，为什么，因为来到这里不跟你讲关系，什么都讲实实在在。我最有印象的一个故事是，顾客过来帮我点了几千块美元的货，货整理好打包好，等他明天过来提货的时候，他就派司机过来提货。我说你钱呢，他们是没有打算给你给钱的，大概是你的货给他们，给他签个单，但我也不懂你公司在哪里，我也不会给你交流，不会讲，我们只能是一手交钱一手交货，我给了你货，我不知道怎么找你，不知道怎么跟你打电话沟通，到了一个月底，你不给钱给我怎么办，我碰到的最直接的问题就是这个问题。然后说明，我们的货卖不动就是因为这个问题，因为当地的销售模式和采购模式我们都不对路。当地一般的习惯，都是信用销售，赊账，但我们不懂。过去我的经历是搞装修工程，我和你协调好，和你谈好价钱，那你就给我付了定金，我就准备任务，把你所需要的做好，这就是我过去的经验，现在是做买卖，而且是进出口，根本就是两码事。整个经营没有办法，现在就知道，赊账一个月，一个半月，两个月，三个月都有，付尾款的。

现在，都讲有了电脑网络之后，地球是一个地球村，另外都扁平化。但是现在2008年奥运之后，还有人在问，奥运是怎么回事。另外，我想讲的就是有很多中国人不认识外国是怎么样的，很多外国人不认识中国是怎么样的，所以地球村只是一个概念，现在还有很多事情相互之间不清不楚，包括我们在做的贸易里面，我们在中国采购了很多过时库存的东西，到了这里，是最新潮的东西。我们赚到钱，就是我们以很便宜的价格进货，到这里是很新潮、最贵的东西。我举个例子是，衣服，中国一年款式就换了，明年又换了，最多是两年一换，而厄瓜多尔通常是四年之后才有这种款。我再举个例子，也是在2008年的时候，全世界的家具的款式是用黑白来配的，我们看意大利那个家具属于领头军，我们中国跟得最快了，黑加白，厄瓜多尔是四年之后才黑加白，一般中国是两年一换，家具装饰的面料，就是换得非常得快，到了厄瓜多尔之后就是最新的款式刚刚好，就是这样一个情况。

他山之石

发展中国家，南美洲我去过很多个地方，在某些行业里面比较保守，保守到现在还有电脑加煤油灯的一种搭配。但他也有很先进的地方，厄瓜多尔先进到比中国还要先进的方面也有，物流方面他也有一些仓储运营方式现在中国还没有，这里早就有。比如说，我们刚开始做夹合板的时候，租他们的仓库，他们是怎么运营的呢，他按照你进口的货单，照单收货，他里面有什么服务呢？他有仓账的服务，每个月提货，他就递减，你进口的货有一百个手机进去，逐步销售，再逐步递减，一个月没有全部销售，他还是下个月继续递减，他每个月都有一个账给你，这是一方面。这个是怎么用呢？他收费是按千分之六来收，里面有什么服务呢？里面包括有货物的保险，包括火烧、盗窃各种保险都有。我们提货卸货，他都有叉车，都有搬运工给你，帮你卸货上货这种服务给你。所以当时我们进口那些大型的建筑材料，我们就不用具备这些条件，他们都有，我们只要给千分之六就可以了。目前来讲，按照我的了解，国内还没有这种服务。国内有租一个仓给你，保税仓、免税仓都有，厄瓜多尔也有，但他那个帮你整个全部做好了，而且他们这个模式不是现在的，是十年前的，所以我说他有些操作的模式是要比中国先进。还有一些贸易的模式，也比这个先进，比如他所有的板材店，都有开锯的服务，帮你打孔，或者帮你做一些加工的服务，中国的销售板材基本就是这样销售出去。

还有一个方面，在买卖的过程中，中国很多都有赊销的合同，你来我这里买些油漆，对熟客都是在一个笔记本上写一写，某某拿了多少油漆，到一个月，打一个电话去催催就完了。这种模式，到我来了厄瓜多尔之后，学了之后，我才发现我所认知的国内那种赊销模式就太落后了。因为会出现走账，赖账，曾在税局找他们的时候，比如他们不开发票，或者是某些工厂欠了很多债，比如在中国，过年了那就很多那些供应商追债的时候他们都会赖掉，因为这种模式他们太含糊。这里大多是都是赊账，但每一笔我们都会有正规的文字上东西。另一些方面，出货的时候有签收单，收货有收货单。比如我们送货到一家店里面，他们有专门他店里面的盖章，盖章之后，他们也有马上给我们开支票，我们有专门一个放支票的地方，到了一个月，或者我们跟他有协议一个半月，我们才拿到银行去兑现，一般都是这样操作，不会像中国那种含糊的，甚至都没签字。现在好很多了，我知道。过去我们在国内操作的时候，是什么样一个情况呢？打电话给销售的老板，材料商帮我送货到工地，我见都没见过货，也没有签名，他们就是信我一个电话，他们把我要的东西记录在他们的笔记本上，我也信，我们只是做"心中有数"的那种赊销模式，后来我通过学习，才知道这是很落后的，很土的。

投资环境

慢慢地我已经来了十三年，这里面的经济有了一些变化，当地的税制、法律、海关都起了很大的变化。比如2008年世界金融风暴之后，他们国家就对很多小商品控制进口，包括鞋类，服装。还有的控制属于高消费，为了促进本国生产，所以他提高关税，让大多数进出口商觉得没得做，包括陶瓷也在控制进口。通过金融风暴之后采取特殊时期的特殊关税，对我没有影响，我是做工业材料，我是做他们生产所需的原材料，一点影响都没有。但对于做服装、鞋类的如浙江人福建人还是打击比较大。后来我们都在这里生产了，关税政策没有影响了，我们那个夹合板厂，前两年厄瓜多尔出来一个新政策，就是把这里进口商品的关税提高，所以他们从国外进口来和我们竞争也没有什么优势，我在本地投资了夹合板厂之后，政府把我们海外的竞争对手抵制住了，大致是这样一个情况。

社团活动

我在厄瓜多尔华侨华人总会那里已经有六年了，我现在是他们的理事，另外中山同乡会成立了三年，是老乡中选几个出来，我现在是副会长，我们有三个副会长，一个正会长，当了三年。我们同乡会是全国范围的，主要的老乡都在瓜亚基尔，有一些在其他省，有一个联络员，负责当地的通讯，负责一次两次大的活动，主要是中秋，过年。我们中山人现在还有在做餐馆、餐饮的，每到节日的时候他们还是比较繁忙，外地的就很多不来瓜亚基尔参加聚会。整个同乡会三百多人，中秋能聚一百多人。跟中山的侨办也有联系，我们回去，中山外事侨务局也会去拜会，外事侨务的局长有经常联系，我们同乡会成立的时候，中山市外事侨务局也有经济上的赞助，另外，今年四月厄瓜多尔的地震他们也拨了六万人民币，因为那个震区有十户中山人。

家长里短

到了厄瓜多尔之后，我们的生活是，商店换了很多个，车也换了很多台，房子也换了很多次。我们的变化就是小孩逐步逐步地长大，小孩刚到的时候就是进去读小学，读中学，一直到大学。大学毕业后，老大就去西班牙深造读营销，他在本地大学读的专业属于经济，商业管理。老二去了美国也是读关于商业方面的专业，他们很喜欢读做生意的专业，现在老二去读创业学，那个专业在中国还是很少听到，我们那一辈的朋友很少听过，但在美国很有历史，还有排名，什么前十名，他去的那个是最有名的，读那一科是他自己选的，我们也不懂。

我跟我太太就是每个星期四都有一帮广东的老乡聚在一起，唱卡拉OK，吃饭，因为周末大家都有其他的活动，选星期四比较适中，礼拜天也有广东老乡，大多数是广东中山人，聚在江边的公园，玩一些太极拳或一些其他的体育活动，这已经基本是习惯来的，好几年了，大家都是礼拜天，大家都是聊聊天，有时候玩太极后就一起去吃饭喝茶，这里的气候还可以，这就是我们平时的生活。表面上看，是比国内的应酬少很多，但这里生意饭还是很多，这里跟国内不一样，每个老乡做生意都会请大家去吃饭，还有金婚银婚的宴请，那么在国内时，我们也没去，现在国内听说也有这样，以前我们在国内都没听说，也没参加过金婚、银婚。

目前，我的子女在我那做主管，以后就很难说，年轻人嘛。老大已经读书回来两年多了，现在什么都由他管了。老二就很难讲了，看他自己怎么考虑，已经有跟他们讲清楚，我不是一定要他们回来，如果你们回来我非常高兴，要是你有自己的事业去闯，我也一样支持。

潘坤平

口 述 历 史

潘坤平

时　　间：2016 年 11 月 27 日
地　　点：厄瓜多尔基多假日酒店
受 访 者：厄瓜多尔华侨华人联合会前会长
采 访 者：张应龙
录音整理：吴怡楠

国际贸易

　　我叫潘坤平，1962年出生，广东汕头澄海隆都人，从小在农村长大，1979年隆都中学高中毕业后考不到大学，就出来打工，1982年顶替，在水电局一个叫潮韩南溪防洪行的单位工作，它是潮州和澄海两个县的一个公共工程，属于汕头水利局管。1985年，我被调到澄海水利局当资料员，然后在那边工作到1996年9月份。

　　因为我岳父他们都来了厄瓜多尔，所以就叫我到这边来看一看，不行就回去。我在国内工作那么多年，也不知道世界怎么样，就答应了他们。那时我在国内还是一个公务员，参加党校培训，被称为第三梯队。然而到了厄瓜多尔，一下飞机，看到厄瓜多尔那个首都机场比我们汕头外砂机场还差。我们以前在国内说中国是第三世界，可是看这个国家那还不是第五、六世界。

126

可是来到这边后第二天，我岳父就将我的回程机票退了，我回不去了。我说我原来是第三梯队，现在什么梯队都没了，没什么希望了。

刚开始在这边生活特别的难，话不懂，就像聋哑一样，真的觉得没什么希望。我岳父请了一个中国人教我西语，一对一教，每天他教我一两个钟头，结果还是很难学。教了一两个月，我都学不会。

这个时候我小舅子在养虾，我就到那边去帮忙养虾。在那边我觉得日子还好过一点，不用去学西班牙语。到1999年，虾就有白斑病。我小舅子觉得没怎么赚就不做了，所以我们又另找出路。我就跟我太太回来基多，改行搞起贸易。

全基多我是第一个人做这个国际贸易，中国人我也是第一个做这个贸易生意。我做生意要自己出去找客户，有一个当地人，我们中国人叫做推销员，他看到我的名片是做进口生意的，就到我的店里看我的东西，然后他就帮我去推销，这个推销员后来给我介绍了很多当地的大客户。

潘坤平位于基多老城的门店

刚开始生意特别好做，不管我进什么货，到厄瓜多尔这边来都好卖，卖得特别好。我刚开始一年有几十个货柜的货物，有时候一条船里面有八个柜是我的，一个晚上十个柜的货物直接到我这里，从三点一直卸货到早上六点。生意好到货柜进来的时候，我不敢把全部客户都叫过来。而是先叫两个客户过来，一个货柜基本上就买完了。然后等第二个货柜来的时候再叫其他人过来，这样才不会让那些客户发生矛盾，因为每个人都想要货，我如果没有货给的话，他们会生气，所以我跟客户关系很好。这样一年做下来，赚到第一桶金，十多万美金。当时高兴得不得了，因为我在国内的工资每个月差不多八百到一千人民币，现在一年都有一百多万人民币，难怪人家都跑到国外来，原来国外这么好赚。

我1999年开始出来做到现在，那些客户都一直跟着我，我进来什么东西他们就买什么东西。后来我也带他们到国内去进货，我和那些客户关系很好，都成为好朋友。现在生意就比较难做，关税很高。我现在主要是做进出口贸易，还有参加开金矿，开店主要是做批发生意。

我家以前有做过餐馆，但餐馆都是我太太打理的，因为我不会做饭。我岳父原来在国内时全国都跑遍了，他都会做一些菜色。后来我侄子过来了，一边做贸易，一边做餐厅，侄子的外甥也在餐厅，后来侄子说太累了，他还是想做贸易。我们做贸易，开店的时候是早上九点开门，晚上六点就可以关门，然后就没事可以回家吃饭，还有礼拜天不开门。做餐厅的，每天都要开门，十点开门，晚上开到十一点，收工吃晚饭要十二点到一两点，挺累的。既然他不想做了，就算了，我就把餐馆关掉了。

厨师是请当地人，做中国菜需要中国人做，当地人做当地菜，当地人没办法做到我们那个味道。中餐其实很难做，第一，中餐的配料这边基本上没有；另外你订餐，当地餐一炒就是一大锅，十个人、八个人炒一锅就可以完成，我们是三个人他要订三个菜，需要炒三次，所以很难做，中餐在这边真的很难做。

我们做生意都会雇佣一些当地人，做销售员或者服务员之类的。很多中国餐馆端菜的都是一些当地人，因为中国人没有那么多。当地员工跟我们这些老板的关系还可以的，我们家那个工人住在我们家都十几年了，如果我们不在，我们家的钥匙都可以给工人，她都当成自己的家了。

华侨华人联合会

以前这里有两个侨团，一个叫联谊会，一个叫联合会。1986年，杨会长叫我进联谊会当个理事。联谊会成立时间较长，但是被一些人利用了，很多老华侨，广东籍的都不去参加，我们便成立一个新的会叫华侨华人联合会。杨会长当首任会长，我是副会长。大使馆觉得我们联合会办得比较成功，所以也比较支持我们。另外一个会，使馆不怎么重视，他们那个会长就觉得没什么意思，后来跟大使馆提能不能两个会合起来，大使馆觉得是好事。两个会合起来以后，两边都推选我当这个联合会的首任会长。联合会一届任期三年，我连任了一届，六年。2015年换届，我被聘为荣誉会长。目前我们登记的会员有三百来人。我们的会虽是在基多，但在克维多有一个分会，克维多和安巴托都有我们的会员。

我们每年国庆、中秋、春节的时候搞联欢活动，每次都有请大使馆参加。我们搞了舞狮，表演节目，太极拳，然后大家联欢，抽奖啊，每次我都捐赠一批东西出来给大家抽奖。还有，我们办了侨刊，叫《华人月刊》，刚开始是两个月出一期。主要宣传我们侨社的动态，还有告诉侨胞厄瓜多尔有什么新的政策，包括关税啊，什么东西不能进来，我们都在侨刊上登出来告诉我们的侨胞。侨刊是免费送给会员的，非卖品，如果不是会员，我们就没有怎么送。我当会长的时候，每年都联合使馆组织去慰问老华侨。

我担任会长以后，发动大家在安徽捐了两座学校，我们捐的资金都是通过大使馆汇回国内的。我们关心扶贫、抗震、雪灾，甘肃、四川我们都有捐款。2008年的雪灾，我们都带头发动我们的侨领侨胞捐款，然后台湾8·8地震的时候，我们也发动侨胞捐款。当这边发生灾害的时候，我们跟大使馆一起去买了很多东西赈灾，当时这边的国会议长都发感谢牌匾给我们。

2008年经济危机的时候，有一部分人从西班牙过来搞绑架，在以前没有这样的事。这些绑匪主要是福建人，都是福建人搞福建人，因为他们知道底细，福建人比较喜欢吹嘘，他一吹嘘，人家就觉得他很有钱，就去绑架他的家人，我们广东人就比较实在一点，不会乱吹自己。我们就跟大使馆成立一个华侨安保小组，我成为组长。然后跟当地警察联合，每个月都要搞一两次活动。大使馆对我们的工作非常支持，包括经费支持，开会时参赞或大使都会参加，或者直接让我们和警察到大使馆开会。安保小组成员除了理事会理事，在每个地方都有一个联络员。我们都有各地警察所第一、二把手的手机电话，方便我们及时跟他们联络。我们搞活动，都刊登在侨刊上。后来绑架案破了，人被我们抓到了，那些人就离开了厄瓜多尔了，因为他们觉得在这边再做下去肯定会被我们发现，不想被抓到。有一次，有个小孩子，应该是七八岁，说走丢了，家长找三四个钟头找不到，后来向大使馆报告，我们就跟那个反绑架案小组联系，然后告诉他这个情况，等了四五钟头以后，这个小孩子自己从车上下来，绑匪将那个小孩放了。绑匪知道我们报警了，他们怕了。我没有当会长之后，现在安保小组好像也没有运行了。

2009年建国60周年的时候，厄瓜多尔有四个侨领受国侨办的邀请，去北京参加阅兵式，在天安门的东观礼台上面。四个人就是我跟杨会长、蔡会长，还有瓜亚基尔那边的马会长，我家有三个亲戚参加观礼。

此外，我连任两届厄瓜多尔中国和平统一促进会的会长。2013年，我们主办中南美洲促统会大会，中南美洲大概有四百多位华侨参加，当时的规模是历届最大的。国内来的官员副部级的有四位，致公党中央、中国和平统一促进会、国侨办、中国侨联等有六个中央级单位来，还有上海市侨办、广东省侨办、汕头侨办、汕头台办都派代表团过来。国内对我们这次活动都给予了高度的评价。

在厄瓜多尔，我是第一个成为中国侨联海外委员、国侨办海外交流协会理事、中国和平统一促进会理事的侨领。我还是广东省、江苏省、四川省、云南省、贵州省、安徽省侨联的顾问、委员。2013年，被聘为全国政协列席委员，参加广东、全国政协的会议；2014年，列席广东省人大会议。

华凯中文学校

1988年，我跟大使馆讲希望办一个中文学校，他们大力支持，所以在1988年我就办了华凯中文学校，自己兼任校长。当时学生报名有几十个人，还有当地人。我们有几个班，一个班最多十来个人，早上第一班是八点到十点，第二班是十一点到下午一点，下午还有一个班，分成三个班。教师就是汉办派来了一个，我们这边请了一个当地人，教中国画，他也是福建省美协的会员。我们一般是周六周日上课，因为礼拜一到礼拜五都要到正规学校去。大使馆大力支持我们办学，每年学生毕业，大使都会去颁发奖状。开学的时候，大使都亲自到那里去。

我的办学理念是服务侨社，所以一年学费才收三十块美金。汉办派的老师要包吃包住，还有工资劳保，工资每个月六百多美金，这些都是要我付。每年我收那个钱不够老师花，要贴进去住宿，电费水费什么的。广东省侨办知道我办这个中文学校的时候非常支持，送了一个接受卫星信号的锅，专门为我们学校接收国内中央台用的。

学校办了大概两年就办不成了，因为当地华侨有一些黑势力勾结当地人就专门绑架华侨子女。广东人开的龙凤餐厅老板，他的小孩子早上由外婆送到楼下等校车的时候，一个当地人开着摩托车就把孩子抱了就走，然后勒索他三百万人民币，要在国内交钱。当时我们就跟大使馆马上启动一级预案，解救这个小孩，后来那个孩子被解救了，这个绑架的人也抓到了。发生这个绑架案以后，因为我们这个学校外边没有保安，在五楼上课。一般家长都送到这边来，然后他上去，下课的时候有的家长就来接。家长认为我们这边安全措施没有跟上去，万一他们的孩子在这边被绑架怎么办？我说，如果要请保安，这个费用更高。后来家长都不愿意送过来，学校就停下了。

华凯中文学校是我们中国大陆移民办的第一家学校，我是第一个创办中文学校的人。后来瓜亚基尔那边也办了一个中文学校，但比我们这边慢。新华社记者都有报道华凯中文学校。

现在整个厄瓜多尔都没有中文学校。华人孩子没办法学习中文，只能在家里学。如果父母在外面工作或者在餐馆打工，没有时间陪小孩，那就不行了。我以前就是担心这个。以前我女儿读的台湾那个公会办的中文学校，台湾方面是有资助的，教师工资都是他们资助的。但是我们最多就是这个课本是国家汉办提供，而老师来的时候我们是需要付给他工资的，尽管他在国内也有工资，又要给他买保险，回去探亲，本来来回机票是国家汉办出的，有时也要我们出。所以我们办这个学校很困难。还有，这边无论是老华侨还是新华侨，都没办法亲自开车送孩子来上学，这也是一个因素。我提供这个校车送他们，他们住在南部，开车要一个多钟头，接送他们成本也太高了。

因为这里没有中文学校，所有子女的教育就成问题了。我们新一代华人的子女，包括我侄子我外甥的孩子都送回国内去读书，读几年再回来。但是我们国内有时会限制华侨子女回去读书。以前我在参加省人大会议的时候就说，华侨孩子来读书是给他播下种子，以后他出去就发芽，知道他的根在中国。不能不让他在这边读书，来了之后这边限制，那边限制。

寻根之旅

关于那个寻根之旅，当时我这里组织了好长时间，后来组织了二十来个人，因为按照国家侨办规定，限十六岁以下孩子。这些孩子好多不懂中文，有的讲广东话，有的讲潮汕话，有的讲客家话。我们先在内部统一，因为孩子大部分会讲西班牙语，我们就叫一个在暨南大学读书的厄瓜多尔学生参加这个团，给大家翻译。我们先到汕头、澄海，当地跟我们的学生互动，包括野营、踢足球、搞书法比赛，他们都很开心。澄海市侨办、汕头市侨办、外侨局都很关心，专门派人协助我们的工作。后来再到顺德去，顺德那边有一万个人参加。看那个李小龙，还有看陶瓷的。省侨办对我们很关心，都比较关照，真的非常感谢侨办的支持。但是，带团回去真的很麻烦，因为要确保每个孩子的安全。我觉得作为团长，要照顾孩子，要叫他们起来参加活动，有时候他们听不懂，真的觉得挺累的。而且，从这边去时间也比较长，来回要三十来个小时的飞机。到那边，大家都有一个时差反应，真的很麻烦，后来没再弄了。因为中国寻根之旅我们组织得比较生动，孩子觉得挺有趣，所以回到厄瓜多尔以后，有个孩子就说那我就不会回去，要在中国这边读书。后来他就到我们澄海中学读书，然后在国内考大学。

当地侨情

厄瓜多尔有多少华侨华人？大使馆说包括企业员工有八万人，但是企业也就一百多家，一家算一百个人，才一万个人，也没有八万。我觉得最多也就四五万人左右。其中基多不超过三千人，因为我们开会搞联欢活动，最多就五六百个人，有一部分不过来。

如果整个厄瓜多尔有四万华侨华人的话，福建人、广东人应该占有六成，福建人最多也就三成。广东人来这里最早的是中山人，第二是潮州人，然后还有花都的、人和的也挺多。人和、中山、赤溪这些人加起来也蛮多，其实在这边最多还是我们广东华侨，所以1997、1998年，广东省侨办派一个人过来这边当领事。因为使馆的人不会讲广东话，老华侨不会讲普通话，所以就派广东侨办的人来做领事。

厄瓜多尔的四万多华侨华人，应该是瓜亚基尔华侨华人最多。那边中餐厅也开得特别好，特别多，在基多这边开的有龙凤、新雅，接下来就没有几家了，也没有什么人去吃。华侨太少了，真的，办不起来。瓜亚基尔那边大概有两万华侨华人，大部分都集中在那边，其他城市，像克维多、安巴托，还有曼达，有一些华人华侨，不管到哪个城市都有中国人。

1996年我刚到厄瓜多尔的时候，这里大部分老华侨都是开餐厅的，当地人碰到我们中国人，就叫我们"炒冷饭"，知道你这个人肯定是炒饭的。2000年前后，新华侨来了，变成做贸易，百货，还有汽车零配件，养虾，房地产。我们跟杨会长去开金矿，做银行、金融机构的应该还没有。现在当地人碰到我们，就不敢再叫"炒冷饭"了，都竖起大拇指说你们很有钱的。

现在的新华侨是因为经济不好才开餐厅。因为做贸易，没有客户肯定要亏本。比如说我们卖的是礼品，礼品以前当地人圣诞节的时候送礼送得很多，买得很多，每个人都送的，但是现在经济不好，就买少一点，有时候就不买，那就不一样。目前经济不好，其他生意没办法做，大家都跑到其他国家去了。在瓜亚基尔，很多华侨都关店了。但是，开餐馆绝对不会亏本，不管怎么样，当地人都要吃饭，他们都喜欢吃中国餐。每个人都要吃饭，只不过原来吃十块的，现在吃七八块，六七块，吃少一点。现在中餐馆在厄瓜多尔估计最少应该接近一万家。也就是说，总共才四万人，就有一半以上都在开餐馆。我觉得新侨来了以后，餐馆就开多起来了。我听杨会长他们讲以前南部就只有十来家餐厅，现在南部那个地方最少有一百家，开了很多，速度很快。像新雅这些酒店，装修各方面还是比较不错的，应该开了很多年了，跟杨会长那个酒楼一样，是老牌的，装修得很漂亮。一般的新餐厅，很多新侨的环境就差一点。新侨一两万美金就可以开一个小餐厅，夫妻都在餐馆干活。以前我们每年都去慰问南部的老华侨，跟着使馆一起去，我们见到一家广州人开的小餐厅，地方是租的，有五个人。我问他们一天能挣多少钱，他说一天不会超过两百块。我说你五个人，还有雇一两个工人，那肯定亏，剩下的劳动力为什么不去打工？五个人，两个年轻，两个比较老，还有一个孩子，如果两个年轻出来打工，中国人打工一个人一个月也有六七百美金，两个都一千多，比守在餐厅好，不然他家里很穷的，我们都看不下去。

2008年经济危机，很多西班牙华侨跑到这边来，还有波黑那边的浙江华侨也跑到这边来了。基多老城那边有福建人开的店，还有其他人开的店，他们主要是卖小百货，日用品，电子产品，我们国内电子产品价格比较低，以前这个电子产品都是日本、韩国的，现在中国的电子产品质量好又便宜，市场都被我们中国人抢占了。还有，我来的时候台湾人很有钱，做的生意也很大，我们来了以后，台湾人很多都回去了，他们跟中国大陆的人没办法竞争。

就我所知，这里的华人没有人参政，但是华裔后代就有，比较少。这里的华人大部分不会加入天主教，只有个别吧。

新移民

厄瓜多尔还是新移民起主导作用，占多数，尤其在基多更是没有什么老移民，老移民的势力很弱，所以当会长的都是我们新移民。我是新移民，新的会长也是新移民。现在联合会里面的副会长都是新移民，都是年轻人，没有老移民。瓜亚基尔那边的会长也是新移民。现在的发展都是以新移民为主，新移民经济实力强。老移民在改革开放以后跟国内接不上轨，不知道国内的信息，跟国内做生意做不过新移民，思想也跟不上新时代，赚不到钱，都是新移民赚到钱。

我们这里有个特点，就是我们潮汕人来这边特别多，整个拉丁美洲以这边的潮汕人最多，而且大家都发展得挺不错，巴西好像也有潮汕人，但是没有那么多。在厄瓜多尔华侨中，我们潮汕人经济实力算是比较好的，经营的行业比较多，那个汽车零配件就是我们潮汕人在主打，占绝对优势。还有那个做贸易的，我跟小舅子也在做这个贸易，都是日用品这个方面，我们也是做得最早的。

福建人是后来的，他们是跟着我们做的贸易。刚开始都到我们这边拿货，然后做时间长了知道哪些可以了，就自己去进货了，自己做了。华人在这里还没有人经营大型超市，因为我们新侨经济实力也没有那么强。老侨有可能做，但老侨会显得思想比较保守一点。

2008年开始，厄瓜多尔对中国开放了。三个月进来一万多两万人，但是六个月以后查出去只有四千来个，少了八千多个，后来他们偷渡，还有一个船三十来个人偷渡到公海，那个船出事了，被厄瓜多尔抓回来。现在两国是免签证，但是来的中国人现在不多了，随着我们国内经济水平提高，还有欧美这边的经济很差，原来都偷渡到委内瑞拉、美国，现在来厄瓜多尔偷渡到美国很难，而他们可以通过签证去美国，然后直接留在那边。如果他们来这边，要花很多钱，蛇头收很多钱的，委内瑞拉现在经济很差，大家都跑了，在那边肯定没办法生活，所以现在偷渡的人少了。来这边旅游的，主要是高端旅游团，一般旅游团比较少，毕竟旅途太遥远了。

据我所知，我们这些第一代华侨，子女都跑到美国、澳大利亚和其他国家去了，都不愿意回来，都很少回来这个国家的。这种情况是很普遍的。

这个国家是不够发达的。如果他在这边读完书，以后肯定会出去留学的，如果是从国内读完大学来这的就会留在这边，因为他到别的国家又要重新开始。我们的孩子在这边接受教育以后，读大学时就跑到别的国家去，去了以后一看比这边发达，生活水平、环境都比较好，就不回来了。这可能是一个趋势。但是，我觉得这对我们中国也好，很多华侨在国外培养，跑到欧美去，如果我们国家有什么需要的时候，这些都是人才，他这个专业水平、科研水平都比较高，所以我们国家对华侨要更加重视，欢迎华侨后代回去走走，探亲、签证，都应该更加方便，好吸引人才回去。他们都长在国外，当他们回去，不要说这是我老爸的家、我爷爷的家，应该让他们有回到自己家的感觉。

故国情怀

我有两个小孩，现在新西兰和澳大利亚读书。我女儿先去暨南大学读大学，读完以后再去新西兰留学，然后就在那边工作了。本来我儿子有机会被保送去北大读书，全额奖学金。我儿子从小在这里的美国学校读书，也会中文，他说世界上有两个国家他不愿意去读书，一个是美国一个是中国。为什么？因为世界上，现在也好将来也好，这两个国家是超级大国。他说，第一，他对美国没什么好感；第二，他觉得有些中国人比较虚伪。他才十七岁，在国内出生，九个月来这边，经常回去中国，参加过夏令营，但是他就是不喜欢。他说要去澳大利亚。我女儿就不一样，我问她大学要去哪里读，她说有华语的地方就好，中国大陆是第一选择，第二选择香港，第三选择是新加坡。他们两个人的性格我也不知道为什么会不一样。

我们现在在家看中国的电视台，每天都看。刚开始有卫星接收，现在当地也有有线电视，我们从国内购买机顶盒，几乎国内的电视台都可以看得到。我女儿经常看中国电视，所以她的普通话比我还好。我因为国庆、春节等大会要上台发言，我就先念给她听，普通话不准要请教她。

现在第二代小孩，学习语言也是很麻烦的事，因为没有那个语言环境，都是讲西班牙语的，很多家庭的小孩都不懂得中文的。但是在我的家庭里，英语、国语还有我的家乡话潮州话、西班牙语，孩子们都懂。我的孩子们对家乡还是很喜欢的，很喜欢到国内去，因为我们就从小教育他们我们家里还有什么亲戚。

我赚到钱以后，刚开始每年回去时，兄弟姐妹每人给一万块，连续多年，我给姐姐的钱她都可以在澄海买一套房了。后来觉得这样不是办法，因为他们一般都有两个孩子，我就说我每人帮你们带一个孩子出来，让他们在这里发展，以后你们年纪大了，你孩子赚到钱了，我也不用再为你们操这个心。后来我就帮哥哥、姐姐每个人都带一个孩子出来。我哥哥现在也快七十岁了，他两个孩子，一个在这边、一个在家乡。我自己在澄海有房子，因为我妈妈说我什么时候赚到钱了，要在澄海买个房子。我这个房子是买给我妈妈住，但是用我的名义买，算是我在家乡有一个根。

潮州人都拜神，我们家我太太初一十五都拜的。天公、关公还有其他神明都有。这边没有那种纸钱，就点香而已。这里没有佛庙，但是在瓜亚基尔就有，是台湾人开的。

谭尔鹏

口述历史

谭尔鹏（左二）、中国驻瓜亚基尔总领事雷同立（左六）、蔡志鹏（右五）

时　　间：2016 年 12 月 1 日
地　　点：厄尔多瓜瓜亚基尔 Sonesta 酒店
受 访 者：谭尔鹏，厄瓜多尔华侨华人总会副会长
采 访 者：袁　丁
录音整理：莫　菲

经营餐馆和五金店

我 1964 年 11 月出生于广州，初中毕业，家里有爸爸、妈妈、弟弟、妹妹。我当时读完书之后去爸爸的皮革厂做鞋，不到半年，就有朋友叫我去瓜亚基尔发展。当时国内发展得还不是很好，要找出路就到了这里。

我 1982 年来到瓜亚基尔，在朋友的餐馆工作了差不多 4 年，自己就出来在一家五金店学做五金，学了 3 年左右，1996 年自己开始经营第一家五金店。请了 8 个工人。九几年的时候，当地纸币贬值得很厉害，我们要赊账给别人，一赊就是两个月，把账收回的时候已经没了一大半。后来干脆开餐馆，收现金，解决吃的问题。1996 年开了一家餐馆，我两头走，五金店有个合伙人帮忙看管。

我刚经营餐馆的时候都是靠韩国人和日本人帮忙光顾的，不是中国人。

那时的中餐馆少，那些韩国人会来光顾我，每天都来。那时我做铁板烧，韩国人觉得很香，每天都来光顾，每天都有三四桌。日本人也是。餐馆的顾客主要是本地人。我的菜单是西化的中餐，如炒粉、炒面、牛排、猪排、鸡扒等。如果你要吃正宗的中餐，通常都要提前预订。大厨是当地人，跟了我二十年了。他有天分，我从来没教过他。以前都是我自己炒的，他在后面看。2008年之后，我拿了澳大利亚居留权之后，就教了他一些秘方。他肯学，现在都会做烧腊。我买了本书给他，他自己学雕花，什么都能雕。这里的客人的特点就是，如果你让工人去招呼他们，他们不喜欢，如果老板在那里，只是打个招呼，客人都会很开心。我没有亲自炒菜，看到熟客来了，去打个招呼，他们会很开心。所以不管我干不干活，只要人在那里就好。当地人的情感就是这样，你对他好，他一辈子都对你好。

这里是2000年之后开始使用美金，福建人是2003、2004年从西欧、东欧过来的。他们的一个炒冷饭卖一美元，一勺舀到碗里，量不多，肉少，所以价格竞争很厉害，但是我们也站得稳脚跟，没有让他们挤走。加上我们这个区和他们那个区不太一样，他们那个区很多中国餐馆都被福建人挤走了。我们餐馆的韩国客人少了，所以每当他们来到这里，我都会免费送他们一些东西吃。韩国人最喜欢喝着威士忌一直聊天聊到我们餐馆关门。

本地人看到我们餐馆有那么多中国人在这里吃，自然都会过来吃。以前这条街没有一家中国餐馆能长久经营的，我来到这里之后，一家长城中餐馆和一家美洲中餐馆都倒闭了。我就把中餐馆做起来了，跟另外一家中餐馆香港城在这里站稳了脚跟，一直到现在。餐馆的生意比上不足比下有余。

五金店的生意在这两年形势差了点，赚不了那么多钱。自从现任总统上台之后，这几年的税收高，建筑少了。我们经营的是建材五金，只能说赚得刚刚好，不会亏本。

我的家庭

我2003年结婚，太太是广东惠州人。2003年的时候，她已经来这里好几年了，和她舅父一起住。我经朋友介绍认识她，2008年生了一对双胞胎女儿，很安乐。女儿会讲广州话，没那么流利，但不会写中文。以前没读书的时候，她们都能跟我讲国语、广州话，读书以后就不肯讲了。我现在如果硬要跟她们讲广州话，她们还会回答我一下。

我两个女儿今年8岁，现在在德国学校读书，每人每月的学费530美元。她们在那里读德语、西语、英语，等读完初中如果想去澳大利亚，就让她们读高中，读大学。如果她们有同学想一起去德国，就让她们去德国。她们现在读了这间学校，如果以后去德国读大学，是不收学费的。因为我现在已经全部给了，读大学就只给生活费。所以我选了这家德国学校给她们，不用跟中国子弟比分数。这间没多少学生。如果读美国学校，学校总人数是1200人，15%是中国人子弟。我知道自己的孩子不是读书的料，以免跟别人争。她们现在的成绩不错，不用担心，不用去补课。她们那家学校规定，如果读到四年级，成绩不过关的话，就要离开，另外找学校。但是，凡是从她们学校出来的学生，其他学校都会招收。这次我们和美国学校的校董一起回中国，跟暨南大学签了协议，他们派老师过来教中文。如果美国学校有中文课，我就把女儿转去美国学校。就算美国学校不开设中文课，等孩子们长大一点，我就帮她们找个老师补习中文。这里现在没有中文学校，只有孔子学院，教成人的。我有个朋友的女儿12岁，找了个台湾老师补习中文。如果教得不错的话，以后我的女儿也让她教，最起码会汉语拼音。我澳大利亚的外甥不会写中文，但会打拼音。

我父母已经去世了。他们和我弟弟妹妹都在澳大利亚。我妹妹1988年申请去澳大利亚留学，后来拿到了居留权，连父母都去了那边。我也去过那边，但是不喜欢。我在这边当老板，去到那边要帮人打工。我见到那边的留学生打工很自觉很勤奋的。我叔叔在那边有家烧腊餐馆，那些打工的人都很勤奋。我比较懒，在这里懒惯了，去了那里工作会被人踢屁股，所以不愿意去澳大利亚。我每去一次澳大利亚，父母都叫我留在那里。我叫他们过来，他们也不愿意过来。我这次去悉尼住了6个月，是时间最长的一次。澳大利亚那边规定，五年签证的话就要在那边住满两年，我每次都住不满，每次去都是住一两个月。这次去的话，因为父母都去世了，没有借口跟移民官求情，硬是住了半年，但是还不到两年，因为不能扔下这里的生意。我弟弟妹妹整天都叫我结束这边的生意过去。我说我去到那边能干什么呢，找不到工作，別人会嫌弃我动作慢。我的餐馆，除非工人不上班，我自己才要亲自去炒菜。五金店的话，工人把货单交给我，我就去清点，因为怕他们会偷我的材料。我一向做事都是慢条斯理。

融入他乡

我于2013年入了总会任理事，2015年开始当副会长。我们跟当地的人都很融洽，没什么冲突。他们对我们很友善。我们经济不好，餐馆以前的房东会减租。1999年到2000年，这里通货膨胀严重。我跟房东说，我们这个月的生意不好。到2016年，我给的租金是2550美元，以前规定是每年涨10%，如果按照这个比例来算，现在就不止2550美元了。通货膨胀的时候，他从1600美元降到800美元，后来我生意好了，他说我要加点租金了，就从800美元开始算起，逐年增加。他们这里的人没那么狡猾，不会当面一套背后一套，对我们中国人很坦诚，值得交心。

来这里三十几年，我们都很适应这里的环境了。我一年四季都穿这样的衣服，没穿过冬天的衣服。所以之前我父母经常叫我去澳大利亚，我真的不喜欢，因为那里6月份之后就是冬天。我每年过去续居留权都是在6月份之后。我不喜欢澳大利亚，去旅游还可以，住不行，吃还可以，但很贵。我们这里的龙虾8美金一磅，不到20美金1公斤。澳大利亚那边的龙虾要90美金1公斤，如果去餐馆吃就要40美金一磅。所以我觉得应该在这里赚钱，在这里老去，就这样吧。在这种地方，少见人多见树木，发展得不是很好，也不会很差，过得去，两餐不愁。

温国宝

口述历史

温国宝

时　　间：2016 年 12 月 1 日
地　　点：厄瓜多尔瓜亚基尔 Sonesta 酒店
受 访 者：温国宝，华商
采 访 人：张应龙
录音整理：张　钊

自费出国

　　我叫温国宝，广州花都人，1963年7月出生。我8岁的时候在我们村的小学读书，读了五年之后就升读中学，两年初中两年高中，总共四年。1979年高中毕业，恰好改革开放，我就跑市场，开始做点小买卖。

　　我们队有间酒厂，以前经营酒类业务并不容易，指标需要审批。拿到牌照之后，我就利用酒厂为平台做经销。最早就从酒厂里面取货然后交货去卖，从中赚点差价。跑了半年市场就开始承包，生意越做越大，然后家里就开始养猪。那时家里很出名，新闻记者经常找我爸爸作采访，因为我们属于劳动致富。这里有一个循环性，酒当做商业来经营，酒渣可以喂鱼养鱼，也可以喂猪养猪，那时我家养了一百多头猪。那时刚刚开放，市场需求很强，利润很高。利润高的情况下，家里赚钱赚得很多，几年之后就可以建房子。

那时人们的工资还很低。我一个姑丈在镇上做主任，一个月工资才60多块，普通人才30多块。我当时在国内还利用各种关系网批发双喜牌香烟，还经营水泥钢筋。我经常请别人吃家里养的鱼，培养感情。我还和部队做生意，卖粉丝、豆类、香烟、猪肉、生菜等。造酒要看天时和地利，比如秋天造酒，一斤米可以造一斤二两酒，四十度纯米酒，没有杂料，不像现在的人这么奸，掺杂很多其他东西。一天的生产量是三百斤米，如果一天可以生产三百多斤酒，八角钱一斤的批发价，可以卖很多。当时我们镇上一个加工厂帮了我大忙，他们把库存剩余的一万斤大米给我造酒。我亲自开拖拉机运货，卖给国营厂，赚了很多钱，所以有钱出国。那时在大陆，我每天口袋里都至少有200块。

我家本身没有人在国外，但同村一个叔叔在巴拿马，我写信请他接我过去，趁这个机会出去闯闯世界。经过他同意，我自费出国。我自费坐飞机去的，我在巴拿马的那些亲戚帮我办好手续，我寄钱给他们。我先到香港，然后飞加拿大，再到巴拿马。小的时候穷，很想赚钱，16岁就出来跑市场，立志一定要争气，为父母争气。当时如果不出国，害怕政策有变化，担心会回到从前，所以从1981年就把钱给了他们，然后开始办手续，1984年办好。那时候办好手续大概需要大概四千多美金，相当于当时的一万块人民币。

首站巴拿马

1984年5月21号我办好手续去了巴拿马，在我那个叔叔手下干了三年多。到了巴拿马之后要打杂，很辛苦，但我觉得人人来到巴拿马都能赚到钱，我没理由就这样回去。那时候在巴拿马办居留权叫办黄卡，需要两千多美金，不是小数目。

然后我就跟女朋友结婚，开始卖牛肉。赚得一点钱后，就买了一个面包厂。那时经营面包厂比较辛苦，因为要批发。那时每日生产都要差不多五六十包面粉，然后批发到同乡的店中。因为我有一个比我大一岁的同姓兄弟，他平日里负责交货给别人。他在经过计算后认为这一行利润很大，我可以通过他还有其他的人际网络吸收到很多客源。本来他只有一部车用于送货，等我开了这间面包厂之后，在我的策划和努力之下，财源滚滚，最后要用6部车送货。产品供不应求，面包炉一天24小时开工。我开了这间面包厂之后，调动了许多亲戚和同乡加入，每人负责不同的区域。后来我回了大陆，把面包厂交给我二哥打理。我觉得巴拿马市场太小，人口太少，不适合自己。1994年，我拿了一批资金，回到大陆，在我们花都做皮革生意。我太太有个哥哥叫国富，我们开了店，商标起名叫富宝。那时赚的钱很多，生意很不错，但商标却被人抢先注册了。

转战厄瓜多尔

我觉得大陆环境不好，不适合我，就去了厄瓜多尔。那时是1996年年底。1997年我开了第一间餐馆，半年后开了第二间。到1999年我就不再经营餐厅了，开始做进出口生意。主要从我们花都进口皮包、鞋子，比如拖鞋。当时从广州将拖鞋进口至厄瓜多尔，平均一年至少50个货柜。因为南美洲是热带市场，我开始进口拖鞋之后，很受欢迎，由于客源不断，甚至跑到秘鲁和厄瓜多尔的边境去卖。我又卖鞋又卖包，还卖电器，比如电视、VCD、DVD等。可以说，所有能卖的都卖过。光是卖包一年都最少60个货柜。还有从福建晋江、浙江温州搞来的球鞋，很有市场，生意很好。

然后又开始经营摩托车生意。我们通过关系注册成了摩托车组装厂，税收低很多。从大陆进口，一年都有上百个货柜。后来生意又扩展到了秘鲁、萨尔瓦多。我培养中国同乡之中凡是有上进心的年轻人上位，生意分别交给他们打理，大家相辅相成。我一直都是这种做法，以免自己管得太多。我主要全面掌控，我太太负责百货。我们还生产袋子，所有原产品如线、拉链等，需求很大。我太太很勤奋，比我勤奋得多，我其实很懒的。

后来我们还经营鱼翅，这里是合法的。在一个港口我们经过市场调研后开始收购鱼翅。我因此开了鱼翅加工厂。经营海产空间很大，要看时机和资金。我本身不懂，所以为此交了很多学费。鱼翅的分类很复杂，有的时候会搞错，比如原本卖50块的鱼翅我花了120块，就等于亏了70块。我就是在不断交学费的过程中逐渐学会有关知识的。经营鱼翅和百货不一样，百货生意讲究的是管理，而鱼翅讲究的是耐性，完全不一样。这门生意很讲究技巧性，需要发挥人的积极性。鱼翅生意一直做了8年，不断扩大市场。

三年前开始经营汽车生意，两年前开始做汽车配件生意。我是多元化经营，百货是百货，汽车是汽车，鱼翅是鱼翅，我还卖保健品。手套、安全套这几类生意也不错。基本上可以凭借关系搞到的中国商品我都做过。我们每年都有六七百万美金的生意额，年终一个月甚至都有一百万美金。主要是在广州一德路和香港循环批发。很多时候我很有空，需要调理各方关系。我没有总揽一切，而是放手大家干，有钱大家一起赚，这样大家可以共赢。因为我成功地发挥了大家的积极性，自己就没有太大压力。

我总共开了十来家公司吧，香港和大陆都有。最初开餐厅赚了不少钱后，我们就开始经营进口生意。一开始钱很好赚，因为没人竞争，当时厄瓜多尔有很少的福建人，后面又有浙江人来到这里。福建人主要向我们推销鞋，大家都能赚到钱。大家一起努力，跑农村跑乡下。我觉得君子求财取之有道，我们主要靠自己努力，利用身边的资源，把握时机，比如卖包，在读书的季节，每年的9月份和这里的4月份，都是进货的高峰期。整个国家及附近地区的各类包我们都制造，我们的生意范围很广，这里的人都是跟着我们做的。以前差点养虾，后来觉得太辛苦，自己没有这方面的知识，也请不到人才，不好管理，所以放弃了。

鱼翅主要销往香港。我在大陆有个合作伙伴，在广州一德路，我负责把货运到香港，他再转卖至广州。我同时有个好朋友在香港专搞这方面的批发生意，他经营鱼翅、海参，有点利润可赚。

我经营摩托车很久了，亏本不少，起码有五六百万美金的账收不回来。每个月供货太多，摩托车容易被偷，保险公司和银行不肯提供保障。因为地方大，我做得早，熟客多，很多人借贷，最后收账的时候就很头疼。我经营的各种生意中，除了摩托车，其他基本都是稳赚不赔。一部摩托车起码四五百，一年下来卖起码三千部，算起来一百多万，但是账收不回来，请律师或者专门负责讨债的公司都解决不了。其实过程就是我把摩托车卖给代理商，代理商卖给客户，但是代理商收不到钱，也就没法还我的钱，所以其实是我亏了。这几年摩托车和汽车配件市场行情不好，生意很难做。

桑梓情深

我有捐钱给家乡建学校，造福下一代。我爷爷在老家是一个好心的人，也是个老华侨，年轻的时候去巴拿马闯荡，西班牙文很好，我小的时候他经常给我看他当年的证件。我出国之前问他西班牙文好不好学，他说只要努力很快就能掌握。当时我分不清东半球西半球，他说巴拿马白天我们就是夜晚，巴拿马夜晚我们就是白天。他是旧社会回来的，回国后恰逢土改等一系列运动，再没有出去，在国内终老，饭都吃不饱。我爸爸有四兄弟，他是老大，几兄弟都没什么出息。我很小的时候就明白，我爷爷做这么多善事，是为了造福后人，善有善报。我觉得我爷爷虽然一辈子没做成什么大事，但却造福了我们后人。我一路都很顺，白手起家。在巴拿马赚钱后回到大陆投资遇到挫折，因为在巴拿马熟人比较多，觉得没面子。但我在巴拿马的时候经常去各处作考察，比较了解各地情形。

当年在巴拿马经营面包厂时，我采购了很多机器，一天高峰时期可以生产八十包面粉。我对人真诚，经常帮助别人，尊重别人，别人也愿意帮我，几乎所有在巴拿马的同乡都和我很熟。我爷爷做了那么多好事，赐福于我。每当家乡建小学的时候，我都自己出钱以我爸爸的名义无偿捐赠。财富取之社会用于社会，我因为捐钱捐得比较多，所以在家乡比较出名。我参加社团的时间很短，才四年，只是希望大家一起为家乡做点事情。

我有三个哥哥和两个姐姐。凡是我爷爷的孙辈，包括我的叔伯兄弟和姑姑家的表兄弟姐妹，我几乎全部帮他们办理了出国手续，带他们到巴拿马。我太太的两个哥哥和我一起打江山，现在也在这里干。我几个侄子帮我打理汽车生意。有的生意也请西人和保险公司负责，三七分账，我给他们干股。我有3个孩子，老大在香港，另外两个在这里读书。老大知道要接我的班，所以先去香港读书，熟悉亚洲事务。他已经毕业，在猎头公司工作，已经两年了。

我们家人比较分散，由我资助去到巴拿马的大概有五十个人，这里则有一百多人。我在家中属于早富的，很早就在家乡修了一条路。我大哥以前在巴拿马，现在回家了。他的两个儿子，一个在巴拿马一个在厄瓜多尔。我太太的哥哥一直没有出国，因为父母还在老家，其他亲戚的子弟基本都出来了。现在厄瓜多尔的花都人大概有一千五百人左右，以新来的年轻人为主。他们主要以经营餐馆为最多，也有少数做进口生意。我的侄子辈都是经营摩托车配件的。

旅外感悟

我为人还是很低调的，但我很愿意出钱出力做善事。我们海外华人是最爱国的，由衷地希望祖国强大，这样我们在海外才可以大声说话。我们华人在这里还是比较受尊重的。

到了巴拿马之后我很努力地学习西班牙文，举目无亲，但现在经我手来到巴拿马、厄瓜多尔等地的人起码有200多人。在巴拿马的花都人主要经营杂货铺，我刚来巴拿马的时候就是到我同一个太公一系的同宗族叔那里干杂货。我那时一边在杂货铺卖牛肉，一边学西班牙语，因为不学语言生活会很不方便。我曾经建议我叔叔改做批发生意，不要做杂货，他没有听我的。他现在已经退休了，生意交给四个子女打理。现在在巴拿马，我们花都人几乎涉足各个行业，比如地产、银行、建材、汽车配件等。怎么说呢？我们的钱不是赚来的，是挣来的，几乎不消费，不赌博，在外国打工都能发达。只要你肯努力奋斗，没有本钱都能成功。这里虽然落后，但是商机无限。国内人人都很精明，竞争激烈，而外国人相对比较简单和淳朴。我始终觉得，我们这些老华侨都是中国人，相互之间要尊重友爱，待人真诚。我们经常在年底到孤儿院、警察部门、老人院等地方慰问，营造我们自己的形象。

我在云南腾冲买了一间很大的厂，负责造木。那个厂原来是台湾人投资上亿人民币建的，已经倒闭了，我花了三千多万买了过来，但还是被合作伙伴欺骗了。总共投资了四千多万，血本无归。我其实根本没有时间打理，但还是听信一个朋友的话投了钱，结果被人当傻子骗。我几年前和太太回国打官司起诉对方，官司虽然打赢了，但对方对钱财做了手脚。总之一言难尽，国内很多事情太复杂。假如我有三间公司或者十间公司，签订了合同，但其中猫腻很多，发生纠纷即使起诉对方都没用。国内贪腐太严重，我还是更习惯国外的环境。但我们海外华侨还是很爱自己的国家，我们在海外做生意，经营的很多都是中国产品，其实也在为国家作贡献。

在巴拿马做生意最重要的就是不断积累，因为市场小，但在厄瓜多尔，因为地理较近，只要生意做得好，南美洲各国如秘鲁、哥伦比亚等地的客源自然不断。我们都是做批发生意，有买有卖，利润很高，大陆的工厂连百分之十都赚不到，而这里如果利润没有百分之三十都没有人愿意干。所以这里的华侨只要努力，开动脑筋，逐步积累，都会发达。

总体上来讲华人的经济这几年是倒退了。因为政策的缘故，这个政府在税收上一天到晚乱搞，市场竞争激烈且混乱。当然换个角度看，每一项生意都会有起有落，有赚有赔。我个人的看法，如果中国的经济发展不好，全世界都麻烦。如果换个总统，改变政策吸引投资，这个地方很容易富裕起来。这里的资源太丰富，你即使不干活都不会饿死。

以前华人在厄瓜多尔做的生意就是办货和进货，现在完全不一样了，年轻人都是做大生意的。进口售卖这里急需的各种生活品，烂铁变黄金，可以将一些国内被淘汰的东西拿到国外来卖，循环利用。在巴拿马，老华侨们大多目光短浅，觉得大陆穷，什么都没有，不知道市场有多大。而我们则比较实际，有多少做多少，比较保险，不会盲目扩张。等积累到一定程度之后就去买地，以前我们回到国内买房子都是随便买，当然现在限购了。

中国经济的发展带动了新移民的经济发展。我们一年从中国出口这么多商品到外国，不知道给国家创造了多少外汇收入。如果没有国内的这么多商品供应，我的进出口生意很难做。我手下的伙计光中国人都有五十多个，对于雇佣的西人，我也是很真诚的，不会随便炒鱿鱼，福利好，有困难甚至还借钱给他们。

潮州人、浙江人靠成立同乡会相互支持，福建人喜欢借钱，然后慢慢还。福建人有个特点，不打工，一来到就做生意。广东人也有同乡会组织，但是借钱的比较少。越发达的地方越难赚钱。我在中南美洲考察过很多国家，个人觉得秘鲁交通太差，萨尔瓦多就不错。在巴拿马的老乡之中即使不做生意都能发达。

伍棣湘

口述历史

伍棣湘

时　　间： 2016 年 11 月 28 日

地　　点： 厄瓜多尔克维多翡翠酒店

受 访 者： 伍棣湘，厄瓜多尔克维多中华慈善会会长

采 访 者： 刘　进

录音整理： 吴怡楠

跟姐姐出国

我1960年5月出生于广州白云区人和镇，1977年高中毕业，1980年11月1日跟姐姐伍玉颜一起出国，来到厄瓜多尔。

我有两个姐夫，其中一个姐夫在秘鲁做农业。1970年秘鲁政府搞社会主义，把他们的土地没收了，他们就跑到厄瓜多尔发展，在这里买了土地。70年代姐姐、姐夫来到克维多这个地方发展。他们写信给家乡说需要劳动力，说这里发展不错，我就决定出来，和我最小的姐姐、姐夫和一个表弟一起出来。

当时出来一看，环境不是很好，但我没有放弃。当时我在农村也知道艰苦是怎么样，我爸爸妈妈对我们的教育比较好，在农村怎么说我们平时都是很穷的。我的姐姐、外公每年都寄点钱回去，我外公在加拿大，每年都有两百块美元侨汇给我们，所以我本身对国外有个概念，这也是选择外出谋生的原因之一。

我两个姐姐在厄瓜多尔都在做农业，我对农业有兴趣，我就想，在中国做农业不过就是机器化，就是要坚持一下怎样出去创一番事业，当时来的时候雄心很大，来到的时候就看到荒野山林他们都去开发，没有自来水也没有电，他们做饭吃饭的时候就用小小的发电机，发两三个小时就把它关了，当时的生活环境很艰苦。要做出一番事业，就要经历艰苦，所以我一来就给我姐夫在农场做了九年，帮他管理农场。他的农场差不多有一千公顷，主要帮姐夫做水稻、玉米、豌豆的管理，一早5点就出去，一般做到10点，主要是在清晨的时候做，如果修渠、播种的话，做到下午一点、两点、三点，需要管理的。我没有感觉到很艰苦，想回中国去，我自己就像我姐夫一样，像老华侨一样，觉得自己是做一番事业。我的理想是光宗耀祖，衣锦还乡，我的理念就是这样。

那个管理工作就是，农药怎么配药，种子怎么播，管理本地工人去做，大概雇了100个工人，主要是本地的工人，我们做高层的管理，指挥他们干活。比在国内要轻松一些，在国内我们自己要种田，来到这里就跟生产队的干部一样，所以就帮我姐夫做了九年。

刚开始的是语言不通，一边工作一边学习，我读书的记性不是很好，工作方面还可以。管理的是本地人，慢慢地和他们沟通就会很方便。农场工作很方便，说一两句然后写下了就可以了，会用到，比如，农药用什么？我不会的话，就让他们用笔记本写下来，然后在家里练，就是这样。当时给姐夫打工，刚开始是每人五十块一个月，慢慢每人就300多美元每个月，当时一张机票的钱要很多年才能攒够，机票都要两千多三千美元，以前都是五六年才能攒下一张机票，现在就比较好一点。

到厄瓜多尔后，过年过节我都要寄一百两百块美元回去给父母、叔叔、姐姐他们，他们每人二三十美元。因为我记得当时我外公、姐姐他们的传统就是怀念家乡，赚到钱就是要寄个平安，剩下的钱就给爸妈用。每一年我都有写信，特别是春节、八月十五我都有寄钱回去，以前就是寄到香港，再由邮政带回去，之前都是通过银行寄的。

回乡结婚

1989年我回国找对象结婚，那时候自己有一万两千块美元，可以回去娶老婆了。我回去之前写过信回去，亲戚朋友都帮我找对象，至少有四五十个以上，但都不怎么有缘分。最后一个就认识了一个星期，我跟她说，我在外面是种田的，在农场给我姐夫打工，她都说没有问题，一个月后我们就办婚礼，七天后我就回来厄瓜多尔。其他的没有缘分的原因主要是性格，教育、谈吐等方面的原因。当时带一万两千美元回去结婚，够用但都花完了。结婚后，太太要一年多之后才过来。

回到厄瓜多尔后跟夫人书信联系，那时没有电话，我也不知道办个出国这么长时间，一年多还没有音讯，最后还是批出来了。当时是梁公璧先生帮我办这个手续，因为我是居留不能够办太太过来，要把居留转了才能办过来。以前办手续过来相对比较困难一点，当时我还没有加入他们的国籍。在等候移民期间，很多人都说我和她结婚就是为了让她在家服侍我妈妈，我太太甚至想过如果再过一两个月签证不出来她就不等我了。可是，当时办出国很难啊。我太太过来后，我们夫妻很珍惜彼此。

我有四个孩子，一个男孩，三个女孩，都是在这里出生。我的孩子只会说一点点粤语，普遍都是这一个现象，因为没有这一个环境，他们都说本地话，我们父母一般都没有空，家里都是本地工人煮饭、打杂，孩子们几个在一起都说西班牙话。现在大的儿子已经在国内读大学学语言，老二今年大学毕业，她也回中国去学汉语。我是这样想，如果她回去，我就用我的关系在克维多和本地人合作开一个中文的学校，因为我们很多孩子都不会说不会写了，我就想我的理想成不成功，就寄托在我孩子身上，希望他们来办这个学校。第三个孩子现在是大学一年级，最小的那个今年也十八岁了，明年读大学。我还是希望他们都能学会汉语中文，为我们华侨服务。我们以前都是在农场工作，我们请两个本地佣人，所以孩子他们都是说当地话多，粤语只会说一点点，比如谢谢，他们都对中国感兴趣，我们一年两年都带他们回去，他们放假都回去一个月左右，对中国很感兴趣，中国的发展都比这里好。

之前我的邻居有一个本地女孩子，她很喜欢我，很多朋友都说娶她做老婆就可以，不错啊。我的理念就是，我娶了本地人做老婆，好像老华侨说把祖宗都卖掉了，永远都不会回去，因为本地很多生活风俗习惯都和中国人不同，比如跳舞、旅游、吃饭，政府让捐钱他们都不管，星期六星期天他们都不做工，90%都是这样，所以我就没有想要。不过，这个本地女孩子，现在也是我在本地很好的朋友。我三个女儿就是她的干女儿，感觉很亲。她现在嫁给本地人，她爸爸现在和我在一个农村，他需要什么我就帮忙，无条件地，可以的都帮他们，他们对我都很尊重，友谊都很好，克维多本地人对我们华侨都很尊重。

自营农业

1990年我准备自己做一点事业。当时接手我姐夫50公顷的土地，和别人一起做，每个人25公顷，这些需要五万块美元的投资，我的舅舅和我两个姐夫都知道我做工什么都很努力，就借给我。当时我加拿大姐夫给了我两万，我两个舅舅给了我三万，我很高兴姐夫他们帮助我，到现在我还是很感谢我的舅舅姐夫他们培养我。

我从25公顷开始就一路做，到现在我差不多有1000公顷的土地，差不多跟姐夫一样了。因为之前在姐夫那有管理的经验，起步很顺利。一边给他们管理一边自己也发展，有土地看到好的就买下来，土地一般一公顷都是1000-1500块左右。当时跟我姐夫做的时候买一公顷土地，一年半两年就回本了，就赚到了。十年前，我的土地增加到600多公顷，到现在就1000公顷左右，雇了100个左右的本地人。现在种的棕榈树管理起来比较方便，没有以前水稻那么复杂，棕榈树种下去三年就可以收成，最少可以收获15年到20年，种下后施肥、锄草、修整就可以了。我以前种水稻、黄豆，是四个月播种四个月收成，一年两熟，比较难做。

庄园里面本地人居多，我办了一个堂哥的儿子来帮我，他给我做了七年，然后他自己发展，开了个饭馆。然后又办了一个过来，现在还在帮我，这个是我同学的外甥，已经帮了我五六年了。他就跟我一样开车过去，仓库怎么样，生意怎么样，工人多少，做不做工等等，都管。具体带工的是本地人，他和我一样做的是管理，工人的管理，机器坏掉都是本地人给我修。

好几个本地人都给我做了超过二十年了，他们从十六七岁就来我这里做。从家乡带来的帮我做管理的，工资会给得高一些，高一两倍。那个十六岁就来做的本地人，我就教他怎么工作，怎么管理财务，借一点钱给他，帮他盖房子娶老婆，还有一个本地老司机我借了一万八千块美元给他，好像是送给他一样，到现在都十多年年还没有还完，我也没有追他，所以他知道我帮了他，因为他一辈子也赚不到几个钱，住的是租来的房子。

现在当地人一个工人一个月500美元左右，管工、开钱的就是600到800左右，就跟生产队队长一样，多给他们一点。如果你会做事的，我们就送点钱，每到过年过节我们就送点东西给他，因为我们中国人每一个人也是这样做。如果工资和别的地方一样，他们就跑到别的地方去，一般五百块，我给他们八百块一个月，他们就很高兴了，就留下了，这些都是人才。工人他们的爸爸妈妈病了，我送点钱给他们，他们跟我借，我说不用还你拿去就好，这样他们做工做得比较好。

我大姐夫到加拿大去，是因为投资。我大姐夫他爸爸是一个集团公司的，这公司不全部是他的，他们都是过来投资做生意的，小姐姐、小姐夫就代他们在这里管理。现在他公司的土地都卖掉了，是另一个中山人把它买下来，一千多块的单价买下香蕉园，棕榈则是五千块一公顷。

我从姐夫那里什么都学到了，做生意很顺利，到目前基本没有什么挫折。工人、管理经验、关系各方面都有了。我有很多朋友，他们做旅店，饭馆，朋友方面都很帮助我，我也回报他们，所以他们一来，有需要我都是很帮他们的，就像一个团体一样。

我前后带过来这里的有七八十个亲戚，带出来之后还帮助他们发展，很多人我都帮助过他们。我有一个同学我一借就借五万块美元给他，很多亲戚不能够借到钱我就借给他。有的老乡让我借一万两万几千块我都借给他们，也有没钱还的。2002年我曾办了三个人过来，一个是我同学，一个是我太太的堂弟，还有一个是我的堂弟。我把一个小饭馆交给他们三个做，他们也很努力，饭馆越做越好，之后他们就自己去发展。我带过来的人，成功与不成功，各占一半。比如，有的做饭馆，我建议他们一定要做得好一点，服务好一点，要舍得，饭菜量要多一点，但他们不舍得，眼光不够长远。好像我的同学帮我做饭馆的时候做得很好，因为我的菜，就是云吞，送给食客不收钱也没问题，当他自己做就不行，不舍得给客人吃。不过，我办过来的人，即使没成功的也没给别人打工，基本都是有自己的生意做，做得不好，吃饭没问题，就是没做大。

中华慈善会

我1990年就参加克维多中华慈善会的活动，当时参加社团是因为我姐夫是副会长，我感觉到在当地看到中华慈善会的人很热情也很受尊重，还有老华侨做了几个基金会做得那么好，我就觉得我自己应该出来作点贡献。我很努力积极，他们都很喜欢我，有什么事要做就去叫我，我觉得从中能学到很多东西。

做了几年理事之后，他们就选我做了副会长，他们觉得我能干，很多事情我第一个就去做。我感觉到我们中国人来到这里很团结，我也看到很多老华侨没有老婆，一个人，我们每个月都给他二三十美元帮助他们，现在还有一个九十岁了在本地的老年人，每个月都给他二十块美元。

我们中华慈善会的一项工作是举办十一月二号、三号的活动，这是本地的清明节，1967年开始做这个会，做了个华人坟场，我们拜祭先侨，坟墓里有几十到一百个老华侨，我们每一年都上个香，摆放祭品。我们中国清明节在这里不搞，要搞我们都回中国去。一般当地政府总理都会来参加，大使来过两次，这个活动还是比较隆重。

我们华侨有什么困难，我们就帮助一下。好像有一个华侨，他的房子火灾烧了，马先生他们几个老乡捐了几万块给他，帮他重建房子。有一个老乡，去年他爸爸过来了，几个月后就去世了，然后，他妈妈在家里跌倒了，骨头断了，但没有钱，我就发动华侨给他们捐了四千多块美元给他，华

侨都很高兴很热情。中国汶川地震，我们也是组织捐款。今年四月份本地地震，我们都捐一万块多两万美元给他们，他们本地人见到我们中国人都很尊重，因为他们有灾难我们都去帮助他们，电台，报纸都报道我们的中国人怎么样帮助他们。

我们捐钱修路，一般都是跟民间的合作，因为政府通常是没有钱不去做。当地政府会要求我们华人捐钱做补贴，比如，机器没油，会要求我们捐点钱，我们就捐一百两百给他们做，本地人也有捐五块十块的。我经常为公益带头捐款，所以跟当地的政府官员的关系比较好。

我们自己家乡有什么需要捐的，我就用我姐姐的名义捐回去，做些慈善，帮助村里面的老年人，我们每个人捐3000美元，我的姐姐也是捐3000块美元回去。我们村里面的村干部都很热情对我们姐弟三个，我们去老人家中给他们一两百人民币，他们都感动得流泪，还记得我们，这不是钱的问题，是因为那么多年了还记得他们老人家。

克维多侨情

华侨来克维多有一百五十年的历史了，他们来的时候很多是种香蕉，厄瓜多尔是香蕉王国，很出名。老华侨主要以中山人为主，我来的时候也是中山人多，中山人很多移民到美国、加拿大那边去了，他们的子女很多到瓜亚基尔等大城市去读书，在那边发展，他们喜欢做商业，做五金、做饭馆的比较多，做农场的比较少。这里主要是农业，我们来到之后，我姐夫他们公司一办就办二三十人过来，一家人一家人地过来，

我们克维多现在应该有500多华人，没有准确统计过，加上在这里出生的中国人有一千左右，从中国过来的第一代移民有两三百左右，流动性比较大。在克维多的华侨基本都是广东人，广州郊区人和的人比较多，基本上都是整个家族过来的，我办他们两个，他们两个又办三个，就这样人越来越多，饭馆、农业、五金都有做。一般两三年，最多四年替别人打工，然后就自己做了。那些创业不是很成功，没有赚到大钱的，其实还是小老板。他们每次回中国，费用都没问题，每一年他们都能赚到两三万美元。没有大成功，但还是很不错，他们都挺满足，一个小饭馆，一个五金店。我们这里华

伍棣湘的翡翠酒店

人比当地人富裕很多，他们一看到中国人，都会说中国人有钱。当地人能嫁到梁公璧先生这样的中国人家都是一件很荣耀的事。

基多的华人比较多，我们克维多比较少，我们一般都和基多他们合作，他们还有一个华侨联合会，每月都有月刊，他们都会派十多本给我们。我们了解信息一般都是上网，很快的。去年我参加了一个侨联之友活动，有一个侨联副主席在我们这个群里面，有什么信息我们都能第一时间知道。

克维多的华人都希望孩子把中文学好，但在我们克维多就还没有成功，我们只办过一两级就不再办了，小孩子放假，我们协会就请老师来教。课室在一个副会长家里的客厅，以前有一个侨办老师过来，孩子8岁到14岁就去学普通话，我们收的钱包含所有节目，一分钱都没赚到，还要贴钱。这里的华侨第二代比第一代在人数上相对来说多一点，大概有一千人。我在想，怎么办才能让孩子普通话会说会写？我记得在秘鲁、委内瑞拉，年轻华人十四五岁的都会说广东话、国语，很多就是开平、恩平人，他们都很成功，厄瓜多尔就是比较落后。

我们华人跟当地人都是关系比较好，融合得比较好，那些政府官员、经商的本地人都和我关系很好，随时来我们店，你即使不吃东西，一壶茶我们也泡给你喝。我们也都有到本地人家去作客，他们也会来我们家作客，律

师、工程师，跟我们都很要好，他们都喜欢和我们中国人一起办事。我们每个华侨都有这个理念，一定不能刻薄本地人，要尊重他们，要礼貌。

本地工人比较懒惰，没有我们中国人勤奋，星期六星期天没有工作给他们做，他们就高兴。那个开收割机的司机，他星期六、星期天还是给我做，我就给他五块美元收割一桶水稻，一天收割十桶，他就赚了五十美元。其他本地工人你星期六星期天给钱，他都不干，他们周末要喝啤酒，打桌球。他们是不发钱不做工。我们中国人在家里待不下来。他们都是有钱就行，他们的土地、房屋都是没有永久的，没钱就卖地，今天日子过了再说，没有像中国人通过积累把产业做大的。本地人小偷小摸很多，他们的父母都教他怎么去偷东西，我们就加强管理，我们真的觉他偷了，我们就把他开除出去，也不报警，他自己走了就算了。我一直跟我手下的中国人说，一定要尊重本地的法律，你对本地人不好，打过他，他一定会报复的，你尊重他们，他们就尊重你。

出来了几十年，我很满足，虽然我成功不是很大，我的理想，就是在我有生之年能够帮助本地也好，国家也好，老家也好，我都尽力去帮他们，这是我的梦，很多人都很尊重我，我也觉得很荣幸。我跟习主席握手很荣幸，我的姐姐说这是给我们家族争光。人生要做出一个事业，出去被其他人尊重一下，就是这样的感觉。

伍玉颜

口述历史

伍玉颜

时　　间：2016 年 11 月 28 日
地　　点：厄瓜多尔克维多翡翠酒店
受 访 者：伍玉颜，华商
采 访 者：庄礼伟
录音整理：钟津婷

嫁到海外

我叫伍玉颜，25岁时结婚，我先生是朱家俊，是我姐姐介绍我们认识的。我是1955年出生，他是1953年。他是香港人，祖籍是佛山的，我是广州白云区人和镇的。他大约是1970年来，我1980年来，比我早来10年。

我有一个爸爸，两个妈妈，第一个妈妈生了两个女儿，一个儿子，后来她过世了。之后我的妈妈嫁给我爸爸，所以我姐姐（第一个妈妈生的）比我大好多，之后她结了婚去了隔壁的高增村。秘鲁老华侨戴宗汉是我姐夫的爸爸，他回中国为乡亲贡献好多，73中学、人和镇华侨医院、中山医学院，他都有捐资。高增村他也捐资铺了水泥路，接了自来水，村民对他很热爱，他也很热爱祖国，是个好华侨。我都经常去探望他，跟他很熟。他在广州有房子，在小北花圈那里。我老公朱家俊他妈妈同我姐姐的妈妈是两姐妹。朱家

157

俊的爸爸说，儿子也大了，你给我搞一个过来，去到秘鲁也好，稳实点，儿子大了得从香港过来。他妈妈说，好啊，我可以给你带一个，但是他必须学一样手艺，学烧猪、烧鸭、烧叉烧这些，学得很出色，就从秘鲁过来厄瓜多尔。我姐姐说，"我妹妹都这么大了，你的儿子也这么大了"，我婆婆说，"不如介绍略，肥水不流外人田"，我说没问题的。我说过来耕田，因为我原来就是做耕田，在乡镇企业那里。

在克维多种地

1980年我来到克维多，那时25岁，我也没有多少时间请老师。我们当时有八百公顷地，只有三个中国人，三个中国人中有个工人是煮饭的，我就帮他煮饭，他有时间就教我读书嘛，跟自己工人学习。我和我先生两个都是五点钟起床，在田里面管理，我先生有五千头猪，有800公顷土地。收获的时候，有时候晚上一点钟还在收割，喂猪，我们三点钟就起床了，每一天要卖出三大卡车的猪，一车有28-30只，我们要称那个猪。虽然赚很多钱，但是很辛苦。工人也好，他们有钱赚，什么都可以帮你做。

做棕榈油呢，刚开始的时候做这行的中国人只有我们一家，在这里我是第一个培养棕榈种子的。以前一棵树苗，我都赚到三四元一棵，我一年卖出一百万棵，这里每个庄园都跟我订树苗，我做了二十年都有了。现在种的田都已经饱和了，所以我就不做了。经过十年，棕榈油的价钱升到240元一吨，慢慢地又跌回，一段时间又升回。现在的形势什么都不好做，棕榈也不能种了。在离我居住十五分钟的地方，我有454亩在那里，但那些非洲棕榈树已经老了，很高大，价值不是很大，我就砍了它们，种了胡椒，一年一公顷能赚到五六万美金。这里种什么有什么，现在我也种菜。

厄瓜多尔这里没有很多工厂，工业还是落后的，所以做贸易有钱赚。习近平主席刚来过厄瓜多尔，签了约将棕榈油提炼，有几个亿美金的投资，这个原油可以做飞机用油，可以做十几种化工产品。这个对我们来讲是一个机会。这需要很多运油车，我现在有四台油车，一台车可以装25吨油，很厉害的。但现在厄瓜多尔经济差，一个月都支不了运费给你。那间油厂年年都是这样，都是年尾才结账。

以前我也做小超市，我每一年圣诞做三百万美金的玩具生意，我进货到这里然后批发出去，超市每一天生意额是两万美金，可以赚到十三个百分点，你想想我一天赚多少钱？

我们中国人来到厄瓜多尔不论做生意、做餐馆、耕田，个个都能很快赚很多钱。我当时也赚很多钱。

我们南美洲这里有个会叫和平统一促进会，每年都会去哪个国家开会。我们刚刚从秘鲁回来，我姐姐的儿子在那里做副会长，我们就去秘鲁，有玩的，又有吃的又有买的，厄瓜多尔都有差不多一百人过去。我们和台湾人组织社团是分开的，交交朋友可以的，但我很不喜欢蔡英文。

我以前成立了一个商会妇女会，我们跟当地的同年人的老婆组成一个会，我做会长，我都做了很多年。当时我有超市，大家在写字楼那里开会，吃的也行，喝的也行。在五六年前，中山侨办有个团到这里和秘鲁访问中山华侨，回去搞了个影碟，叫《海外中山人》，我丈夫当时是做那个同乡会主席。

厄瓜多尔发生灾难的时候，如发大水什么的，我就送大车大车的货，如大米给灾区。我们以前这么多钱，当地人民需要什么我就送什么，哪里有难我就送，一车车送过去，有时就给美金。

伍玉颜的农场

汽车生意困境

因为我老公当时代理中通、百世和华能汽车，但后来时势不好，因为这个国家不想这么多钱流走去外国，所以税升值了，保持那些钱在国库中，升了45%，我们很难做。今年四月份的时候地震，又遇上灾难了，中国很多钱、物资过来。同时捐赠了灾区150万美金，新闻都报道了，中国支持了很多。中国要照顾人民，还要照顾外边，都蛮辛苦的。

以前我来的时候形势好，创了很多收入。十年前我在新塘碧桂园那里买了一个别墅，是373平方，25万美金。去年9月因为我经济不妥，我将它卖出去，卖了200万美金。之后我也把超市卖出去，卖了500万美金，超市开了28年了。因为车行那些车停顿在那里没卖出去，我又周转不来。我也有很多的田庄，种了非洲棕榈，也卖出去了，卖了很多田出去。有一个刚卖出去的，全部种了棕榈的，卖了100万。

为什么要卖地呢？因为我老公不懂得做生意，我叫他不要做。他去中国贩些零配件回来，赊给当地人，车也赊给别人，有150万美金的现金收不回来。另外，我办了东风日产的车回来，有50辆，25辆开了支票，他又送给别人了，一张支票一百万，所以我赊得很厉害，现在这样的环境下，我统计过了，已经亏损了我700万美金了。

以前我的生意都很大，现在就没办法啦，希望政府改变政策。我老公十年前都有办棕榈油厂的，我现在股份有50万美金在那里，50万美金我又提出来做车，但是做车又亏了。我以前在广州市天河区也开过公司，投资了20万美金，那间公司是做进出口的。请一个同事管理，但是他成天骗我，写那个单出来报销，都没做到生意就报销，我都顶不住他，两年透了二十万美金，没做了。

我的方向专攻中通巴士，是中国银行贷款过来的。中国的银行贷款给你有汽车的公司，就不用收43个百分点的税红。刚好他上个月11号回来，同一间公司，签了50台中通的双层巴士。现在这里没有两层巴士，很多客车已经过时了，而且很多意外发生，所以国家只可以接受巴士进口。现在就只是做中通巴士，很多间公司找我们签约。我只是代理人来的，他发货过来，我代理，银行做负责，汽车公司每个月还款给银行，我们就没有损失。在曼达那里，我有一个公司和一个维修部，假如再进多一些车过来，在基多那里再开一个维修部，车辆多嘛，有两百部，厄瓜多尔这里真的是技术不行，我们的技术是那间厂来教的。我们有一个电脑一插入车头，就知道车哪里坏了，所以维修有时候你半天一天就搞掂了，比现在的维修快了一倍，所以我们就胜出了。有先进技术就赚钱，如果你时时都拖那么久，人家是不高兴的。

我跟我老公长年一起做生意，我说了算。买卖由我来决定，他不是做农业，就是做油厂。男人只有冲劲，我们女人有耐心，看得清行情，所以这两年我都叫他不要做，太辛苦。他现在有很多车，很多工人和维修，因为我们跟华能做了差不多一百台车，华能的车做了五年六年，这些车开始有损耗，很多车你要维修啊。他之前是在克维多，这几年在曼达，那里拉油的油罐车有十台，每一台都值15万美金。他在那里照顾油罐车，他照顾不到，管理的人借他的车去给别人载油，三台车走了，他自己都不知道去哪儿了，他就是太信任当地人了，做事不周到。

本地经济形势

现在每一个工人的最低工资要560元。一年发13、14个月，做足一年有15天的假期，公司的话一年会有分红，如果赢利有100万，主要的投资者拿百分之五十，百分之三十五交给政府，百分之十五就分给工人，现在的条例就是这样，以前是没有的，现在这个国家最有钱的部门是保险公司，工人给我工作，一定要参保。然后如果你生病了有保险，如果你老婆生孩子，你有一个月的假放。小孩子未到十八岁，他爸爸妈妈的保险小孩子是有机会去享受的。但是这个政府不是很好，人家有钱都不来投资，个个都停着，看一看下任总统是谁，可不可行，能不能投资。

这里一个人赚得560元美金一个月，但他有爸爸、妈妈、两个小孩子、老婆五个人要养，很难生活的，所以这里的人住的屋都很差，因为工资不够。你看美国，人家每个劳动力都赚到两千、三千一个月，人家的东西比厄瓜多尔便宜，所以你厄瓜多尔政府要反省一下为什么了。现在厄瓜多尔开放中国人不用签证可以进来三个月，这是对的，旅行自然会用钱的，钱就到你厄瓜多尔口袋里。

这里有钱人都出去外国买东西，一对名牌鞋外面二三十美元，这里卖到上百美元，因为关税很高，所以这里的消费，穷人是买不起名牌的，有钱的就去美国、秘鲁、巴拿马那边买，买两大箱货回来都可以卖给朋友。如果这个国家是这样的情形，会越来越萧条的，像十年前的秘鲁一样。人家秘鲁为什么现在这么好呢？人家政府开放，秘鲁的木材卖到中国，人家的总理亲自参与这事啊，我都跟他们一起开会。秘鲁在八年内投资工厂不用纳税，所以人家有投资，人民有工作。

原来有一些中国商人来这里看了。但是这两年的经济不好，他们不想来投资啊，要看看下一任总统谁当。现在这里走私，好像这只杯子要注册商标，你就可以进来了，但是你要纳税，警察逐个清走你的铺，没收没有注册商标的货品，你没办法做。

我的家庭

我五年生了三个小孩，两个男孩子，一个女孩子，现在孙子都大了。我三个子女里，老大学经济学，在瓜亚基尔读，他读完又回到中国北京语言文化大学读，以前有个总领事卢总嘛，他老婆是那个大学的教授，介绍他去那里读的。在那里读书读了三年。现在有四间连锁士多店卖衣服，卖书包。女儿也回去中国读书，读了一年，中文都会了。女婿的爸爸去德国读过书，是一个工程设计师，开平人，懂得说客家话，懂得听白话。女婿现在管理克维多、瓜亚基尔四个城市的公路，管理五百人，有八个秘书。他是政府官员，薪金很高。但小儿子就不中国化了，他说回去中国不喜欢，他说那些字很难写的，一横一笔的，我不行的。他是1985年生的，我小儿子是读农业的，是个农技师，我现在种的菜都是有机的，不喜欢弄那么多化学肥料。小儿子他现在有种胡椒，什么都做，捉鱼、几百磅的石斑啊，很厉害的。他刚刚参加南美国家捉鱼比赛，是到深海去打鱼，他朋友第一名，我儿子第二名，我的女儿第三名。每个人都奖了100元美金。好玩嘛，他有时跟一些大使、同事开只船就出去玩，打鱼。我的小媳妇也很出息，她刚刚回中国去开会了，她是年轻一代嘛，培养她去开会，她可以说西班牙文、英文、白话、普通话。她是中山的，在中国读了四年书。我那个媳妇什么都会的，有很多中国公司跟她联系，叫她翻译。她帮我管理我的公司，现在我和那个四邑公司做生意，做的士的监控。我是总经理，三百万美元的工厂，现在做了一年半，还有一年半就做完了。这里的士的监控效果不行。一对日本的夫妇来这里旅游，有个的士佬载了他们，将男子打死了，另一个打伤，所以这些的士全部要换监控。监控系统是中国制造的，我们跟他做，我们有公司在瓜亚基尔。我家族这么多人懂西文、英文，我们有维修，很多人的。我的女儿那里也都有维修，什么都是齐全的。

现在老大有个十个月大的男孩，女儿有个四岁的男孩，有个四个月大的女孩。小儿子有个五岁大的女儿，一个三岁的男孩。但是我不是照顾他们很多，我自己做我的公司，太麻烦了！梁公璧的太太就关注家里多很多，她还要照顾小孙子，她有十二三个孙子。我一直就是做生意嘛，不做生意了就回到家里收拾啊，养养鸡

伍玉颜与家人

啊，种种菜啊。梁公璧先生有四个孩子，和我三个孩子年纪差不多，他们相互来往。他刚开始来的时候和我一样，都是很辛苦的。我跟梁太太以前也是很辛苦，梁太太现在还是很行的，现在都还是很出色。梁先生今天飞哥伦比亚，明天飞墨西哥，真是能人来的。他公司的产品是南美洲五强之一。很多有钱外国人持股，投资给他，分红咯。

人和老家

我刚开始来到的时候，我爸爸有三兄弟，我在所有堂姐妹中是最小的，我们有17姐妹，5兄弟，我搞了很多人过来，中国以前环境都不是很好的，搞他们过来，个个都安居乐业，结了婚，而且个个都赚到钱了，这两年经济

不好，个个都赚不到钱，以前你做什么都有。他们都是我在白云区的亲戚。我有一个秘书是我姐姐的儿子。我上面的姐姐有两个儿子过来，他们的老婆也搞过来了。因为我以前赚那么多钱，搞他们过来，帮我做事，我也帮他们。我爸爸三兄弟，他的弟弟都来了，所以每年我回去看我妈妈，我的两个婶婶个个都叫我乖女儿。她们说，"你这么辛苦，搞这么多人过去，你都顶得住"。我说没什么，年轻嘛！他们一来到，我找大学教授教他们，一旦读书，暂时别想着替我做事。当你读完书了，我认为你们懂读西文，懂得读报纸，我就给你工作做，不然的话没得做。三个月，个个都学得很好，他们有的做秘书，都帮伍会长做事的，有什么做什么。

我秘书是我隔壁村生产队的，大概1975年出生，今年我们请他的哥哥也过来了。我年年思念我自己出生的故乡的土地。我自己每年都回去，我妈妈还在。我见到那些老人家，我拿一大沓一万元的人民币，让老人家拿去喝茶。我姐姐拿一大沓钱，派给小孩子，又建祠堂，又建老人院。我们这么多姊妹，每年每人凑2500元去建老人院，伍氏祠堂。办500桌的宴席，就是请些兄弟、亲戚、老人家，一桌八个人，4000人，用的不是很多，用了四万美元。那时候请人煮，不用自己做。我们那条村，整个大队都很高兴，小孩子舞狮啊，老人家唱歌啊，做戏啊，刚刚唱一晚，就听到我在厄瓜多尔的公公去世了。当时我就是突然间接到一个电话，说我公公心脏病，吃了早餐突然间走了。我就赶回来了，都没参加他们那个聚会。大队书记都在问为什么不回来，我说不好意思，这些又不能说给你听，冲撞你的。我说妈妈、姐姐你们去吧，做代表开个车过去。之后隔了半年我又回去了，他们都说最乖是我了。家乡给了我一个大奖状，给一个称号，也给我的丈夫一个称号，但称号叫什么我记不起来了。我们一回去，那些村干部，老人就一起来谈天吃饭。

谢绍生

口述历史

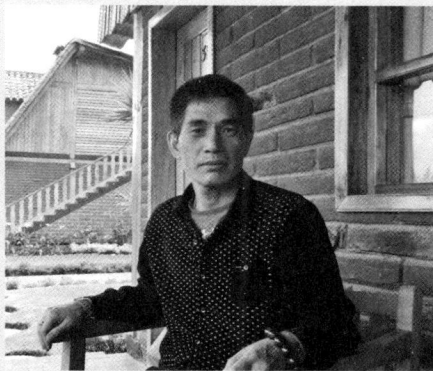

谢绍生

时　　间：2016 年 11 月 26 日
地　　点：厄瓜多尔奥塔瓦洛
受 访 者：谢绍生，厄瓜多尔华侨华人联合会奥塔瓦洛分会会长
采 访 者：庄礼伟
录音整理：吴怡楠

出国背景

我 1963 年出生在广东韶关市，小学、初中、高中都是在韶关市读的。我没有读大学，只是读了高中。我在韶关工作了十年多，在林业单位的车队，开车修车的。我家有四兄弟姐妹，我是最小的一个。

我们那个年代刚好碰上改革开放，我就很想出来做点生意，就放弃原来的单位，那时候叫下海。我们自己就跑出来做个体户，因为我家很多人在外国，是这点影响我出来的。我姐姐在澳大利亚，她去澳大利亚很多年了，她很小的时候就出去了。他们带动我们，有海外华侨亲戚的本地人很自然就跟他们走了。我当时什么都不知道，只知道赚钱。我没考虑去澳大利亚是因为澳大利亚是发达国家，我是考虑自己的能力在南美洲这个地方比较好。

我 1997 年 7 月 1 日就直接来到这个国家，当时选择来这里是因为我有个从

165

小一直读书的同学，我们一直有联系，他让我出来这边的。我同学现在去了巴拿马。我当时过来是要办手续、是到香港厄瓜多尔领事馆办工作签证的，那时很容易。当时帮我的只有我那个同学。当时我没什么钱的，自带了70块钱人民币，坐飞机的钱是我家里人给的。家里人给了一些，澳大利亚的姐姐也给了不少。我在香港搭飞机，从荷兰转机直接到了基多。当时我们是四个好朋友一起来的，有亲戚关系的四个男人，都是韶关的。他们几个现在不在这里，回韶关了。因为他们受不了这个苦，来这里一年多以后，回去了，就还是感觉家里条件好。引我到这里来的那个同学他到巴拿马去了，因为他的生意做到那边了，在那边开旅馆。当时我们四个过来都是想做生意，做生意之前就想在这里做点外贸什么的，想想一下子就蒙了，一个语言不懂，一个资金不够，一个生活条件又不习惯，所以他们三个就回去了。

从打工仔到当老板

我留下来在华人餐馆打工，那时候早上11点干到晚上11点，一个月才一百美金，管吃管住。餐馆老板是广东河源人。老板对我很不错，老板现在还在这边，他已经六十多七十岁。当时三个同伴回去了，我就想，既来之则安之，既然来到这里就留在这里发展了，我觉这里还挺好，这里是发展中国家，没有大陆竞争那么激烈，也没有那么压抑，我才留下来的。

我在餐馆打了三年工，当时在厨房做厨师，我也是在这边才学的。后来自己攒了点钱，加上他们借钱给我，然后就自己做生意。在我创业的时候，得到杨会长的帮助最大。我当时在餐馆没有攒多少钱，一个月只有一百美金，但我们这里的华侨是这样，他虽然给钱少给你，但以后你做生意，他都帮你。就是你打工他给得少，几年服务期满，你要成长，他要新人，到你做生意的时候，他就借一笔钱扶持你，没有利息的。我们这里的华侨都是这样。我主要靠那些先来的华侨，主要是广东人、潮汕人他们的帮助，没有他们就没有我今天，特别是杨会长，无论是思维上还是资金上都是他帮的，要不然我没办法。我都是靠华侨各方面提携的，无论是资金、套路，各方面怎么做都是他们帮，所以我很感激杨会长。

现在我们主要做的是本地人和白人的生意，这几年我们才开始做华人的生意。我的生意包括餐饮、服装店、鞋店，我最高峰是在这个城市做到五间店，主要是服装店和餐馆。但服装店因为现在经济不好，没做了。现在集中做酒楼，做中资公司的生意，另外我还做点外贸。我在这里有一家酒楼，基多有一家酒楼，有个娱乐的会所，我的会所除了唱卡拉OK，还有吃玩，打麻将都有。

我还有一家生活服务公司，生活服务公司主要是跟中资企业打交道。这里的中资企业比较多，大概有九十多家到一百家。那些中资公司的员工有几万人，很多。我的生活服务公司主要服务他们的后勤，承包他们的厨房，比如他们刚来很多事情都不知道，要采购什么，要怎么样的人承包他们的食堂，要什么东西，我帮他们采购。这都是服务方面的事情。我目前的生活服务公司生意比较好一点。中石油比较有钱，他们花起钱来就很爽。这个问题，怎么说，他们都有那种习惯，因为是公家的，只要事情办妥，他们就很爽。因为在国内，国企做生意比较有优势，他们的领导都是有级别的，同时在国企可以去政府做官。这里也不存在其他的华侨和我竞争的问题，因为我跟这一两家公司合作，他们就没做了，就做其他行当。因为理念不一样，所以出现中资公司雇佣的当地人对中国人有不好的、负面影响的情况。这里的劳工法和大陆的劳工法不一样，比如雇20个人就要找一个残疾的，这是法律规定的，很多中资公司都不知道这里的劳务法到底是怎么回事，没搞清楚，所以在后面就搞到很麻烦要赔钱这样那样的。但很多中资公司没有跟我们合作，或者没有咨询我们。

我酒楼的工人的月工资，有给800的，有给1500的，最少也有480。但年终还有，一年发14个月的工资，这是本地劳工法规定的。所以他们平均有五百多块的工资，

谢绍生的餐馆

还包吃。我大概是雇了28个人，有华人也有本地人，华人是六个，其他都是本地人。华人管理他们。那几个华人都是广东人，是我自己找的。他们有来十几年的，也有来这里几年的，都是说广东话的，都是广州郊区人和镇的，花都的也有，都是农村出来的。现在城市里来的，干活不行，比不上农村的。农村人出来，这里要比家里好一点，中国人的工资不像本地人，我给得比较高。对于十几年忠心耿耿的，我是给股份的。我离开这里回国几个月，把生意交给他，完全放心，人品是没问题的。我的想法就是，你不偷就可以做半个老板，你帮我干就可以了。我这几年招了五六个，有年轻的，20岁。中国人都是800到1000，一进来就是这个价位。因为如果不比大陆工资条件好，他不愿意出来。这六个有些就成家了，20岁的就还没成家，都是男孩。他们来这边都是想做老板，不愿意回去的。习惯了这里，回去就不习惯了。

我对自己出来只有70块人民币，发展到现在，我感觉很满意。我觉得我很平凡啊，我没有什么值得特别的东西，每天努力然后就这样过来了，没有什么特别的东西，对于我们做生意的来说，我们做生意赚了钱就很感动。

家庭与家乡

我出来的时候是33周岁，我是在这里结婚，是在基多认识我现在的夫人的，她是温州人。我打工的时候认识她，是她姐姐介绍的。

目前老婆孩子都在这里，两个儿子，一个15岁，一个12岁。大儿子在美国纽约读高中，去了两年，小儿子还在这边。我在纽约也有亲戚，孩子他大姨、我外甥全都在那里。我将孩子送回老家由我姐姐照看，我的大儿子在他两岁多读到小学的时候，就送去大陆读了五年多中文，然后回来再学了西班牙语四五年，最后再去美国。送回国是因为那边教育的各方面要比这里的国家好很多。我的小儿子也是送回国内的，也是在那边读书，在那边成长。我两个儿子都送回广东，在韶关市读的，主要是学中国文化，学中文思维。那个思维，再跟本地人的思维联系在一起，那时候人的思维就不一样。中西结合，我是这样考虑的。我要求孩子一定要学好中文，然后有中国思维出去，就是头脑比较灵活，我是这样看待的。我认为我们中国人和他们本地人在思维上有很大的不同，我们在这里之所以能生活得比较好一点，是因为中国人勤快，思维跟他们不一样，能赚到钱，事业比较顺。所以我们的下一代一定要去大陆，学中国文化，学大陆先进的思维，然后再出国，那人就不一样了。另外就是我们中国人善经商，跟本地人也不一样，我们华侨在这里基本是很勤快、很努力去钻研。总体来说，头脑各方面比本地人先进一点。我们的中国文化起了关键作用，有中国文化再加上这里的文化融合起来，就很顺手了。我送孩子去美国读书是因为我们自己不打算去了，美国那边空间更大，教育各方面比这里好。我想让他们去空间大一点的地方，将来在美国读完书，在这里就业，回大陆招工，员工最好都是中国人。

我把自己的亲戚朋友也带出来，但是不多，才十几个。因为我们家族的人都去欧洲、美国纽约，都跑那边了，不喜欢待在这里。我带出来的都是外甥、外甥女，我姐姐的女儿。我老婆那边外甥的小孩，他们带出来的很多，我带出来比较少，因为我主要的亲戚朋友都已经出去了。我周边也没有韶关的老乡，没遇到过。我所知道的韶关老乡，南美洲总共有三个，巴拿马一个，哥伦比亚一个，这里一个。因为韶关人比较少。我认识的广东的，说白话的，广州郊区人和的人比较多一点。我带出来的那几个人，他们又带人和的亲戚出来了，但也没几个，我自己就带了没几个。

我也经常回老家，现在还有一个亲姐姐在那里，父母已经不在。这个姐姐的孩子也带出来了，就在我这。但他不是在帮我，是在我家旁边自己开店，他三十多岁了，也已经在这成家了，他和他老婆，原来他们两个在广东读大学，读完大学在珠海教书，我回去的时候。他看到舅舅挺好的，就跟我出来了。他现在做餐饮，收入也很不错。

侨社情况

厄瓜多尔这个地方的华侨很多，在三年前他们统计过，已经有六万了，其中广东人居多，最多是广州郊区人和镇的人，然后就是潮汕人。这里的台山人不多，台山的、江门的多是在哥伦比亚那边。华人还是做生意的多，我们这些地方的华侨大多比当地人富多了。在这打工的不多，做生意的多，我结识的那些主要是做生意的，开餐馆、百货，进出口，还有开厂的，有鞋厂，有塑料厂，很多行业都有。

我的西班牙语还可以，和当地人交流没问题。平常跟其他华侨和当地人来往也很多，因为我们做生意，肯定要跟他们来往。比如管理方面，市政府办什么证件，肯定要跟他们来往，不能不跟他们来往的，也要和他们交流的。我的当地人朋友也多，关系很好，我也会到他们家里作客。厄瓜多尔的华人融入当地社会都融入得很好。我觉得这国家对中国人不错，很有礼貌，也很尊重，不像巴拿马、哥伦比亚等国家。

我是1998年参加了杨先生那个社团，加入这个会，因为我们都是中国人，我们可以互相照顾，当时是我老板介绍的。我们侨社每年会举行重大活动，比如八月十五、春节。中秋都有搞演唱会、唱歌、抽奖，反正挺丰富的。中国传统的几个大节都有搞活动。我现在和家人看电视，经常看中央四台，我们这里当地电视台是有中央四台的。我主要是看中文台，上网也还是上中文的。

我们基多华侨华人联合会里面有报纸也有侨刊，报纸是会里办的，一个星期出一期。报纸上也有国内的消息，侨刊也是在会里面的，办了杂志也办报纸，不是国内寄来，都是当地办的中文报纸。也有中文的学校，主要是小学、初中，还有孔子学院。我也有专门把孩子送到中国人办的学校去学中文，就是在孔子学院，也没有其他的学校了，要不就回大陆。在这里，大部分生活比较好的都这样的。

我跟韶关家乡政府也很熟。因为我在这个省做华侨华人分会会长做了十几年，广东省侨办，韶关市侨办主任跟我们都很熟，经常来往，经常参加活动，我们还邀请他们来这边访问。他们有要求我的，我们就做了。比如四川地震，每次国内大灾难我们都捐的，韶关的公益活动我们也捐。比如说，要起一个公共建筑或贫穷地方的学校，通知我们去捐，我们就去捐，但没要求给多少，没有说非要捐多少。

杨溥桓

口述历史

杨溥桓（右）

时　　间：2016 年 11 月 26 日
地　　点：厄瓜多尔基多假日酒店
受 访 者：杨溥桓，厄瓜多尔华侨华人联合会前会长
采 访 者：袁　丁
录音整理：钟津婷

开餐馆、养对虾、卖汽配

我今年已经74岁了，属马。新中国成立前，我爷爷在汕头是开店做生意的，新中国成立之后实行公有化，所以就没有私产了。我老爸五几年去了香港，我1963年申请去香港。我初中毕业而已。在香港我做服装制衣，一路坚持下来很辛苦。

我是1977年从香港来厄瓜多尔。那个时候因为有朋友在这里，我就来这里旅行，觉得这里的空间好大，就留了下来。我从香港来的时候是有本钱的。因为香港工作压力很大，很辛苦。来这边从头来过，幸运的是做得很顺利。因为不懂如何经营餐馆，我就跟朋友学做餐馆。中国人在外面最实际的就是做餐馆，个个都是以餐馆为起步的，生活问题容易解决，很容易赚到钱，不用担心其他什么的。从头来过经营很辛苦的，所以做餐馆很容易立

171

足，做得好的话很容易成功。刚开始我是以连锁店的方式经营，顺利的时候我在同一个城市开了三间。安巴托那个省是我起家的地方，算是我的第二故乡。以前这里很落后的，什么都没有，车也麻烦，也没有中国的东西吃，能吃的就是榨菜了。

大约是1982年的时候，我到基多开餐馆。我最好的投资就是买了基多这个中国大酒楼，当时买的时候不是很贵，一栋卖200万美金，这个酒楼是第一任老板在1973年开的。除了

中国大酒楼

餐馆之外，还做贸易。在基多，我是第一个做贸易的，卖天津的电器建筑材料。我同大使馆的关系很好，那个时候大使馆商务处说天津那边公司刚好过来外面寻找客户，出口些东西，所以我拿了天津的家用电器来卖，很好赚。挣到钱之后我就做其他行业。

后面呢，我又买虾场。我从来不懂养虾，当时听到一个大陆养虾专家来这里做，跟我有来往，成天叫我去养虾，说很有利润的。但是我说虾场我都没见过，你叫我怎么养虾？我老婆把我逼上梁山了，帮我买了240多公顷的虾场，3000多亩啊。我说死啦，我连虾场都没见过，你整个这么大的地给我，不是要搞死我吗？幸运那个专家很好，教我。我都没这么多钱的，当时要八十多万美金，真是天文数字来的。但是前任的农业部长对我很好，他说你慢慢给，然后用他的名字签了合同，等于他帮了我，不然我也没办法。

每一次收虾都要100个工人，我一晚收虾要几辆大卡车来装。办了虾场之后，我同当地一个有钱人又做多了几百公顷。我一个人管500多公顷的虾场，很辛苦的。但是呢，利润真的很好，整个家族的人都被带动来养虾，出来的人全部都是我从家乡带出来的，我教他养虾，帮他买虾场，由我做担保，当地那些人很相信我的。现在我的亲戚卖饲料，我负责收虾给钱。你说那个饲料厂多厉害啊，一包虾饲料差不多十几元，一天要一百包饲料。我们整个

家族的人都很出名。为什么呢？因为我们的虾收得很多，其他人收得不多。之后就一路做，赚到钱，每个人的债务都还完了。最高纪录是1500公顷虾场全部买回来，都是我们家族的人的。1500公顷虾场，现在的价值超4000万美金，人民币过亿了，你说多厉害。但由于之前虾场经常有人偷虾，打死人，所以不做了。我儿子说打死人，打来打去不如卖了它。

卖了之后呢，我就买农场，买粮食加工厂。这里的政府，归根结底我看就是对内保护，而且很照顾，不用交税，所以我就买地。现在买的地已经种了可可树，赚的不会多，但地价起价很重要。好像我之前买厂那样，那60亩地是那个本地人送给我的。他欠了我几十万，本来我要充公他的厂，他就求我买厂，然后送60亩地给我。我就拿出3万美金在银行担保，和他交易。现在那60亩地值200万美金。我坦白，不是我的本事，是上天赐给我的。

我对厄瓜多尔全国每个城市的经济都很了解。这个城市有什么产品，哪个城市的产品、气候、人的品质我都全部了解，看准去做就成功。我做的都是食品和交通，衣食住行四样我做两样，这样就感到很开心，又没有大的压力。那个时候国内来了很多亲戚，分布在很多行业，要学习做餐馆，又要帮他们出来做生意。这些人也很勤快，又肯做。现在差不多十个省都有我们的店，都有我们的家族。我大概有五百个亲戚在这里。我有三间餐馆，女儿在管理。其他人都是两间、三间，每个城市都有餐馆。

汽车零件也是我们家族的。我儿子是做汽油的，三间，我亲戚是做柴油的，垄断整个市场。本地人虽然进了很多货，但是我们中国人进的中国货比本地人方便多，这个就暴利得不得了。这里的柴油机的零件是大陆自己造的。另外就是家庭电器，比如人家现在买的那些手机配件啊，以前卖的是那些录影机。我们家族有个协议，你做这一行，我们大家都不做，让你一个人去对外竞争，所以玩具是蔡志鹏他弟弟做，汽车柴油配件就由他大哥做。最近我儿子做汽艇的配件，因为这里的渔船经常出海捕鱼，数量很大，我们家族没人做这方面的生意，所以我儿子准备做，已经在大陆和台湾那边拿货了，明年准备开了。我要退休了，就以出本钱鼓励我儿子做。

我儿子同弟弟的儿子开着金矿，已经开了好几年了，但是没成绩，投了很多钱。那个时候高峰期一个月开采出30公斤的黄金。后来再买金矿就把钱全部投资下去，投了很多下去，但是没有获益，停在那里，现在一直在等。开金矿呢，很八卦很迷信的，我们去到那里，让我们不要乱说话，不要乱摸别人的东西，看一下就行了，说话走到外面，不要在里面说。它就是打了隧道，铺了路轨，全部都是矿车在里面出入。我的儿子跟那些本地人一样，是很迷信的。本来我儿子是不会去做金矿的，因为他认识当地一个有钱佬，开金矿破产了，就来给我儿子打工看虾场，他跟我儿子说，"我很辛苦，现在破了产，半生不死"。我儿子是管理瓜亚基尔虾场的，就问他，"你究竟做了什么事？"他说，"我破了产，没办法"，金矿开了之后没办法继续下去。我儿子没跟我说支持他开。直到有一天，我儿子跟我说，"爸爸，跟我去签字"，我说，"签什么字？"他说，"某某人欠了我很多钱，金矿开到现在，他不好意思给百分之二十的股权给我，所以陪我去签字"。那时我才知道，你现在在开金矿，不过我已经发觉他拿了很多石头回家，等到签字那天，原来有这样的事情。签了股权之后，我儿子正式投钱下去了。开业那天，开采出了黄金。那几个人叫我儿子是老豆（老爹），因为他们全部破产了，等钱救命，但是赚钱压力好大。他自己要做的事情如下：第一是晚上烧金，用机关枪坐在上面，在办公室休息，下面工人烧金，怕别人打劫，烧了之后卖了赚钱，明晚回来背了一布袋的美金。从金矿回到家走五个钟头，走到哪儿我都很紧张。我说不要做了，我真的不想去啊，很辛苦。

1982年国侨办请我回国访问，要我提要求，我想到小时候拿护照很困难，所以我就提出，如果我那边需要人，就发护照给他就行了。我在那边都是按规矩做生意的，不是乱来的。国侨办说可以。我一回到汕头，汕头的侨联就找我。杨先生你有什么要求，你需要多少个人，都给你带走。我说是看生意发展，我有计划的每年带十几个移民过来，钱、机票都是我来出。

整个家族在这里都立足了，个个都是正当行业，而且很勤奋，大家互相帮忙，不是说你捅伤我我捅伤你，所以整个家族都有这样的成绩。我们去过很多个国家，整个家族在外面，没有这么好的。外面始终没有厄瓜多尔这么好，很多新华侨来到这里都赚到钱。因为离开国内的时间比较短，大家对过来的货品很了解，而且现在这些信息这么先进，上网就可以看到，所以个个都赚钱。

为侨服务

中国和厄瓜多尔未建交之前，这里有个华侨联谊会，很多老华侨来到之后融入这个社会，出些主意，做些事情，人家容易接受。客家人也很听我的话。我在这里除了做自己的生意之外，对侨团、对公众做了很多事，所以以前国内有团体来，一定要拜访我，全部都是我接待。第一我自己舍得用钱，钱由我出，我们大家一起，不是我自己出风头。联谊会就是促统会的原班人马，一个会长要兼几个职，十几个就搞掂整个侨团几百个人。有单独成立一个潮州商会的提议，世界潮团联谊会有跟我谈过，说拉丁美洲是空白，希望我成立潮州商会，填补世界潮团联谊会的空白，我心动了，但是如果做的话我要同大使馆谈过之后才可以，这是下一步。

大概是2004还是2005年，我带了一个团回国内访问，国内很重视。其中有一个中南美洲台商会会长，我带他到北京和平促统会去拜访，还去见了当时的国台办主任。那之后，我带了很多在厄瓜多尔非常有钱的台湾商人回国内访问，影响很大。台湾人都集中在瓜亚基尔，那帮人跟我关系都很好，大家都很客气，带他们回去他们感想很多。

广东人始终都是老老实实。这里差一点的是福建人和浙江人，他们有些来了就赌，自己开的地下赌庄，赌钱输了的人会绑架华侨的子女。所以我们跟厄瓜多尔内政部谈过之后，跟我们国内的公安部有个合作，签了协议，搞了一个安全小组，可以把他们抓了引渡回去。

我回去大陆好多次，去的机票是国内出的，回来的机票才是自己花钱，我太太都跟我回去很多次了。外交部对我真的很好，我做的每一件事外交部永远记得。大概1980年左右，一个四川杂技团来这里演出，可是这里文化交流处那个本地人不给钱，搞到全部人没办法回去。我知道后自费买机票送他们回去。他们回去后写了一个报告，所以我在外交部那里名声蛮好的，所以大使来的时候马上请我吃饭。

我们以前去安徽，发现当地的学校就在高速公路的一边，学生每天要过马路去饭堂吃饭。我说这样不行，应该就在学校的这一边建个饭堂。这里数以千计的学生每天出出入入，万一发生意外，后果不堪设想。这些学生中说不定会涌现出不少人才。他们说没钱。我们就捐钱建了一个可以容纳七百多人的饭堂，使得学生不用过马路就可以用餐。要爱惜人才啊！

五十周年、六十周年国庆我都去了北京人民大会堂，和江泽民、胡锦涛等国家领导人都见过面。我说为我华侨做这些都是应该的，有时候想想这辈子这些事情真是想都想不到，我何德何能啊。

知足常乐

这里治安不是很好，我出入都有保镖，自己带枪，申请牌照就可以。我始终觉得有保镖好过我自己拿枪，在这里拿枪，本地人肯定打你，没枪的话他肯定不会动你。我的保镖原来是财政部长的保镖。子女上学也是很害怕，要配备保镖保护那些小孩上学。有了这个安全小组之后就没事了，华侨就很平安。

这里的潮州人对下一代的教育是很重视的。我自己家的8个子侄全部都是大学毕业，我们自己三个孩子，小叔的三个孩子，有几个是美国加州大学，其中一个毕业于柏克莱分校，博士，做工程师，两个是机械工程师，一个经济学家，两个企业管理。

我现在一把年纪还在做，第二个儿子回来了，现在女儿回来了。她本身是在墨西哥有生意，我叫她回来帮忙管理餐馆，因为她是读企业管理的。现在社会活动我全退了，但是瓜亚基尔的华侨华人总会请我做首席顾问。

很多年前，我已经做了退休计划了，这里赚的钱可以拿走就拿走。以前多少都可以拿走，现在不行。你的钱从哪里来，拿出去做什么，之后收百分之五的税，以前没有的。我就拿钱去美国投资地产，所以我们二老没有后顾之忧。现在做的就是为我的子孙远景，给他们更多的平台。做事就是为了打发时间，不要一坐下就病了。和那些大企业家我就没得比了，但是对我自己的生意也感到很满足了。

我孙子七岁，他现在跟拉丁美洲很出名的一个师傅学国际象棋，很多时候都拿奖杯回来，去年带他去玻利维亚参加比赛，明年可能去迈阿密比赛。我在家里是请专人教他的，一个钟头20元美金，另外一个教他拉小提琴。学校一有什么活动，他就出去表演了，很光荣。他也懂说广东话，但是不懂中文。他妈妈是花都人，以前是做教师的，慢慢教他一些东西，比如琴棋书画这些，比较中国式的。他现在上的是美国人开的学校，一个月3000元美金学费，纯美国教育，将来毕业了就去美国。在里面读书的全部是那些大企业家和高官的小孩，素质比较高，谈吐和一般人都不一样。最令我开心的就是这个孙子了。不记得是哪一年，我说结婚很多年都没个孙子给我抱，就去安徽九华山求地藏菩萨。我说，给我子孙吧。我求的那支签，那个师父看了后说你求了天下第一签，这个签可以做国家总理的，很少人能求到这只签，你的愿望会实现的，第一个肯定是男孙。回来没多久，儿子跟我说有孩子了，我说是儿子来的，他说你怎么知道的，我说是我求来的。所以第二年孙子出世了，我就去九华山还愿。

我做事从来都很低调，开心讲一句，天对我真的不薄，自己的身体、子女各方面的发展、事业的稳定、家族各方面都很好，全部都感到很满足。我很佩服李嘉诚的一句话，人家问他别人站在你头上你怎么看，他说年轻人应该引导他们发展，我不会货比三家，我自己生意富贵就行了。这句话很值得去想，很有意义。还有星云大师的一句话，有钱是福气，花钱是智慧。中南美洲最大的佛堂在瓜亚基尔，叫元亨寺，在飞机场对面。台湾人投资，我们有佛学会在那里。我自己有粮食厂，佛堂吃的米和油都是我捐赠的。

公共外交

在中国的时候很多人的基础不是很好，很多人在大陆原本是农民，八十

杨溥恒夫妇（左三、左四）

年代出来，没本钱，没技术，就在这里做餐馆。九十年代来的那些人稍微好点，做贸易。21世纪出来的那批人就聪明得多了。

中国人的本钱始终都比不上当地人，当地那些有知识的人很厉害。我们经常接触那些上流社会的人就知道。我们西班牙语讲得不好，他们反而相信我们。如果你西班牙语懂得很多，他们怕你骗。这里本地人疑心很重的，但是他们也表现得很大方，智商都很高。所以以前说这些本地人没用，其实错了。层次不同啊，我们聘请的工程师，对问题会很耐心地解释，带我们去政府有关部门。我买树苗都是去农业部买的，农科大学帮我育的苗。十月份我就种了，三万多棵啊，全部都是哥斯达黎加牡丹。

我的餐馆对面是外交部，隔壁是财政部，十分钟车程就到了国会，所以外交部那些人跟我们很熟。以前那个副部长经常来我这里吃饭。他呢，离了婚，一个人带一个小孩子，生活很苦闷，我给他过生日，他称我为兄弟。有个华侨在大陆被人骗了，花钱办了假签证，入境时被抓了，通知大使馆，说假签证禁止入境。我跟领事一起去找副部长。我说，"他被人骗了，不能驱逐啊，他来这里是安居乐业的，你可不可以弄个签证给他？"他是移民司司长，结果给了个签证给他，不然的话会被驱逐出境。官方没办法做的事，我们民间可以做。

178

厄瓜多尔、秘鲁、智利粤籍华侨华人口述历史

　　1995年厄瓜多尔跟秘鲁打仗，秘鲁军火都是中国制造的。当地人看到那子弹箱写着"made in China"，抓到中国人就打，你们贪我钱，还拿军火打我，惨了。那个时候我当会长，跟大使说，"我以华人的名义捐款，支持政府，不挂五星红旗出来"。大使说"好"。我在秘鲁边境，我老婆在基多，华侨捐钱，捐的钱弄成一张支票送给总统。总统接见，新闻就出来了，问题就解决了。大使馆有个照会跟外交部解释，所以就没事。我们的虾场有飞艇，有大卡车，有货车，我们联系那些很听话的台湾华侨为军队运军火，仗打赢了之后大家关系很好。因为这件事我同那个边境军区司令很好，所以虾场华侨都平安。

　　我的体会就是同当地人搞好关系最重要，赚到钱我们会回报社会，当地有什么赈灾啊，我们都给钱，圣诞节我们买糖果、饼干大包大包送给那些工人，大家相处得很好。我在养虾那个区的餐厅吃饭，市长见到都起身跟我打招呼。我西班牙语说得很差，不过他们听懂我说中国式的西班牙语，跟我很好。我的成功有他们百分之七十的功劳，不然的话寸步难行，很辛苦的。

叶杰章

口述历史

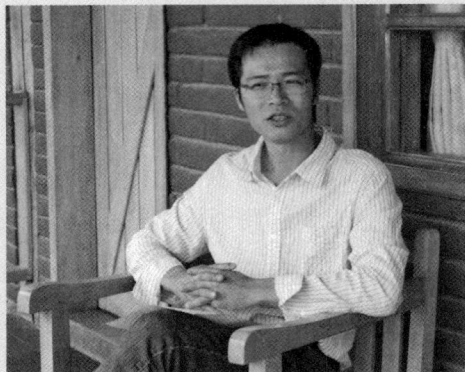

叶杰章

时　　间：2016 年 11 月 26 日
地　　点：厄瓜多尔奥塔瓦洛
受 访 者：叶杰章，餐馆老板
采 访 者：袁　丁
录音整理：吴怡楠

移民与创业

　　我今年35岁，到厄瓜多尔居住差不多已有20年，是在香港回归前过来的，当时我在国内高中还没毕业。

　　我父亲原在秘鲁开餐馆，因为有朋友在这边，父亲经人介绍先去秘鲁，之后家人才过去。去了秘鲁大概两年多的时间，我爸看到我只说西班牙语了，觉得这样不行，赶紧送我回国去读书学习中文。大概在国内住了四五年，我爸回去再把我带回来。我当时住在广州，就读于广州培英中学，也就是之前的广州市第八中学。

　　当时就只有我们父子俩过来厄瓜多尔。他在厄瓜多尔这边也有朋友，他朋友介绍说这边的环境还可以，可以过来看一下投资环境。回秘鲁的途中经过厄瓜多尔，我爸感觉还可以，就直接留下来，后期再回去秘鲁把物业都结了。

我和我父亲来的时候一开始是在基多，因为我父亲的朋友在基多。当时是他们接待我们。在那里大概待了三个月的时间吧，因为我们都会说西班牙语，所以就是待了一个过渡期，熟悉了环境以后，就立刻找店开业了。首先我们是在基多开的餐馆。在基多大概有十年，现在来这个城市也差不多十年了。

从基多到这里来是因为这里有一个水泥厂。当时水泥厂聘请助理和翻译，项目经理的助理，我应聘了。当时那个项目由中资企业承包，但是他们本身是属于法国的水泥厂，叫拉法机。我当他的项目经理助理兼翻译，因为涉足其中，有点熟悉，所以通过考核，获得聘用。其实我刚来的时候也来过这个城市一次，但当时没什么认识，住得久了，就感觉气候、环境、人等各方面相对于基多来说都是比较友善的，各方面条件好很多。跟我老婆商量了一下，决定换一下环境，之后我们就在这边开了餐馆，之后买了一套房子。

我来这里没多长时间，就把我父亲接过来了。我母亲是当时从秘鲁直接移民到加拿大的。现在我母亲在加拿大，上个月才过来探望我们。

我太太来自广州花都。我们是在厄瓜多尔认识的，岳父岳母还在国内，没有过来。是夫人的舅舅从巴拿马过来这边，然后把我太太也办过来的。当时先认识他舅舅，后来来感觉了。当时结婚是在厄瓜多尔民政局登记的，回国内办酒席。孩子现在六岁了，在这边出生，现在在这边读书。当时我和老婆都很忙，没什么时间照顾小孩，就把他送回国内让岳父岳母带，等到三岁才带回来这边读书的。现在我的孩子会讲中文。

目前我做餐馆，我老婆是做旅游的。她会带一些国内团，之前就带了一个团去了最有名的旅游胜地龟岛。那个团是国内一个单位组成的，他们专门研究棉花，是野棉花，在龟岛那也有种植野棉花。

厄国社会

这边的政治近几年来说才比较稳定。我们来这十年已经经历了五任总统。总统四年换一届，只有目前这个总统是做满一个任期的，之前的总统都没有做满任期就被人家弹劾。当时这个国家的治安不是很好，最近七八年有所好转。民风也挺朴素的，挺有爱，挺热心的。在街上看到你迷路啊，会过来问你需要什么帮助，会帮您报警或是指路。你开车在路上突然间轮胎没气或是爆胎了，会有人停下来问你需要什么帮助吗？

小孩在这里上学，公立学校不要钱，私立学校要，也不便宜。像我的孩子现在读的一家私立学校，有午餐，还有校车接送，差不多是300块一个月。公立学校不用钱，还有一定的补贴。这里是12年的义务教育，大学要钱。这里的退休金是按照你缴纳社保的金额来估算的。你缴的是基本工资，最后拿到的也不多。如果你是按照实际工资的，就不一样，按照你的数额吧。

个人认为，这里吃的话跟中国无法比了，但是食品安全这边比较好，比较严格，很多都是天然的。居住环境嘛，因为在这里生活久了已经习惯了，有时候回国，感觉人太多了，吵吵闹闹。我老家广州的天气受不了，还有空气方面无法和这边比。这边空气特好。我比较习惯安静。

我感觉这里医生和律师是最赚钱的。医生是私人医生的话就要收费。基本上公立医院是免费的，什么钱都不用。他开个药单给你，你自己去买点药。如果你是有社保的话，药也是有一定的折扣的，可以报销。但公立医院人太多了，基本上不需要钱，很多人有事没事都跑去看一下病。人太多，医生的素质也不是很高。一般有能力的医生，都是自己出来开诊所的，或是在一些私家医院工作。我们都有社保，看病可以去公立医院。当地人生孩子都是免费，还会给你奶粉钱，一般会给到两岁，每个月都给一点。还有防疫针，全部都是免费，一直打到孩子18岁为止，按照他防疫针的年龄段给你打。我们不去排队，因为人太多，就跑去私家医院。那些私家医院的医生是最赚钱的，你挂个号看一下，诊金一般是30-35。还有看你看什么科目了，如果看一些疑难杂症，它的诊金是60-70，非常高的。 这里的什么事情都要通过法律途径解决，律师很多，都有称号。一见面就"阿沃嘎多"，什么都是律师，不知道是真律师还是假律师。

我店里雇的一般都是本地人，也有从国内聘过来的。本地人和国内的人差别比较大。当地人留给我的第一印象就是不守时，我指的是工作方面。他们还是比较淳朴的。相对于中国人来说，他们在工作方面比较懒，而且干活比较古板。就是说，你叫他干一个活，他就干这一个，不会动脑子怎么去把他干好。打个比方：我餐馆的那些厨师很多都是我培养起来的，都是本地人。因为我们那些中餐是西化的中餐，是适合当地人的中餐。我跟他说放这个分量，多少盐多少糖，他就放多少。他不会去试，师傅跟他说放多少，他就放多少。有时候是咸了还是淡了，他根本不知道。我跟他说你这样不行，每个人的操作方法不一样，你要适应你自己的操作方法，养成自己的习惯就基本没问题。但像你这样，我说放多少你就放多少，就太死板了。

厄国经济

在这里做生意的话，这几年的政策有些改变。早期生意投资环境还是可以的，目前来说，应该都可以。税收和劳工方面的政策比较严格，税收比以前重了很多，关税、消费税这些都提高了不少。这里政府对于华人开企业基本没什么限制的，只要你证件齐全，他不会去针对你，一视同仁。投资环境还是可以的，就是税收高了一点。

据我所知，厄瓜多尔的基本工资在南美洲差不多是最高的。现在这里的基本工资是366美元，在邻国，秘鲁是240多，哥伦比亚是230多。你看厄瓜多尔比其他国家高了一百多，所以相对来说工资是很高的。在我这里每个月给的工资主要看职位，服务员400多，包括保险等计算起来应该有550左右，厨师会达到700。而当地的公务员他们大概的工资应该有1000多，新的警察一般是1100或1200，干了五年以上的一般拿到1500以上。公务员也是，刚入职一般是700到800。

这里的物价也高，水涨船高，工资永远跟不上物价。也可以说，羊毛出在羊身上，做生意的永远不会亏本，所以它这几年的生活质量反而降低。早期工资低但物价也很低，以前领一份工资可以买很多东西，现在领这份工资买不到多少东西，因为工资完全跟不上物价。这个总统2007年、2008年左右上任，一上任就是逐年涨工资。他认为你们做生意的以前给的工资太低了，我也要我的民众得到实惠，你们要涨工资，不断地涨，每年涨工资。涨工资的同时，我们做生意的成本就大了，我们也就涨价，物价也就不断地涨起来了。就说我熟悉的行业，菜市场也会涨价，运费也是高了，必须要涨价。我请的工人工资高了我也要涨价，每样东西都要涨价，那个工资就跟不上了。

以前他们领的工资是一两百块，能买很多东西，现在几百块也买不到以前同等价值的东西。

他们这个国家主要还是以农业和海产、资源开采为主，主要出产香蕉、鲜花、石油、鱼、对虾等产品，工业不行。它没有自主能力，所以这里的金融还是不太稳定，现在还用美元。我刚来的时候，他们还是用本国货币的，叫苏克雷，4000苏克雷兑换1美元。1997到1998年的亚洲金融风暴造成这个国家的货币不断地贬值，一年的时间可以贬到25000苏克雷兑换1美元。当时的总统豪尔赫·哈米尔·马瓦德·维特跟美国协商后，决定使用美元。因为他本国的货币根本上没有什么流通价值了。后来，他没等到美元化就被人家弹劾了。接任的副总统刚好就换成了美元。当时真的很惨的，生意是有得做，人是很多，消费者很多，但是对于我们外国人来说，赚到的钱贬值得太厉害，所有的价格都跟不上，所有东西都很便宜。所以一换成美元，像我们外国人的话，一定是要以美元来兑换的，根本不值钱，比在国内打工还要惨。2000年换了美元之后，那个物价慢慢地涨起来，经济就非常好了，最好的经济环境是2003到2006年这几年的时间。很多华侨在那个时间赚了大钱。

1997年到2000年，也就是在那个贬值最厉害的时候，除了我说的价格之外，整个社会还是没什么变动的。因为要换成美元，货币贬值对外国人来说是很大的伤害，但令本地人的工资跟着涨，由于物价很低，可以买的东西就很多，对于他们的民生来说是没有什么影响的。当时我还没有自己当老板，而是给我爸帮忙，一边读书一边帮忙。当时那个钱换成美元根本不值钱，几千块换成美元才几百块，所以干脆不换了，反正在这里生活，就直接进货了。反正当时那个货也是很便宜的，后来涨起来，那个货也就值钱了嘛。

很多华侨华人在2003年到2006年那段时间赚了大钱。当时很多人都是经营百货和进出口的，关税很低。因为美元化，很多东西的价格跟不上。直接换成美元，刚开始也就是2001、2002年时的物价还跟不上，2002年底物价涨起来了。这边的海关在进出口业务方面也不是特严格，很多跟中国做进出口的将百货如鞋、袜子、服装等在中国很便宜的东西拿到这边卖钱。价格当地人能接受，但相对于中国已经是高很多了，比如你在中国卖一块人民币，在这边卖一美元，一兑换就不一样，七八倍了，当时还是八块兑一块的。当时很多华侨脑子灵活，大多比较熟悉中国的情况，都做进出口，所以都赚了很多钱。像你们见的那个许会长当时是做餐厅起家的，后来给了他外甥女。现在是他外甥女在打理，从餐厅发现了商机，就转做百货。他也是一个聪明的人，很有领导能力，管理能力也不错。所以关键是看准机遇。

华人社会

我所在的这个省大概有三四百个华人，主要做的还是餐饮业。这个省大概有六十家左右的中餐馆，还有一部分经营百货小商店，还有汽车配件，进出口的也有。大家都喜欢开中餐馆的原因是所有华侨来到这里语言不通。语言是一个很大的障碍，很多人不一定是带着技术从国内过来的。就算你是带着技术过来的，但语言不通的话不一定立刻就能去做你自己的这个专业。熟悉语言和环境，一到两年内这是肯定的，但是你要吃住，这个消费呢？每个人在国内在家里基本都是会做饭的，而且早期的华侨来到这里都开中餐馆。我们这些早十来二十年过来的，都是由做中餐馆的人接待的。所以我们看一下学一下就会，很容易学。而且中餐馆对语言不需要太多，只需要认识那个菜是什么，就算不会说自己手指一下也可以买到，会算数就行，比较容易入门。这是做中餐馆的普遍问题。加上本地人也喜欢吃中餐，觉得好吃，很实惠，这是最主要的。中国菜在世界上都有名的，他们当地人刚开始不怎么接受，慢慢就上瘾了。

这里有华人社团。这个城市的社团是基多社团的分会。基多的那个会，最早是在伊瓦岛成立的，是老华侨发起的，后来慢慢发展到基多，把总会会址迁到基多，这边的慢慢变成分会。基多始终是华人聚居的地方。这边的华人相对比较少。据我所知，起源在这边。我刚来的时候还年轻，我爸的一些朋友是会里面的理事。那是个联谊会，就大家逢年过节聚聚，因为平常工作忙都没能见一面。这个社团，逢年过节可以见见面，长时间没见的朋友都可以见见面。

我感觉华人移民和国内的人没什么不同，因为很多人过来时都是二十岁左右了，但在当地出生的小孩就不一样了。当地出生的小孩，习俗、口味，甚至宗教信仰，已经慢慢地西化了。他们在这里读书，生活，他们的朋友都

杨溥桓（右）、廖振声（中）、叶杰章（左）

是当地人，像我们这些在国内读过书的，根永远都是在中国的。虽然说我们可以融入这个社会，但完全融入也不可能，有一个中国情结在心里面。

我平时也看一些中文的新闻报道，一般是手机上网看大陆的新闻，也会看当地的新闻。一般都是和当地的朋友接触一下，了解到一些新闻，然后告诉那些语言不太通的朋友，比如，什么政策变了，或是劳工处又出台了什么样新的政策，小心点啊。因为我们认识的很多华侨都是做生意的，来这里打工的很少，无论做什么生意都涉及华侨的一些利益。政府出台什么新政策都会出现一些变动。其实，当地人的社保挺好的，福利挺好的。但是很多人可能由于文化方面的限制或是语言方面的限制吧，不懂社保里面的条例，不会去享受。我认识几个当地企业家，文化水平比较高。他们跟我说，其实当地的社保福利是很好的，只要你会运用，是很好的，可以省很多钱。像一些大企业的中高层干部肯定会懂，但像一些清洁工或者在我的餐厅干活的，文化水平比较低，认识不够，不会去享受，有时候甚至要我去跟他们普及。我给你们买这个社保，你要去运用才行，不去运用的话，就是作废，你这钱不是花掉了吗？政府有这个福利给你，你干嘛不去。他们大部分人文化水平普遍比较低。

这里的当地人与华人关系还可以，平常也是比较礼貌。一小部分的人会觉得你们这些外国人来这里抢了他们的生意，赚了他们的钱。有小部分是比较小气一点。他们会针对性地跟你说一些侮辱性的话题。但这也不是什么大问题，大部分人对华人还是比较友好的。这十年八年就更不用说了，华人在世界上的地位提高了不少。中国的国际地位提高了，华人也有面子。

我在本地的朋友挺多的。我之前很小的时候在秘鲁住过，会一点西班牙语，在语言方面应该没多大问题。而且我也在当地的企业干过，所以跟当地人沟通是没有多大问题的，本地朋友还是比较多的。其实，多认识一些本地朋友挺好的。有句话不是说，强龙不压地头蛇嘛，他们地头蛇知道的信息是比较广比较宽的，有些信息就是从本地人那里得来的。其实有很多华侨在语言上还是不大行，要通过我们这些会说本地话的才能及时了解本地信息。

秘鲁篇

黄华安

口述历史

黄华安

时　　间：2016 年 12 月 5 日
地　　点：秘鲁利马同陞会馆
受 访 者：黄华安，秘鲁中华通惠总局副主席、同陞会馆主席
采 访 者：张应龙
录音整理：钟晓梅

第一桶金

我叫黄华安，1957年出生于广东中山南朗。南朗离孙中山先生的故居很近。我是客家人，父亲是供销社的社员，我们一家人生活在农村。读完小学后，在翠亨中山纪念中学读了两年，我就出来谋生了。1978年，我到了澳门。

以前乡下人比较崇洋，我们五桂山区有很多华侨在秘鲁，我的堂兄们、我的大姨子都比我们先过来。当时乡下的人，包括我父亲都经常说秘鲁如何如何好。耳濡目染之下，就产生了到外国看一看的想法。

1988年，我带着妻子和大儿子来到了秘鲁。大儿子在澳门出生，来秘鲁时大概五六岁。一到秘鲁我们就想回去了，当时的秘鲁哪有澳门好。澳门的社会环境还是不错的，秘鲁挺落后，汽车都没几辆。但是没办法，只能慢慢适应。

初来乍到也很艰难，就从小生意慢慢做起。西班牙语是通用语言，我们来秘鲁时年纪比较大，也没时间去学西班牙语。1992年开始做餐馆，请了很多本地人。当时我挺凶的，我安排任务时，大家的眼睛都要看着我。餐馆开起来之后，刚好有个机会，就陆续买了些物业，从事进出口贸易。那时的秘鲁封闭贫乏，中秘贸易量不大，做贸易的人不多，竞争也不大，国内的货也比较容易周转。我主要从中国进口食品和五金。有好几个朋友从事贸易，投入的资金不多，利润都比较可观。后来，随着秘鲁的开放和双边贸易的增长，进出口贸易的利润空间小了，要以量取胜，做大才能赚得多。

出国肯定是想赚点钱。我有一句话，我情愿累死，不能穷死。有半年时间，我每天工作21个小时，整个人都很瘦。中国人包括新移民都是这样说，第一个资金肯定要熬出来，当你熬出第一个资金，用资金来赚钱你就比较轻松了。用中国话说就是"第一桶金"。"第一桶金"这个基础你打不好的话，肯定要穷一辈子。但是有了这个基础，再做什么事情都方便很多。有些华侨来了几十年，有的是赚不到钱回不去，有的是赚了钱不回去了，因为已经习惯了秘鲁的生活。那个年代做点小生意比较容易，投资小，当地人工便宜，赚钱比较轻松，竞争也没有那么激烈。所以，我们这一代人还是有点信心的。

华人行业多元化

以前中国人做餐馆比较多，现在制造业、酒店业、房地产、贸易、娱乐业，各行各业都有。

秘鲁第一纳税大户是一位姓陈的中山人，首钢秘铁公司的车是他的公司生产的。秘鲁最大的赌场是广东番禺人沈根源开设的。沈根源刚开始是做塑料的，日本人藤森上台的时候放开了赌场牌照，他就拿到了牌照。开赌场你知道赚多少钱？钱多了，他就算不要钱，别人也往他袋子里放钱。有要破产的公司，银行就去找他买便宜。他有很多物业，做过银行，也做过电视台、电台、房地产。

秘鲁的土地曾是整个南美洲最便宜的，八十年代到九十年代还没涨过价，到了1995年藤森当第二任总统的时候，地产拼命地涨。过去一平方米百来块的土地，现在没有一两千买不到，涨了十几倍。很多外地人进来利马，没地方住，也会去置一个物业，现在贷款比较容易，所以很多人都供房。应该说五年前房地产市场都好赚钱，现在又开始停下来了。

以前秘鲁最大的超市群是A-wong，老板是中山人，美国哈佛大学商业博士。他父亲以前开一个士多铺卖鸡蛋，看到鸡蛋好卖就开始养鸡。他从美国读书回来后开始做小超市，几年时间就发展到好几十家。后来智利财团可能出高价钱把他的股份收购了，听说卖了五个亿美元。超市股份卖掉了，他就经营糖厂、物业。

目前没有华人开设的银行。以前有位叫陈国雄的从台湾过来开银行，但没有成功。现在秘鲁最大的银行是大陆银行。大陆银行是瑞士的，他的财团在秘鲁应该是第一首富，以前在秘鲁买下很多地产。

秘鲁自然资源丰富，广东人也有从事木材业、采矿业的。木材行业前几年比较景气，现在也不容易。这几年开矿的应该也不是那么好受。中国人做事喜欢一窝蜂，没有测算市场走向，冲着秘鲁铁矿就去了。有时候秘鲁政策也没有那么规范。几千块买了几个山头，有没有矿还不知道，买了山头再回国内找公司，运气好的能做成，运气不好的投入的钱就等于扔了。

四五十年前很多中国人住唐人街附近，我来的时候已经少人住了。那时的唐人街，大排档摆得满满的，走都走不动。十几年前，市政把他们都赶走了，环境就好了一点。现在唐人街的店铺大多是本地人开的，中国人开的大概占百分之三四十。唐人街做生意的对象主要是外国人，毕竟中国人还没有当地人多。餐馆的生意，中国人顾客占百分之十到十五左右。

广东人做中医药行业的也有。有些老侨在秘鲁开个中医诊所，做中医推拿，赚两餐还是有的，想赚大钱就难。但是中药店就很赚钱。中药在国内便宜，普通的感冒药在这里可以卖十五到二十块美元。当然从中国进口过来也不容易，药品检测比较严格。

唐人街可以看到很多泰来、泰兴公司的店铺，泰来、泰兴都是做笔墨的，八九十年代的时候，在这个行业的佼佼者是龙狮和泰来，后来龙狮可能是因为接班问题，走下坡路了。用广东人的话说，能不能富三代很难讲。现在做得比较有规模的是泰兴，在厄瓜多尔和巴西都有纸厂，老板是中山人。

在秘鲁做零售赚不到钱，一定要做批发。以前很多货是中国人运过来的，现在当地人跟我们学聪明了，也会到广州去进货了。他们先跟你们做一两批，很快就学会。做贸易的人多了，竞争激烈了，利润也少了。但有些做得也不错，广州有几兄弟在这里做五金，生意做得挺大。

秘鲁的五金和一般的商品，我估计百分之六七十都是从中国进口的。从超市到市场，哪个地方都是"Made in China"。我初来秘鲁时，一个钳子、一个锯或一个电钻，都要好几百上千美元，现在几十块就买到了，这些都得益于中国货的到来。所以中国作为"世界工厂"对世界贡献挺大，从服装到食品、五金，现在一般底层人都能用得上。应该说，中国在改善人们的生活品质。就拿服装来说，以前的人穿得破破旧旧的，现在一般的人都讲究化妆、讲究礼仪。但以前北美、欧洲的货贵得要命，普通人买不起，当然现在北美货、欧洲货价格也降了不少。虽然现在也很贵的也有，但贵的没人买，大家都讲究实惠了。

大概五年前，这里也有了电子商务公司，但秘鲁的网购还没有中国这么流行。现在物流、网络太发达了，电子商务应该是发展趋势，将来从事贸易如果你不跟上潮流的话，肯定也难做的。我去年回国的时候，听说十块钱的东西，能在北京送到中山，在网上还能看到货到了哪个点，很不可思议。所以说，我们这一代人经历的变化确实是太大了。我们以前在农村山区，别说汽车，看见一辆漂亮的自行车，看见摩托车、吉普车在马路上跑，我们乡下的孩子就跑过去看，跑到肚子疼。现在到处都建高铁，变化太大了，这是谁都没想到的。

侨团活动

通惠总局春节每年举行联欢晚会。白天在总局的大堂举办老侨聚餐，叫敬老餐，六十五岁以上的老侨参加。以前大概有十六七桌，现在有差不多二十桌。每个会馆在节庆日都会有老侨聚餐活动。

春节期间有采青表演。总局的狮团、中山会馆的狮团、古冈州会馆的狮团、台山会馆的狮团，每年都在唐人街附近表演采青，在唐人街采完之后又到别的地方采，几十年都是这样传承下来。采青时很多人围观，西人很喜欢，觉得很好玩。我们不用在报纸上公布，他们都知道时间。同升会馆以前也有狮团，以前同升会馆的狮团挺出名的，拿了很多奖状。

每年四月，秘鲁有一个民俗节日是公众假期。我们都会组织侨胞去郊外野餐、旅游，大概200人左右，每年租好几辆大巴。因为有很多年纪大的老侨参加，我们还要请警车、医疗车和医疗人员陪同。

秘鲁也有华人义山，很多华侨都是在那里安葬的。但这边的拜祭传统也挺"科学"的，因为葬坟很分散，不可能逐个去拜，华人就拿着香烛、花篮、花圈到一个叫"邮局"的地方（一个亭子）拜祭，通过"邮局"把纸钱等祭品寄达。

秘鲁的中国人也有很多是信天主教的，信天主教的一般都是土生的。因为天主教的学堂规定要洗礼的，所以很多土生的从小就加入了天主教。我们从中国过来的就不信，还不如信美元。

前段时间，因会馆的物业收租问题也很烦恼。一开始，我们的物业是租给中国人住的，后来租给土生华人，每月收三十个索尔，相当于十来块美元，这点租金连纳税都不够。但现在土生租户还要我们免租，现在我们准备叫他们清场，跟公司、纳税大户合作建一个医院，为我们的侨胞服务。计划能不能做成，还要看天。

关公出巡

在整个利马的中国神中，同陞会馆的关帝是最出名的。因为历史悠久，吃了超过一百二十年香火，是比较灵验的。很多华人来这里求签，好几个总统助理都来过这里求签。每年七月二十日关帝诞，同陞升会馆都举行关帝祭拜活动，免费给客家侨胞分派烧猪、点心。

后来我就想，外国有菩萨出游、圣母玛利亚出游，我们同陞会馆的关帝这么出名，平时供奉在会馆里，知道的西人不多。不如让关帝在唐人街每年走一圈，慢慢他们就知道我们的信仰。大约是十五年前，我们开始在每年关帝诞举行关帝巡游活动。同陞会馆没有收取会员费，巡游经费靠理监事、热心人士赞助。巡游从中午十二点开始，大家舞龙舞狮，抬着关帝神像从同陞会馆出发，每到一个点就停下来，接受信众进香。西人问我们烧香什么意思，我说会保佑你们家庭平安、幸福，他们都愿意来点香。他们问你们这叫什么神、有什么用，我们就说叫关公，跟你们圣母玛利亚差不多。因为人很多，所以一人只派一枝

关圣帝神位

香。如果派三枝不得了，香火盆都放不下。巡游活动持续两个半小时左右。巡游活动结束后，我们会在会馆摆上十几围，都是客家侨胞，也有几个在这里住的西人。聚餐结束再给大家分猪肉和点心。

华文报纸

《秘华商报》是通惠总局在2000年创办的，我任总局监事长之后开始兼《秘华商报》社长，到现在应该有九年了。

秘鲁只有首都利马有华文报纸。除了《秘华商报》，还有《国际日报》和《新世界日报》。他们比我们晚，我们属于官报，他们是私人办的。以前有致公党办的《公言报》，历史悠久，后来停刊了。台湾国民党办的《民醒报》，也关停了。

我们会给外埠的会馆免费寄送《秘华商报》。每年在这方面的费用大概超过一万美元。报社收入主要靠登广告，报纸销量也很重要。我们是日报，有十几个员工，报纸每天印一千份左右。报社是自负盈亏的，开始的八年赚了不到五万元，扣除工钱后基本上是零。我接管后的六年为报社赚了五十万美元，不过现在又比较艰难，因为网络、微信对纸媒的冲击太大了。但我们的意愿不是为了赚钱，是为帮助侨胞了解秘鲁的法律，知道侨社的事情。

侨社未来

　　1993年，我进了侨社，一边做生意一边服务侨社。现在基本上我都退休了，大部分时间也是在侨社工作，服务侨胞。因为中山人来这里的历史比较悠久，我估计占百分比也不少。问题是现在中山环境好了，中山基本没有新移民过来。我担任中山会馆15年主席，当了好几届主席，十五年还没有见到一个中山人来秘鲁。台山、古冈州、番禺都有新移民过来，就我们中山的没有。秘鲁侨胞中中山籍的，估计有好几万。问题是，能说中山话的，与中国保持联系的，自称中国人的不多了，所以我们很为会馆的未来担忧。靠土生华人吗？土生华人没有中国人那种情感意识，慢慢会丢掉会馆传统，很多会馆就是这么丢失了。当然我们现在也要发展一些土生华人进来，往后会馆有一天也是他们的世界。总的来说，南美洲的会馆还是要培养年轻一代怎么接班，培养他们爱国爱乡、热心侨社的情感。

中山会馆内景

李木养

口述历史

李木养（左）

时　　间： 2016 年 12 月 6 日
地　　点： 秘鲁利马通惠总局
受 访 者： 李木养，秘鲁通惠总局秘书
采 访 者： 庄礼伟
录音整理： 张　桦

成分不好

　　我是1937年在鹤山出生，地主家庭，新中国成立后东西都没收，分给贫下中农。那时候我已经结婚了，有三个孩子。因出身不好，我姐姐跟贫下中农结婚，把我保护起来，姐夫已经过世了。要感谢邓小平，消除阶级斗争。在鹤山时，我是做建筑工行业的。说来话长，我在大陆的时候搞了28年建筑，公家编制的。工资算高，因为我是设计包施工。后来建华侨中学的时候开夜工，搅拌机停了，工人叫我去看看，我说"停了先，停了我就去看"，原来那条三角带长了软了，我说换吧，上去的时候伤到了手，所以我一怒之下不搞建筑了。我在"大跃进"的时候搞过"无油汽车"，木制的，可以运泥，其实是滑轮组。那时候香港还有人来看，做石门水库的时候用过。

　　我1991年来秘鲁，当初看到出国回来的人一担担的，"很好捞"，野心大，想去闯一下，来到就知错了。当时刚刚开放，我来到的时候想搞建筑这行，但是语言不通，设计的时候还要考试，不会西文怎么考试？我来之前不知道这么麻烦。出来的时候姐姐一个人先去，我姐姐带我弟弟去，我弟弟再办我去，因为有老母要人服侍，所以我弟弟先去，我照顾母亲。我弟弟1986年去的，现在还没退休。他们两个儿子一个女儿，孙女都七八个，差不多二十人。

我现在大陆一个儿子，这里一个儿子，美国一个儿子。我大儿子发了脑膜炎，不能说话，我太太在照顾他，在大陆不过来。我大我太太十岁，她很少过来。这里的儿子开餐馆，我住在这里二楼，我儿子对面是总局的房子。他两个儿子在读学校，都要高中毕业了。我在美国的儿子是修车的，他女儿考入美国国际设计学院。

我今年8月12日中风，差不多见马克思，因为没有及时吃药，早上起床的时候脚动不了。我看病是靠劳保，自己交一部分，政府交一部分。我每月工资一千美元，劳保每一年都不同。我有个（劳保）牌子，看病不用钱。有同事是开餐馆的，没有做劳保。儿子靠自己腰包，我靠政府腰包，做劳保就全包，什么病都一样。在这里礼拜六日才有空，其他时间上班，一年有一个月年假，不休的话补一个月工资。来到二十多年，我回国四次，也去过美国、厄瓜多尔。

总局秘书

我1996年进入通惠总局做事，1999年原来的陈秘书生病的时候我顶替他，一顶顶了17年。我来到秘鲁的时候，有一种感觉，秘鲁人对中国人很友善，比起其他国家更像是对兄弟一样，很亲切。他们吃了饭给了钱还多谢你。所以很多华侨来到这里，气候也很适合中国人，不冷不热，最多多盖张毯子。按移民局的统计，有三百多万华侨在这里。最可惜的是，日本人在这里开设了三间医院，中国人这么多，连一间医院也没有，医疗所都没有。来到的时候，秘鲁对华侨对比其他国家都是顶呱呱的。我七八十岁，很多地方都去过，不是自夸，始终都是秘鲁人比较好，当然打劫什么的什么地方都有。我对秘鲁的个人看法是这样。

通惠总局内景

跟其他国家十几个人华人就有什么组织不一样。我们在利马就有11个大会馆，外省有15个会馆，一年开一次全侨大会，总结一年的工作，三年开一次选举，由各个会馆派代表来选举，每个会馆派一个人代表会馆，外省都是一样，选举由各个会馆代表投票选出。全体大会一月份开，会上有翻译。每次代表大会提的意见我们要去做。全体代表大会我当秘书，也是我做会议记录，现在总局还有局歌。我们会馆有规章制度的，机构比其他国家的会馆完善。这十一个会馆有中山、番禺、古冈州、鹤山、同陞、中华会馆、花邑、东莞同乡会、台山会馆等。

利马华侨最早的是同陞会馆。同陞会馆又叫客家会馆，是客家人建的，那时候有屠杀华人事件，华人戴手镣脚镣，很辛苦，逼得造反，被屠杀。客家人来秘鲁的时候是背着关公的，他们在角落求关公，于是关公显灵就拿着大刀打退了秘鲁人，剩下一百多个人，后来他们重修关公庙。这件事在150周年纪念册里有讲。

我在总局19年了，在大陆80岁就不能工作了，我现在这里有份工作就算好的了。住房也不要钱，自己在家做饭。大家都是广东人。1999年是华人移民秘鲁150周年，给了我们一本纪念册。下班以后我一般看电视、看书、写字。我电视一般看中央四套，其他都不看，难看。本地电视节目不合我性格，闹哄哄的。书什么都看，我们这里有图书馆。国侨办来访问，我们提意见，他们送来很多书，这里一半都是他们赠送的，一半是华侨捐赠的。报纸是发动侨胞送来的，除了《秘华商报》以外还有其他。

一个人是讲运数的，行好运时做什么都可以，行衰运时什么都不行，我很信命。我在大陆是拿笔的，在这里也是拿笔的，都是运数。我是会画画

厄瓜多尔、秘鲁、智利粤籍华侨华人口述历史

200

的，习总和孙中山的画是我画的，以前蒋介石、孙中山、毛泽东、邓小平，所有人我都画过，画像都堆在仓库了。那时刚刚好辛亥革命一百周年，说要搞展览，我赶鸭子上架，画孙中山广告画，一晚上画出来。我还会写字，是我的出身逼出来的。泥水、木工、打铁等我都懂，都是逼出来的。那时我读完书出来，不能去工作，成分不好。我又不要画家名誉，不靠画画赚钱。现在画都用电脑画出来，都只要快就行了。在秘鲁开档口要纳税，在公园画画，街边小车卖水果就不用。年轻时候我拼命赚钱，设计费最多的时候百分之十三，我画多几张就大把钱，百分之三、百分之七我都收过，是统一定下来的。因为我会画画，我设计画立体图，比别人拿得多。我到这里来没画过施工图。

之前因为秘书三年一换，东西没存留下来，我1999年开始接手，所有经我手的统统打印。之前的秘书没有文化，都是顶一下档，他们不记录，不存底，怎么交下一代。

李卓园

口述历史

李卓园

时　　间：2016 年 12 月 5 日

地　　点：秘鲁利马同陞会馆

受 访 者：李卓园，秘鲁同陞会馆秘书

采 访 者：庄礼伟

录音整理：刘　艳

从新疆到秘鲁

我叫李卓园，广州人，1963年19岁时离开广州到西北工大读本科，工科五年，1968年毕业后去了新疆帕米尔高原修公路。1977年，我下到地方搞水电站。新疆和秘鲁差不多，汉族人比较少，新疆那边主要是维吾尔族人。

1958年，我姐姐去了澳门，六十年代来秘鲁。姐夫姓杨，是广东番禺人，姐夫先来秘鲁，因为姐夫有个伯伯在秘鲁，他们过来这边做餐馆。这边的华人大部分不是开餐馆就是开杂货店。姐姐和姐夫到秘鲁之后，很少跟我通信，我在新疆没有收到过他们的来信。我父亲在广州，姐姐跟父亲有联系。父亲1962年再婚，那时他60多岁，后来生了一个弟弟。弟弟结婚后，父亲才去世，享年90多岁。

1983年，姐姐从秘鲁回国后，叫我回广州见面，跟我商量安排我移民秘鲁的事情，我之前根本没有想过出国。新疆公安厅根本不知道怎么办理出国手续，我就只好申请离职，打算回到广州再弄。1983年初，我申请辞职；因为我离开广州时间太久了，1963–1983年大约二十年，所以派出所的人查档案需要很长时间。离职的时候分得一笔钱，我经常给派出所的人送礼。那时为了把户口从新疆搞回去，差不多花了两千块钱人民币。年底，离职手续办好后，我从新疆回到广州。

我在广州待了两年，1984年4月，护照就批下来了，但省公安厅不给我护照，而是直接转到中国旅行社，中国旅行社拿去北京秘鲁大使馆签证，签完证之后通知我到省公安厅去拿回来，那时旅行社不收费。出国前，我要到沙面去打防疫针——黄热病，因为南美洲经常有这种病发生，打了两支，还有一支，忘了是什么针。然后我到香港，刚好是四月份复活节假期，飞机没有座位，叫我等，后来我就把姐夫妹妹的家庭电话留给了航空公司。等了差不多一个礼拜，刚好有一个人不上飞机，有个空位，问我走不走，我说当然走啦。那个时候心急，在香港也没什么亲人，那天是4月26日。

做厨师

我到秘鲁以后，就在姐夫的餐馆里帮忙、学炒菜，那时在瓦拉（音），早上就到一个番禺老乡的杂货店里帮忙，因为杂货店里的东西多，一边帮忙，一边学西文。一年后，有一个侨领到瓦拉做运输，问我愿不愿意到利马去，我觉得在瓦拉没什么发展前景，所以我就离开瓦拉到利马在那个侨领的餐馆里帮忙，一直在餐馆呆着，学会炒菜后就在那里当厨师，一直做到前年，年纪大了，干不了了，一直干到72岁。

我开过一次餐馆，但是不懂做生意，一个人要去买东西，要去开门，很麻烦，一个人管不了那么多，生意也不好，没钱赚，开了差不多三年，就把它关掉了，亏了几万美金，把这么多年干活赚的工资都赔进去了。

二十世纪八十年代，厨师一个月工资大多为四五百美金左右。1995年以后，厨师工资开始涨，涨到八百美金，后来我可以做主厨的时候，就给到一千二百美金，到我退休前，我一直拿一千五美金工资。做厨师轻松一点，没那么多市场压力。一般的菜我都会做，在比较大的餐馆，二十围、三十围的席，我都可以拿下，有帮手，其实不难，就是准备工夫麻烦，做比较好的菜，比如鱼翅、鲍鱼，需要准备较长时间。原来做厨师的时候，除了上班，早上十点钟出门，十一点到餐馆，一直干到晚上十一点半关门，不是说关门就可以走，有的时候你关门也有人刚好进来，你还得做，所以经常十二点以后你才能走，回到住处时差不多已经一点了，那就要赶紧睡觉，第二天接着干，一周干六天，一般都是生意比较淡的星期一星期二休息，因为礼拜天生意一般都比较好，所以那天老板不可能让你休息。

一九八几年的时候，秘鲁经常罢工。那时的罢工不同于现在，工会不关你门，而是派人在你餐馆门口守着，不让你开工。有些秘鲁人，你罢工，他想开工，因为他家里就靠工资维持。你一罢工，他就没工资。那时候一罢工，就一个礼拜、十五天，我们就把餐馆的人约在一起，自己出钱到智利、厄瓜多尔旅游。因为智利和厄瓜多尔是与秘鲁靠近的邻国，比较容易过境，特别是原来的智利对中国人比较好，因为智利和秘鲁打仗的时候，曾经有个中国人帮过智利带他们军队走了一条路，挡住了秘鲁的入侵，所以那个时候我们中国人要签证到智利很容易，到了边界的时候，到领事馆盖个章你就可以过去了。厄瓜多尔就比较麻烦一点，它对中国人不好，亚洲除了日本护照可以进厄瓜多尔外，其他都不行，他不给签证，我们只能到边界，用黑钱给那些守边防的人，放我们过去。现在就比较友好一点，不过现在厄瓜多尔的总统也不行，把经济搞得很糟，有钱的资本家都跑掉了，2001年厄瓜多尔瓜亚基尔一家旅店的餐馆请我过去，我过去做了半年后又回来了。厄瓜多尔太热了，刚好在赤道，晚上蚊子又大又多，这里蚊子不多，

会馆秘书

到八月份，我到这里做秘书刚好两年。现在12月份，正好两年四个月。我在这里打扫卫生，看着开门，让人家进来，如果有秘鲁人来求签，帮他们解解签，秘鲁人很信这个，求一次签，收30块秘鲁币。我没学解签，这里有本台湾关于解说的书，就跟着书里边的内容给他们解，他们信，中国这里面大多是多子多福，他们也喜欢，如果他们求到下下签，就说他们你现在的运气不太好，要注意一下。反正瞎编。这个会馆是个庙，秘鲁的9号电视台和

10号电视台来这里拍摄过，它不拍我，拍这个地方，做宣传。

我在这里，会馆给我开500块一个月工资，唐人一般都没有买保险，老板不给我们买，因为我们的工资高，买保险付出很多。另外在秘鲁做厨师，流动性比较大，经常是在这里干了一两年，有新开的餐馆，又到新餐馆去，所以流动性比较大，一般都不会买保险。我干过的餐馆数不清，很难说多久换一家，我现在就靠会馆给我五百块钱，加上解签的收入，每个月大约都有一千秘鲁币左右，足够了，我现在也不出去，一天吃一顿饭，四点钟，晚上我就不吃了，吃早餐，吃不了多少，买药也不贵，高血压的药也比较便宜，高血压有几年了。

我认识通惠总局的李木养秘书，他对我很优待，我现在看的影碟都是从他那里拿，刚刚国务院侨办送了通惠总局一百多部影碟，我去就借过来看，李秘书和我年纪差不多，他哥哥和我同年，李秘书的毛笔字很漂亮。本来四点钟我就下班关门了，今天特意等你们。关门后，我也是在房间里看电视，一般都是看影碟，我现在刚看《延安》，纪念毛泽东一百一十周年诞辰，以前什么都看，能借到什么就看什么，反正用来消磨时间。

日常生活

当年我想结婚的时候，我姐姐准备把我搞出来，当时我和一个朋友的侄女在广州谈过几个月。这里找老婆很难，土人不行，个人的生活习惯不一样，我们做餐馆的，从早上到晚上，一整天都不在家，秘鲁人的生活习惯是喜欢开派对，过节日，过礼拜六礼拜天，我们没那个时间，并且这样的生活方式，惹来很多麻烦。说老实话，现在我已经过了那个年纪，已经不想成家了，成家是一种负担，一个人安身时间长了，就习惯了。我在香港的干女儿的妈妈本来把一个朋友介绍给我，来秘鲁住了三个月，后来办居留的时候，不行，证件不齐，因为她是大陆人，偷渡到香港，没有证件。我来秘鲁那么长时间了，朋友还是有的。

姐姐、姐夫不在，走了。十年前，姐姐的耳朵已经听不见了，我都七十多了，家里我最小，秘鲁的这个姐姐排行老二，比我大很多，所以她结婚的时候我还不懂事，还没见过我姐夫。1984年来到秘鲁才认识姐夫。他们开餐馆赚了点钱，1987年把餐馆卖掉后就搬到了利马，买了房子后就没干活了。三个儿子都从秘鲁大学毕业了，现在有两个和当地日本土生代结婚后就到日本去了，他们是大学同学。我们这老一辈人起初对日本人是有看法的，年轻人没经历过那个战争，我们心里对那段历史还是能记住的，还是有根刺在心里，很少接触这里的日本人，他们这一代就没什么感觉了，因为到这个地方已经与中国人、日本人没什么关系。在秘鲁人看来，朝鲜人、中国人、日本人都是一样的，分不出。朝鲜人、日本人、中国人做生意根本没什么冲突，因为中国人不是做杂货店就是餐馆，日本人一般开鱼生店，朝鲜有朝鲜人的饭店。看起来，日本人比中国人成功，他们的价钱贵得不行，原来中国餐馆还可以，但最近八年来福建人来得太多，把餐馆的名誉都弄坏了，因为他们根本不懂做广东菜，所以慢慢地现在都是卖便宜的快餐，秘鲁人不管你是哪个地方的人，他也不知道，反正他吃中餐馆，如果饭菜不好，他就说你的中餐馆变差了。

我平时把旧书翻出来看看，有时没事就写写东西，这个是我以前写下的日记，新疆和这里的都有，一直留到现在，我出来的时候没有带出来，留在广州了，后来我外甥女就帮我放在信里几页几页地寄过来，但也没寄全，后来有些是在秘鲁写的，有时没事，有些感触或有什么事情发生，就写下来。

我就认识有两个大学生，他们都是广东人，有一个是学造船，80多岁，去年去世了，另外一个姓黄，不了解他学的是什么。造船的那位在这里也是做餐馆；另外一位，我都没看见他干过活。我没问过他来秘鲁的原因，因为我们虽然是朋友，但都很少问过去的事。因为这里的华侨都很奇怪，都不问过去的事情。华人社会很简单，大多聚在一起打麻将。

我在新疆就开始抽烟了，新疆抽的是莫合烟，和苏联的莫合烟一模一样，它是绿叶子，还把烟杆压碎一起抽。厨房能抽烟，不过炒菜的时候不能抽；没有客人，空闲的时候可以抽。

我出来后就没回去过广州，我过来秘鲁两年后父亲就过世了，广州那边已经没亲人了。父亲的脾气很怪，他从来不让我们跟亲戚来往，所以我根本不知道广州还有什么亲戚。

梁 顺

梁 顺

时　　间：2016 年 12 月 7 日

地　　点：秘鲁利马通惠总局

受 访 者：梁顺，秘鲁通惠总局主席

采 访 者：张应龙

录音整理：张　钊

不是很想出国

我是广东开平人，个人经历其实很平常，我是地地道道的乡下孩子，土生土长的开平人，1957年出生。那时恰好是国家最困难的时候，我经历过大跃进，生活比较艰苦，吃不饱饭。1966年我正式读小学，正好赶上"文化大革命"。我们这代人经历得很多，在"文革"十年中接受了基本的教育。我们自小接受红色教育，武装头脑，学校经常搞集训，读毛主席语录。1975年毕业，外面找不到活干，就只能在老家开拖拉机。我们村有六百几亩地，我们就负责耕田，每一个角落我们都去过。我自己还作为师父培训出好几个司机。到了1979年我去学汽车，几个月后加入政府车队。

一直干到1984年才出国来到秘鲁。当时思想斗争比较激烈，签证办好后一直不想出境。当时在家乡开车也不错，那时候都说广东三件宝是"司机、

医生、猪肉佬"。所
以其实那个时候也不
想出国。我爸在香
港，我当时已经26岁
了，我妈妈说我该成
家了。我有个姑姑在
秘鲁，我爸认为我应
该出来见识一下大场
面，然后再考虑其他事情。如果喜欢就留在国外，不喜欢就回国。我觉得也
很有道理，于是就来了这里。到了之后，就是所谓的"打死马骝唔兜回头"
（意谓没退路）。为何这么说呢？来到这里人生路不熟，虽然有亲戚在这
里。那些老前辈对我很好，要求我先熟悉一下环境再自己去做生意，其实就
是要求我给他打几年工。我以前在国内是司机，很多人都羡慕我的工作，来
到这里之后却要从厨房干起，洗碗、通坑渠，什么都要做。

创业历程

我在我姑姑那里总共干了两三年。在这里只能靠自己，如果不懂当地语
言很难生存，所以我开始读书学西文，每天上午九点至下午三点工作，然后
就在姑姑的餐厅里面学西班牙语，晚上六点至十一点再度开工，其余时间都
拿来学语言。我妈妈当时催我早点成家，但我觉得自己尚未自立，如何能养
家？所以打算自己出来开创事业。我在经营餐厅的时候认识了现在的太太，
31岁那年才结婚。这都是没办法的事情，人生就是这样，没有经济基础，如
何维持一个家庭？

刚来这里给亲戚打工的时候工资一百块美金一个月，和当地人差不多，
当时包吃包住，每个月的工资基本都可以存起来，而且秘鲁规定餐厅服务员
可以分得服务费，这样我干了三年都存了五六千块。我姑丈建议我自己创立
餐馆，他出钱我出力，餐厅的选址、策划、装修都是我一个人完成的。总共
两万美金左右就搞掂，那时候开间餐馆不是很难。生意还不错，但是很辛
苦，我一个人又要在厨房炒菜又要负责收银，有几个工人帮我进货。同时我

还先后请我的表弟和侄子帮我工作。通常每天上午七点就要开始干活，一直干到晚上一点，几乎没得休息，这种辛苦的状态大概持续了两年多。那个老外房东不让我干了，气死我了。当时生意很一般，后来店东不愿意继续把店面租给我。我亏得很惨，一无所有。这是我人生中的一个转折点。如果当初没有发生这种事，我可能一直会干到现在。后来我用十万美金买了一间四百多平方米的店面，现在起码值150万美金。这个地方有两层，我们用一楼作餐厅，二楼自己住。

1991、1992年左右，秘鲁的形势很复杂，治安好差，生意不太好做。与此同时通货膨胀很严重。当时几个国内的朋友跟我说，国内改革开放形势不错，方不方便回来看看。我当时没有想回国发展，但我出国的时候我妈妈已经快七十岁了，很挂念我。当时我就想带三个孩子回去看看，让老人家天天弄孙为乐。我是1993年回乡的，住了四年多，当时孩子们还没到入学年纪，差不多到1998年，该回秘鲁读书了，我妈妈说好，叫我快点带孩子们回秘鲁读书，我这样做等于还了她的心愿。那几年当中有朋友建议我做点生意，我也和他们一起做过一点工程，和开平本地的地产公司建房子，自己也投资了一些基础工程。

当时呢，秘鲁的形势好了很多，我在国内也能赚到钱，赚多少花多少，当时回到秘鲁几乎要重新来过。以前我回国的时候把餐馆交给我的侄子打理，回到秘鲁后发现亏得很厉害，于是卖掉了餐馆，改行经营加油站。加油站的生意我一直做到现在。加油站生意以前还不错，现在不太好。因为秘鲁第一条轻轨站就在附近，汽车无法来到我的加油站，当然那块地升值升了很多。但加油站生意还是会做，只不过赚的钱少了一些。

2003年年底秘鲁的房地产市场有了变化，虽然和国内比还不是很成熟，但我利用自己在国内搞地产的经验，于2004年开始买地。这里的管控并不是很严，房子没建之前就可以卖出百分之三十的单位，也就是说拿到地皮后可以在无需向银行贷款的情况下直接卖地。百分之三十的单位卖出之后，银行直接放钱给你让你一直建房子直到建好为止。这是秘鲁房地产市场的特色之一。国内的房地产通常一个工程就是一大片地，而秘鲁不是。以前一个智利的公司就钻了秘鲁政策的空子，一次性搞二十个项目。目前还很少有中资公司投资秘鲁房地产市场。我敢说我是第一个在秘鲁进军房地产的中国人。由于资金不多，可以说是打游击，打一仗换一个地方。地产生意一直做到2007年。我的建筑公司虽然比较小，但是麻雀虽小五脏俱全。开平是建筑之乡，我原来在国内学过一些相关的知识，但确实不是专业出身。秘鲁的华侨很少从事地产行业。有的人做过，吃了亏，就不想干了。本地土著很难打交道，太懒，无论给不给钱很多人都不愿意干活，我在这方面比较有经验，也有很多人担心秘鲁工会那群地痞流氓，很多人怕受到威胁就不敢去涉足这个行业。

由于资金较为充裕，我老婆开始经营老虎机。虽然说出来不好听，但是我们是持合法牌照的。我们开了好多，但耗资巨大，一台机器好几万美金。最大的一间赌场我们有两百多台机器，小的也有一百多台。我哥哥的儿媳是汕头人，帮我们看老虎机。老虎机也有两三个场，但现在生意不太好做，政府监控得比较严格。

我买了七台货柜托运卡车，我大儿子负责管理运输。二儿子还在读书，以后想开寿司店，我的加油站生意和地产生意他们没有参与。

从80年代到现在变化很大。我刚来到这里的时候，华侨从事的行业比较单一，主要是餐馆、杂货铺，很少有人经营旅店等其他行业。那时候老前辈们如果要开一间餐馆，至少需要两三个人。如果家里人手不够的话，自己根本不敢开餐馆。因为需要一个人炒菜、一个人收银，那时候的发展还是有着明显的局限性。现在的年轻人解放了思想，用现代化的科技手段管理一切。现在普遍来讲，华人的经济比以前好很多，涉及的行业也很广泛，进出口贸易、餐饮、铝业、矿业、农业等。

总局工作

2002年开始有前辈邀请我加入社团做事。我最开始加入的是五邑人的古冈州会馆，不断地跟前辈们学习。大概到07、08年左右，我已经是会馆主席了。我们这里的五邑人很少有来自五邑之中的恩平的，其他四邑则比较多。以前的侨社往往不是很团结，经常会出现很多问题。我加入之后，和其他的理监事一起，摒弃前嫌，团结一心。我前后干了五六年，虽然没有什么大的成绩，但大家都很团结，一直到现在都是。乡里都很支持我，我也很感激他们。我们以前打算重新建一个会所，所有的程序我都参与其中。

我连任两届之后就不再参选，当时通惠总局正好也要换届，在一些前辈的建议下出来参选，在侨胞们的支持下，已经做了两年多通惠总局主席，这两年来对侨社的工作感触颇深。

随着国家的强大，中国与秘鲁之间的关系不断发展，我们还有很多工作要做。我本身是新移民，对侨社的很多东西深有感触，我非常在乎的一个问题是年轻一代如何传承我们华人的文化。我们这样新一代的华侨，人数不多不少，虽然号称有两三百万人，但绝大多数人都是这里出生长大的华裔，虽然有着华人面孔和血统，但是生活习惯和思想观念完全本地化。我之所以带孩子们回家乡，也是不想他们变得那么快。平日里侨胞们由于事业发展的需要分散在四处，虽然餐馆可能只隔几条街，但相互之间很少沟通。小朋友们大多自幼就读于当地学校而非中文学校，和当地人融合得很快，长大后很多都与老外通婚。我组织成立了一个青年联谊会，给本地出生的华裔青年和来自中国的移民提供一个相聚的机会和地点。虽然大家都很积极，我们缺乏场所供侨胞们相聚。

我一直想重建一栋通惠总局综合性大楼。如果能有这样一栋大楼，我们中国人就什么都有了。我们在广州有18栋物业，现在很多都是危楼。我们已经开会决定卖掉其中几栋，但是这些房产是前辈留给我们的遗产，如果卖掉如同败家，这使我们很矛盾。这些物业原本交由广州市侨联代我们收租，由于广州限购，很难一时找到那么多买家。并且我们是一个社团而非个人，无法在国内开户，注册又非常麻烦。此外，我们这些华侨多年以来都想建一个属于我们中国人的医院。习近平主席成功访问秘鲁

之后，我们从本地市政府那里拿到了一块地，五千平方米，现在的问题是找谁来投资。后来我在一个有关一带一路的投资论坛上认识了一个国内的企业家，他愿意来投资。在秘鲁如果办医院肯定能赚大钱，我希望在未来两年内做成这件事情，不辜负侨胞对我的信任。

徐达权、
李海潮

———————
口 述 历 史

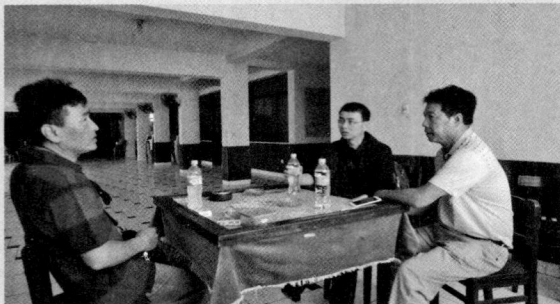

徐达权（右）、李海潮（左）

时　　　间：2016 年 12 月 8 日

地　　　点：秘鲁特鲁希略中华会馆

受 访 者：徐达权，特鲁希略中华会馆监事长；李海潮，特鲁希略中华会馆
　　　　　财务总监

采 访 人：庄礼伟

录音整理：莫　菲

一、徐达权

　　我是徐达权，今年54岁，在广东四会出生，我家乡在广州市白云区太和北村。我以前在一家大型橡胶塑料厂维修机械。由于我爷爷、叔叔，还有很多亲戚一直在秘鲁，我叔叔在秘鲁做生意，需要人手，他希望我去秘鲁帮助他。年轻的时候都想出去见识世界，当然离开家乡还是很舍不得，但是为了开阔视野，为了自己的未来，我答应了他。1990年办手续，获批准。我在1991年1月份经香港搭巴西航空，叔叔承担我一切的机票和经费。出国的时候，我刚结婚不久，我老婆当时怀孕6个月，我很舍不得。

　　1991年，我自己一个人来到秘鲁特鲁希略一家南美洲最大的糖厂边上的一个镇，我当时在这里做杂货批发，我四叔在这个镇。那里除了我和我叔叔两个中国人，就没有其他中国人了。我刚来到那个镇，不会听、不会说，心情很烦躁，持续了大半年，很想回去。来到那个镇大半年之后，我四叔全家都去了利马，只剩我一个人在那里打理杂货生意。

在那里干了三年，我就来到了特鲁希略，也是做杂货生意，那时的杂货生意也不是那么好做。我从秘鲁的工厂进货做批发生意，一般是批发秘鲁的牛奶、糖、米等东西。我太太1993年带着女儿过来，当时女儿两岁多，太太跟我一起做杂货。做了几年批发生意，感觉形势不是很好，一次火灾之后，我和老婆决定开餐馆，因为开餐馆成效快，很多中国人都是从开餐馆开始做生意。刚开始开餐馆，自己什么都不懂，找了一间小铺位，大概能摆得下10张餐桌的，因为我的名字有个"达"字，那家餐馆就叫"兴达"，一直到现在都是叫"兴达"。在这家店经营了六七年，另外再租了一家面积大一点的店，摆得下25张餐桌，两家餐馆一起经营。一直到2000年，自己想着在秘鲁扎根就一定要有立足之地，1998年时我花了8万美金买了间房子，房子靠近市中心大街，我买房子首先考虑能做生意，而不是买来住。第二年就开业，房子一半是我们自己住，一半用来做生意。那间餐馆刚开业的时候有26张餐桌。我们已经有3家店了，后来考虑到小的那家店没什么发展前途，就不再经营了，只开两家，生意还过得去。从2001年到2010年，第二家餐馆的房东不再同意续约，我就和老婆商量，将自己整间房子全部用来开餐馆，总共400多平方。那时，刚好我家隔壁有间房子以20万美金出售，我就和老婆商量买下了那间房子，我们搬到那里住。本来那房子要20万美金，我们和屋主谈价钱，他12万卖给了我们。我们原来的房子用来经营餐馆，总共有48张餐桌，生意一直都不错，觉得自己也有点成就。

我一直认为自己是中国人，没有更改国籍。我有三个子女，老大是女儿，老二、老三是儿子。女儿现在在中国读了三年大学，第一年在暨南大学华文学院，第二第三年在华南师范大学，主要学习中文。我大儿子现在读医学，读大三，要读7年。我想让他以后开诊所，所以我的房子就留给他做诊所。小儿子今年12月份中学毕业，很快要上大学了。

大儿子粤语流利，但不认识中文。女儿原来连一个中文都不懂，现在都懂不少了。小儿子听得懂中文，也会说中文，但不肯讲，他还是觉得讲西班牙语流利，他在这里出生，中文没那么流利，怕我们笑话他。我的儿女都回过很多次中国，大儿子回过七八次。

我1994年加入特鲁希略的侨社，一直都是担任理事，五六年之后开始担任监事长，一直到现在。我哥哥是会长，我们两兄弟都是同心协力，为了侨胞的福利，维护侨胞的利益，算是有一点成绩。

二、李海潮

我叫李海潮，是江门新会区人，1991年，我27岁时过来这里。我哥哥很早去了美国，妈妈和妹妹去了澳门，我出国之后，只剩我爸爸一个人在中国，他那时候五六十岁，退休了，我妈妈一个月回去中国一两次。

我当时看到的秘鲁的环境很差，现在有变化，但变化不大。那时，我在堂哥的餐馆打工，看哪个位置缺人手就去顶上，干过厨房的活，也去菜市场买菜。100美金一个月，兑换成几十块秘鲁币。我拿着工资买烟、读书。刚来的时候，我什么都听不懂，所以要学。那时，我在唐人街一个星期上三天课，一天一个小时。授课的是当地人，但他会说中文。上了几个月的课之后，我发现堂哥的脸色不太好看，因为我原本出来是帮他打工的，现在还要出去读书，就算是帮自己人打工也要看脸色。

在堂哥的餐馆打了几年工，我觉得工资太低，决定要自己做生意，也是开餐馆，是小型餐馆，主要是家里人在帮忙打理。

我来之前跟一个中国女孩子订了婚。刚来的时候，我和中国女朋友的感情还很好，后来分别时间长了就淡了。加上我过来看到秘鲁环境不行，就写信给她，说我在这里的环境很差，我不知道什么时候回中国跟你结婚，你现在还年轻，不如我们分手吧，对我们大家都好。她也没什么好说的，就把戒指拿回去给我爸爸。

我觉得找女朋友，在中国也一样，在秘鲁也一样，不如我就改变一下自己的基因，也许孩子会漂亮一点。我是在我堂哥的餐馆认识我太太的，她在柜台干活，她是当地人。我们是自由恋爱的，我很直接地约她出去看电影、吃饭。我们谈了五六年恋爱，我妈妈吩咐我哥哥当时从美国过来看这个女孩子，我哥哥拍了照片拿回去给我妈妈看，妈妈说还可以，说不是黑人就可以了，我爸妈的思想还是很开放的。像我这种跟当地女孩子结婚的情况不多，因为从不同地方出来的人的思想观念不一样。从她那个地方出来的人的思想比较守旧，从我那个地方出来的人就不一样，因为我们很早就接触外界。当地人的婚姻很脆弱，因为他们很随便。我们在一起有差不多20年了，现在都没有登记注册结婚。平常大家都有商有量，只是以我的意见为主，很多家庭都是这样的。

我们有两个女儿，大女儿刚读大学，小孩子还在读初中，她们不会说广东话，但她们会跟人说自己是中国人，她们很自豪。因为中国人在秘鲁的地位很高。不过秘鲁人也很好，因为他们不排外。刚来的时候不会说西班牙语，他们会很耐心教你。我的女儿都信天主教，很小的时候就接受洗礼了。我也会带她们和太太回家乡，她们也挺喜欢的。

我大女儿现在读国际商贸，跟一个朋友做生意，她朋友家里是做芦笋生意的，做得很好。如果有机会跟中国人做生意，会中文会好很多的。

我太太是秘鲁人，我如果入秘鲁籍是很容易，但我不想，因为我是中国人，以后中国强大了，我们中国的护照在全世界都是一流的。我现在是秘鲁永久居留的身份，每年要交20美金，看病要花钱，没有退休金。

中华会馆有100多年历史，我们中国人一直把这里当做沟通聚会的地方，从老一辈的华侨到现在，无论过中国节还是秘鲁的节日，我们侨团都会举办联欢会，搞抽奖活动，慰问老人，办敬老餐，发放敬老金。这里第一代的中国老人不是很多，只有几个。但是我们发放的对象包括所有有华人血统的老人，凡是超过65岁，过年的时候，我们都会每人发放100美元。

现在这里的会员总数有差不多300人，还有很多分布在不同地方的没来登记。旧会员就只登记一次，永久保留。新会员来要重新登记。中国出生的华人和土生的华人全部登记在一个本子上。土生华人占的比例超过了80%，他们是用西班牙文来登记的。他们很多不会讲中文，就算父母是中国人，他们也不会说不会听。但是他们都知道自己是中国人，都很积极参与我们的活动。他们平常会来这里走走，很多人也会打麻将、打乒乓球。按照秘鲁的习惯，每一年的11月1日，我们商会都会组织华侨到我们的华人坟场去献花。

大约3年前，我们把会馆楼下改造，全部出租，有几百个商铺，很小，一平方米多一点。而第一层面向西班牙大街，总共有四家店铺，每家店铺每月的租金大概是1300美金。整个商会的收入大概是一万五六千美金一个月，也算可观了。除了维持会馆的运作，也有些剩余。开支包括交税、过节，大概是三四千美金一个月，每月剩余大概是10000美金。做生意是按营业额交税，会馆每月交大概1000多秘鲁币。如果要发票，就交百分之十几的税；如果不要发票，最低是20美金一个月，封顶是19%。如果做多生意，就要交多点税。除此之外，会馆还要每月还要缴纳房产税、市政税，大约430秘鲁币，100多美金。

这里整体的经商负担比利马低，税收也比国内便宜很多。这里交的税相当于买一辆豪华的车，这里豪车比如奔驰大概就五六万美金。可以享受退税，比如开餐馆，买汽水、米、油盐酱醋，拿着发票，可以抵19%的税，或者一分钱的税都不交也可以。所以很多人买车，不管买什么级别的车，不是都全花自己的钱，就是享受这个19%的退税政策。

徐焯球

徐焯球（右）

时　　间：2016 年 12 月 8 日

地　　点：秘鲁特鲁希略中华会馆

受 访 者：徐焯球，秘鲁特里希略中华会馆主席

采 访 者：张应龙

录音整理：张　钊

中年出国

　　我叫徐焯球，白云区太和镇龙归人，1952 年出生。我家里情况比较特殊。我爸爸是国民党军人，黄埔军校第五期出来的，后来改行教书，在村里的学校当校长，再后来就转行经商。他当时去了肇庆的四会经营商行，我妈妈舍不得家里那几亩田，就没有跟他去四会。我爸在四会娶了二房，那时候允许这样。我妈妈生了三个孩子，我小妈生了六个孩子，我们兄弟之间非常和谐。我小的时候曾经在四会读过书，后来又回到老家读完小学。然后就在龙归一边等待学校复课，一边耕田，也做过电工、民兵、教师。后来我爸退休了，我就去了四会接手他的生意。我小时候读书不多，小学毕业后恰逢"文化大革命"，再后面就是学工学农学军。

　　在四会干了十年之后，因为叔叔在秘鲁，所以我就申请来这里。我的叔叔60年代就来了。一直以来他都跟我保持联系。我和我弟弟决定出来闯闯，于是把国内的生意卖给了别人。如果是到了1992年之后，就不会出来了。当时我在国内已经有自己的公司了，我们在当时的个体户之中也算佼佼者。我从1984年开始经营，一直到1990年，就是一般的供销社，集体承包的。当时的个体户们现在有的企业做得很大，有的就不行。我当时的四会供销社有6个员工。那时交通不方便，四会是好几条交通线必经之地，所以生意好做。现在不行了，高速公路太发达，四会的位置没那么重要，没什么行情。当时也有想过去东莞发展，因为我有一个表弟在东莞工商局工作。我和他商量过，他说只要是正当生意就一定帮忙。

我来到特鲁希略的时候年纪已经很大了，39岁。我弟弟比我早几个月来到秘鲁。当时办手续大概两千美金左右。但是不一定能成功，我还算运气好，申请了几次就办好了。刚出来的时候，我和许多侨民一样，做梦都想回家。刚到利马的时候，感觉机场差得不得了。当时我叔叔去接机，让我把所有首饰都藏起来不外露。我全家人1994年一起来秘鲁，我妈妈1998年的时候也来了秘鲁，当时已经八十多岁了，今年刚过世。

家族生意

我刚来的时候没有在我叔叔杂货铺打工，我弟弟就在那工作。我是一边玩一边学语言，钱是自己带来的。我毕竟年纪大了，心态很不一样。第一年主要的任务学习语言，然后看形势而定。当时自己不足，又不敢把钱全部拿来投资，因为要留着养儿育女。由于语言问题，很多生意都做不了，于是只能开餐馆。

第一间餐馆在市中心。我开的第一间餐馆有八张桌子，其中有半张不能用。那时租一个餐馆要三百美金一个月。餐馆是改装的，总共投资了一万多美金。请了三个老外，一个负责收银，一个当侍应，另外一个在厨房帮忙。厨房有8个平方米，3个炉头，买了几打碟子，自己做厨师。以前在国内的时候没有干过厨师，来到这里才学的。食客都是土人。早上十二点开门直到下午四点，下午七点到晚上十一点。那时税收很低，每个月开销也不大，吃住都免。

这样干了两年就决定把家人接来。他们当时还很年轻，用了半年时间就可以用西班牙语与人沟通。两个孩子一边读书一边帮忙做生意，当时老大17岁，老二15岁，那时他们每天晚上在餐厅干到十二点，然后步行回学校宿舍。有了我老婆和子女来帮忙，生意愈来愈好，一个月可以赚三千美金左右。后来我又开了一间。第二间餐馆是1996年买下的，只有一层，大概160平方左右。我把餐厅交给老外打理，因为如果不这样的话，生意很难做大。以前在国内可以坐在办公室里指挥一切，来到这里却要天天与菜篮为伍，招呼人家吃饭。我的孩子都已经结婚了，他们的思想比较先进。以前我们是不允许老外学炒菜的，现在则不一样，收银、侍应、厨师几乎都是本地人。我们可以经常全家出去旅行，平时餐馆都交给老外打理，有的时候我会帮忙照料一下。

2001年的时候我女儿结婚，女婿是一个单身来秘鲁的东莞青年。当时他们也没有自己的事业，后来我就跟他说老虎机生意交给你岳父岳母，餐馆交给你。我有两间餐馆，儿子女儿各一间。所以从零几年开始，我就不再直接管理餐馆生意了。

我现在一间餐馆都没有，我儿子有三间，是他自己奋斗得来的。我女儿女婿则有四间餐馆，三间是自己发展得来的。我儿子现在准备开第四间，正在装修中，他们也把餐厅交给老外打理。

女儿女婿的餐馆

我，我弟弟，还有我外甥现在都在这里。我弟弟是在国内结婚之后才来的，他老婆是后来才来秘鲁的。我一家四口，我弟弟一家五口，我外甥一家四口，前几年还有两个姐姐在这里，不过她们后来都回国了，她们因为年纪大了不习惯这里的生活。我姐姐的子女都是独生子女，我的姐姐都是城市户口，而我在农村生活，所以有两个孩子。

除了餐馆之外我没有做其他生意。我

们在这里买房买地，我现在有一个六千平方米的果园，专门种了一些果树，经常有空就去看看非常惬意，我还有片1000多平方米的空地可以用来种菜。

我个人观察，一个人做生意能不能成功是可以看出来的。那些不贪小便宜、为人公正大方的人做生意往往很成功，那些小肚鸡肠的人则很难发达起来。当时很多人介绍我出国，有人推荐南非，有人推荐加拿大。我去过加拿大考察，感觉那里虽然生活优越，但是打工太辛苦，做生意成本太高。南非没去过，南非那个是我朋友的朋友，并不是我的朋友，信不过。而且南非太乱了，我在秘鲁则很安全和稳定。我叔叔那一代人之中有不少人去美国和加拿大买房，但很多人买了房子之后就后悔，因为房屋的装修和整理以及金融危机的冲击令他们很头疼。我儿子就建议我们还是留在这里发展，连利马都不去。我在这里住了二十几年，和周边的邻居也很熟了。

特鲁希略侨情

现在本地的华人主要来自福建、广东。广东主要是中山、番禺、广州、花县、开平等地比较多，福建人的数目我们不清楚，通惠总局也不清楚，他们基本不和我们来往，来无影去无踪，他们通常来到这里之后很快就会离开。

听我叔叔说，附近的一个埠中国人不少，很多人耕田种稻米，以前还有粤剧戏班来这里表演，观众很多，但我来的时候还不到五十人。很多早年到这里的华侨都去了利马或者其他国家发展，比如以前有个姓苏的华侨在这里搞养鸡场，赚了很多钱，后来去了加拿大。当时华人虽然人数很少，但是都很有钱，那些军政府、警察头目、政府要员都跟我们很熟，当时的军政府甚至指挥部下保护和帮助中国人。如今也是如此，只要有钱，无论打官司还是其他什么事情都能搞定，但如果没钱就绝对没戏，说得不好听一点，他们腐败对我们来说是一件好事，如果他们不腐败，四处横加限制，我们就麻烦了。

中餐馆现在总共有大概一百来间吧，大部分中国人都同时经营两三间餐馆。除了餐馆外，华人还经营木材生意和五金生意。过去二十年左右五金生意很好赚钱，过去十来年木材生意也很有赚头，我们经营餐馆的其实就是摸着石头过河。这里的人有的去了加拿大，有的去了美国。

工业方面，这里有一座矿山。加工厂这两年陆续有一些，比如塑料厂，都是私人的，规模不大，厂房大概几千平方。所以这里的中国人主要还是经营餐馆，很少从事工业。我个人的看法是，当你来到这里开始经营餐馆，几年之后想要转行是很难的事情。

土生华人的生活很自由。曾经有两个人当过省长。土生华人好像不像先侨一样经营餐馆，经济似乎比较差，生活习惯和当地人差不多。我认得一个人，他老爸有很多产业，传到他手上破产了，现在一无所有。这里的土地没有利马那么贵，但是房价差不多，三千美金一平方，不过现在跌了很多。很多老外是不买房子的，租房即可。我们就不一样，一定要买。

以前秘鲁的匪徒抢东西但不会伤人，但现在抢劫时会出人命。去年通惠总局门口还死了两个人，匪徒直接开枪然后就抢钱逃走。秘鲁无死刑，即使被抓到判刑，坐几年牢之后也会减刑，最后坐个十年八年之后就可以出来了。这些亡命之徒一般都是直接开枪，不会多费唇舌。

这十年八年来变化很大，出现了很多大型集团和超市，也有很多新兴的工厂，都是从国内购买机器设备的。秘鲁的情况在整个南美洲算不错的。最明显的情况是以前基本不塞车，现在却整天塞车。

中华会馆

我叔叔很早就在会馆任职，并且总是要求我们多多关心会馆的事务，维护好会馆的财产以防贪污。会馆主席我一共干了十年，一届三年，中间有一次拖了一年，所以一共干了十年。我个人觉得呢，既然入了会馆，就要多做点事情，为侨胞服务，不计较个人得失。我们会馆很多时候官司缠身，经常要和土生华人打官司，因为他们也想来竞选监事和主席。但是按照章程，会馆主席和理监事必须会讲中文。在这方面他们赢不了我们，于是他们总是找各种借口刑事起诉我们。当时我是主席，官司一定要打，花了好多钱。可能是命中注定吧！等我卸任主席之后，就没有官司了。无论会馆怎么运营，都没有人起诉我们，非常奇怪。

我们会馆之所以能有今天，全赖广大侨胞的支持。以前我们开会或者搞各种纪念活动都要理监事们捐钱，现在不用了，因为有了自己的收入。建会馆的时候，我和副主席四处借钱，终于建了起来。但是很多人认为楼层太高，老年人来要爬楼梯，故而对我们提出异议。我们只好设置了扶梯，装修得很好看。经过与其他理监事们的商议之后，我们决定将会馆出租。当时很多土生华侨不大理解我们的做法，反对的声音很大。我们当时还有一个隐藏的会馆，是以前国民党政权的联络处。大会没有通过我们的提议，不允许我们出租。后来我们采取迂回战术，将会馆中的许多角落都出租以增加收入，然后把楼上礼堂装修一新用作会馆。

多年以来，我们一直把三楼用作会馆礼堂，二楼用作红白事，一楼出租。会馆所得的收入我们一般用于公益和会员福利，如抽奖、清明祭祖等，凝聚人心，会员们只要有事都会愿意来会馆跟我们商量，有困难也会来我们这里寻求帮助。我们以前就试过出钱资助一个在这里举目无亲的孤寡老人回乡养老，我们每年春节都设敬老餐。

会馆是侨社为侨民服务的机构，工作量不小，我们本身都有自己的生意，年纪又大了，所以希望年轻一代能接班。通惠总局经常请我出面帮忙解决相关问题，我在通惠总局担任执行主席有五六年的时间，个人以为有事还是应该先经过理监事们议决再行定夺，免得人家以为我有夺权的嫌疑。

这里的中华会馆和本地政府的关系一向都很好。他们也有邀请我们参加政府的相关活动，比如宣扬中国文化、升旗等。我们中华会馆在这里还是有一定的影响力的。现在中华会馆的会员按照以前的记录应该有一百多人，

近几年没有登记，具体数目不详。会员中不算土生的话，纯粹的中国人一百来个吧。

萧孝权

口述历史

萧孝权

时　　间：2016 年 12 月 3 日
地　　点：秘鲁利马通惠总局
受 访 者：萧孝权，秘鲁通惠总局荣誉主席
采 访 者：张应龙
录音整理：张　钊

家乡中山

　　我来自中山，1950年出生。父母在秘鲁，把我留在国内接受教育，所以我一直跟奶奶一起生活。1966年初中毕业时就打算出来闯荡，恰逢"文化大革命"，就没能出来，一直拖到1975年。本来我家与中山侨务部门关系很好，可以自由出入澳门，但是在1966年后就不能出去了。到了1975年，政策终于允许了。我以与父母团聚为由申请出国，那时候"四人帮"还没被打倒。我当时要在香港登机，从香港起飞，经加拿大、墨西哥转机然后来到这里，这么远的路飞了大概三四十个钟头吧。当时25岁，来到这里之后半工半读，后来出去自己做生意。1976年我开始自己做生意，父亲去世后就回来打理家中公司。因为自己习惯独立，觉得自己闯世界比较好。自己做生意比较辛苦，主要是搞海产品生意，比如鱼翅，销往香港。

225

通惠总局

通惠总局是在首任驻秘鲁公使郑藻如的促成下成立的，属于半官方的机构。当时没有外交官和领事，也没有护照，要开路条，通惠总局主要协助公使做类似的工作。以前在国民党时代，有个华侨委员会派驻秘鲁大使馆的专员，华侨来到秘鲁要去那里登记，领取华侨证。建交之后就不一样了。

为什么叫通惠总局呢？通就是通商，大家不要只顾自身利益，而是要互通有无，比如你我都开店，你缺货的时候我给你供货，我缺货的时候你则给我供货。对于打工仔则要优待他们，因为是自己人，即为惠工。所以通商惠工总局简称通惠总局，外面挂的招牌是光绪年间的。这些古训是我们的宗旨，历史的经验对我们来说弥足珍贵。

在此之前，秘鲁已经有许多地方性会馆相继成立，如中山会馆、番禺会馆、古冈州会馆、龙冈公所、鹤山会馆等。时至今日，在首都利马，通惠总局下辖11个会馆，在外省还有16个。我们的会员资料主要由基层的11个大会馆提供，他们都是以团体的名义加入的。具体怎么运作呢？我们奉行的是民主集中制。章程规定每三年改选一次，每年都有一个全侨代表大会年会，一般都是在年底或是年初开，由通惠总局提前发信给各埠的中华商会。利马的基层会馆会跟他们说会议举办的地点和时间，并请他们派代表出席。通惠总局包食宿，并报销路费。每次开年会第一天都选举代表大会主席，然后由主席读工作报告，讲讲明年的工作计划，最后交由大会讨论是否通过。然后还有监事报告和财务报告，然后向大会提供议案。如果恰逢换届，就由利马的11个基层会馆提供候选名单，包括理事、监事、财政等。当然大的会馆名额多，小的会馆名额少，然后根据名单投票选举。外省的代表有选举权，但没有被选举权。理监事会互选出对外联络、内政、妇女、文教。我们已经形成了一套制度。我连任了五届，总共15年，现在规定连任不得超过两届，我于2015年正式交班。以前通惠总局只设立顾问，没有设立荣誉主席，自2015年开始设立。总之，有了制度，大家依法办事。

通惠总局成立初期为了筹措军饷，搞了义卖义演活动，成立白话组和音乐社，之后人才不断流失。在香港回归时，我们成立了爱华文艺社，网罗华侨之中的文艺人士，大家组织起来，到现在都还在开始活动。这些人现在已经老了，现在的年轻人出于切身利益的考虑，忙于谋生，很难出来为侨社服务。

在40年代，秘鲁政府还是很歧视华侨，我们无法享受当地的福利，再加上内战期间国内也谈不上任何社会福利。很多老华侨都想落叶归根，或者回乡买几亩田养老，所以安置好那些回国之后无依无靠的老华侨是一个问题。在清末时，通惠总局在广州成立了一个秘鲁华侨安集所，在广州荔湾区购置了18个物业，出租物业以便换取租金补贴归国老华侨的生活。当时已经考虑得很周到，这也是通惠总局的社会福利计划之一，为侨胞谋福利。我们还有一个牌匾，叫做"东华医院"，每年筹款救济那些生活贫困的人。我们还和义庄有联系，因为很多侨胞都想死后归葬故里，我们就通过香港的义庄将华侨的骨灰运回家乡安葬。

华助中心是八大慰侨工程之一。以前祖国比较穷，我们就捐钱回去。现在不同啦，作为"家长"，应该出来看看海外的子女有没有受到不平等的待遇，看看是否有需要照顾的地方，所以就成立了华助中心，一年拨款三万美金。我们主要弥补外交领事工作的不足，如果侨胞出事可以第一时间排忧解难，属于社会公益活动。如果侨胞患病，我们有一个常驻医生，施医赠药。逢年过节给老人家派利是，过年的时候会去老人院送生活必需品。我们是最早一批海外华助中心，有16个。2016年6月第8届世界华侨华人社团联谊大会就颁了一个奖给我们，叫"华社之光"。我们属于做实事的社团，绝对实至名归。

通惠总局130年的发展历史与广大侨胞的支持分不开，同时也有赖于大家的团结。不团结就做不成事情，正所谓"大公无私 天下为公"。通惠总局不主张山头林立，这样会搞得国内同胞无所适从。我们秘鲁还好，美国加拿大那些地方很难一碗水端平。政府对此较为放任，国内的侨务工作最差的就是这方面。海外侨团之中不乏投机分子，有的没有会所，有的在当地没有合法注册。

在国家大事面前，秘鲁华侨始终立场坚定。改革开放之后，我们也一直致力于促进中国与秘鲁之间政治、经济方面的交往，参与国内抗震救灾，同时也参与秘鲁洪灾、地震的救灾工作。今年是我们通惠总局成立130周年，搞了很多纪念活动，还得到了秘鲁政府的祝贺信。秘鲁国会主席在欢迎习主席访问秘鲁的时候也提到了中华总商会和通惠总局，在演讲的时候也曾提到我们通惠总局和秘鲁华侨华人对秘鲁和中国两国之间的交往所作出的贡献。我们将习主席对我们秘鲁通惠总局的勉励话语辑录了下来。国家领导人外事访问期间频繁地在演讲中提及一个华人社团是很少见的现象，这是我们的一份殊荣。虽然我们是在义务服务侨社，非常辛苦，多年的付出能够得到习主席的勉励，我们真的很欣慰。他对我们的勉励令我们备受鼓舞，也督促那些新一届的理监事要认真做事，千万不可有任何差池。有了这份殊荣，我们就要鞭策自己，做得更好。至于如何化压力为动力，那就要看新一届理监事了。

我们本身有很多珍贵资料，但在通惠总局夺权过程中遗失，有点断层，零星地收回了一些。中国和秘鲁建交后，一些亲台湾的社团成立了秘鲁华侨总会，专门和我们作对。它们同时也是国民党驻秘鲁总支部。我们的《公言报》是左派报纸，由于历史的原因，逐渐萧条，后来承包给别人来办。我们办了一个《秘华商报》之后，《公言报》市场渐无，已经完成历史使命。我们也打算复办《公言报》，但在人力和资金方面都有问题。《秘华商报》是我们自己办的报纸，与广东省侨办也有合作。秘鲁的华侨，历史上最早是卖猪仔过来的，我呢已经在通惠总局服务了三十年。

致公堂

新中国刚成立的时候，我们这里成立了一个洪门民治致公党秘鲁总支部。天下洪门是一家，我们是其中的分支。洪门有很多名字，国内有叫致公党，也有叫致公堂的，有很多名堂，但都是一家。我们属于加拿大洪门民治致公党的分支。我们之前为了宣传新中国，发行了《公言报》，属于我们的党报。党报当时受到国内共产党的支持，成为共产党在海外的喉舌。当时秘鲁还是反共的，报纸的历史也有一百多年。国民党政府当时在海外的所谓领事馆与秘鲁反共政府勾结在一起，抓了很多我们的编辑去坐牢，迫害致死。那时的洪门就负责暗中宣扬新中国，特别是在1971年两国建交之前发动大家抵抗会馆，促进通惠总局的改选，将青天白日旗换作五星红旗，迎接1971年的中秘建交。我们洪门呢，一向保持优良的爱国爱乡传统。现如今这里的洪门民治致公党准备重组。老的主席中风之后去世，现在各地加起来有3000多个会员。由于历史原因，大多已经是风烛残年了，没有新人去继承。我和一个《公言报》的编辑还被请去宣誓入会以便重组，现在这个党已经没有多少正式活动了。我们以前听前辈说，美国加拿大唐人街的华人堂斗，如果能做出洪门兄弟的手语，就马上会有人帮手，他们有很多暗语。我加入洪门有十年八年左右，属于临危受命。洪门在世界各地逐渐式微，不比以前。现在出现了促统会，世界性的。

中餐馆与唐人街

秘鲁华人总数现在有一个新的说法，如果加上有华人血统的秘鲁人，外交部认为超过300万人。1979年之后来到这里的新移民已经开始很多了，当时这里的中国人已经开始断层了。60年代国内不允许出国，除非偷渡去港澳然后再出国。70年代末开放之后来的人很多，我们当时都想找中国来的女孩子作恋爱对象，但是僧多粥少。随着国内的逐步开放，人越来越多。

现在利马这座一千万人口的城市有六七千间中餐馆。经营中餐馆比较容易上手，只要会炒菜即可，然后再找人帮你收钱，投资成本也低，大多数秘鲁华侨都有自己的生意。这里收入较低，最低月收入三百多美金。我们之所以叫惠工，雇佣华人就双倍工资。我们这六七千间中餐馆成了本地纳税大户，这里的人们对我们另眼相看。我经常跟外国人讲，千万不要小看我们中国人，一个中国人来秘鲁经营餐馆，起码给秘鲁增加三到五个就业机会。我们同时也缴税，对秘鲁的经济发展有直接的贡献。现在中国是秘鲁最大的外贸伙伴，有很多大项目公司都在秘鲁投资，中铝、中石油、冶金、钨矿等，中国在海外最早的投资就是首钢在秘鲁买了铁矿，发生在藤森执政时，对秘鲁的经济有很大贡献。

去唐人街逛，会发现里面没有多少唐人，唐人街里无唐人是我们秘鲁唐人街的特色。进入中餐厅就餐，里面的食客大多数是当地人，中餐馆最成功的地方就是能

够吸引到大批本地食客，这就证明我们已经融入本地主流社会，这也是我们通惠总局和广大侨胞长期以来团结努力的结果。秘鲁本地人对我们是比较尊重的，到什么程度呢？本地人用西班牙文称中国人为乡里，非常亲切。中餐一词的西班牙文音译已经深入人心，非常普及，名叫"Chifa"。这个词汇到底源自哪种方言至今未有定论，既不像广州话，也不像我们中山土话，我觉得比较像国语，可能最早源自来这里出使的清朝官员所讲的"吃饭"。现在很多蔬菜的音译也已在秘鲁通行，比如白菜、菜心、姜，等等。

从70年代开始，因为生活条件好了，所以很多人选择离开。以前酒楼都是在唐人街，外面的不多，现在在唐人街中做生意的华人占比有一半左右。欧洲由于那里工资高，师傅是按小时收钱，所以那里的老板需要在师傅下班后自己搞清洁，收拾厨房，很辛苦。我们这里的老板就很舒服，因为这里工资低。

这里有中式寺庙或者佛堂。我们广东人是"满天神佛"，做生意的或者社团要拜关公，也有拜观音和佛祖的。一群台湾商人建了一座佛堂，老社团一般都将神灵放在社团会所的二楼供奉，新社团经常会有独立的佛堂，这应该是缘于海外华侨华人的实用主义。东南亚就完全不同了，东南亚华侨历史悠久，人也比较多。我们来到这里打拼，希望落地生根，也希望年轻一代早日接班。其实唐人街是海外华人血泪史的缩影，人家排斥你，你就只能自力更生。

华侨的光荣

辛亥革命推翻清朝统治，建立共和国。当时我们这里有个侨商叫谢宝山，当时他借了一笔钱给孙中山去搞革命。孙中山建立中华民国之后没有钱可还，就将广州的一块地给了他用作发展生意。抗日战争期间，华侨参与筹集军饷，周恩来在中山一个墨宝展上送了许多字画给我们，以兹纪念，其中一幅叫做"万里外六千侨胞，统筹债捐达二百万秘币，是侨胞之模范，是抗战之光荣"，这是民国二十八年也就是1939年的事情。另外一幅的内容是"有钱出钱，有力出力，把一切献给祖国"。我们将周恩来勉励我们秘鲁华侨的题字复印、打印在大堂。还有蒋介石、孙科、陈诚、孔祥熙、冯玉祥、白崇禧等人送了很多墨宝过来我们这里。当时搞了墨宝展，谁出价最高，谁就可以将某幅画拿回家收藏。现在还剩下三十几幅真迹，其他都是复制品。当时许多文艺界的大师、名流和大学教授到了重庆。许多山水画的题词我们现在无法考究出究竟出自谁之手，因为没有资料。这批山水画在现在来讲应该价值非常高，都是绝版，它们送到秘鲁来对于华侨来说也是一种财富。

谢允亭

口述历史

谢允亭

时　　间：2016 年 12 月 3 日

地　　点：秘鲁利马《秘华商报》社

受 访 者：谢允亭，秘鲁《秘华商报》主编

采 访 者：刘　进

录音整理：刘　艳

旅秘几代人

　　我 1968 年出生于广东中山五桂山镇，初中考上了省重点中学——中山纪念中学，学习环境很好。我在纪中读了六年，当时分文理班，我读文科，学习还可以，纪念中学一般百分之百都可以考上大学。那时没现在这么多人读书，只有四个班，现在十几个班。那时中山还比较落后，刚开始发展，堂兄回去问我，你是想考大学出来拿 100 多块钱人工，还是出国有车有房。我想了想，还是出国吧。1987 年，19 岁，高三下半年，我就拿到出国批准书，别人还没考大学，我就已经出来了，所以我没考大学就直接过来秘鲁了，至今已经 29 年了。

　　我们家在秘鲁已经几代人了，曾祖父谢宝山很出名，秘鲁仅谢宝山和罗俊良两个人得到过总统颁奖的荣誉。同陞会馆的谢宝山以前也是通惠总局的主席，我和他同房。我的爷爷没有过来，爷爷的一个兄弟过来了，随后我的伯父跟着过来，接着改革开放后的1985年我父亲也过来了，那时中国刚开放，国内环境还有点差。接着我把全家都带过来，母亲和两个妹妹都过来了。父亲就带我们出来，没有带亲戚，我们家族的很多表兄早就过来这边，一直在秘鲁。

我刚过来的时候，父亲来秘鲁刚好两年，做餐馆生意，需要人手帮忙，我就帮父母打理餐馆生意，那时竞争比较小，生意还不错。受环境影响，妹妹读书，我就没有读书机会了，一直帮父母干活，我在餐馆做了十几年。之后，我也有做其他事，和几个表兄一起进口中国图书、音像，卡拉ok，做了三五年。以前萧主席在唐人街有个图书店，我们顶了他的店，做了两三年，生意一般般，后来就没干，顶给别人了。

我在这边结婚，夫人是中山人，第一代华侨，现在有3个孩子。大儿子回暨南大学华文学院读书，中文没问题；二儿子在秘鲁太平洋大学读经济；老三是女儿，13岁，愿望是到华文学校读书，她四岁回中国读书。我父亲回国了，现在在中国，他不太喜欢秘鲁，所以就回中国了。父亲1985年来秘鲁开餐馆，已经回去九年了，秘鲁这里没有养老金，他还是中国国籍，回去中国养老，攒了一笔钱回去了，够吃够喝，始终是中国方便点，经常约老同学喝茶，参加老同学聚会。母亲也回去了，所以我女儿四岁，我就让她回去读书，从幼儿园开始，一直读到小学五年级才回来秘鲁。

我、夫人和三个孩子都是秘鲁籍。我们想回去，但是现在中国的法律不支持（现在放弃秘鲁籍也不可以）。所以很多人要求中国开放，像印度一样，给个侨民证也行。我们在中国出生，你给个侨民证，可以随时回中国，可以随时居留。我在中国纳税也可以，消费，没有社保也不影响，政府在这方面还没有开放，我们原来也不知道，因为我当时加入秘鲁国籍的时候，不知道中国有这个法律，后来看报纸才知道，我们加秘鲁国籍之后，中国护照没有取消，中国法律是这样，你一出国，拿到国籍一两年之后，自动注销你的户口。我回国要签证，大使馆就知道你加入了秘鲁籍，护照有期限，你要延期的话，一定要拿你居住证，我们加入秘鲁籍，就没收居住证，发公民证，所以瞒不了。很多人拿着中国护照，你要想回去中国居留，并不是一件容易的事情，你要重新办户口，要广东省批下来，很麻烦。你不能说你是中国籍，我要回去中国养老，你要申请一大堆手续，才能拿到护照。

我现在有房有车，什么都有了。谁都没想到中国发展那么快，所以那时还是选择出国这条路，没考大学直接来秘鲁了。父亲回国后，夫人接管了他的餐馆，雇了七八个本地人，生意做得还不错。我一直在报社干，因为我对报社工作比较有兴趣，餐馆工作比较零碎。

我们兄妹三个，现在一个妹妹在英国，因为有个亲戚在英国，她从秘鲁去到英国工作，就加入了英国籍。英国人觉得中国人是下等人。另一个妹妹也是秘鲁籍，在这里加入了秘鲁籍，但是她现在在香港，一边工作，一边照看父母。现在秘鲁人挺好，对中国人比较尊重。我到过世界很多国家，觉得秘鲁人对中国人最尊重。

《秘华商报》

通惠总局创办《秘华商报》时已有两家报纸，一个是三民学校创办的《侨中报》，还有以前很出名的《公言报》。因为竞争原因，它们已经倒闭了。以前很多广告都要去求别人，受人家控制，所以通惠总局一直希望有一份自己的报纸，宣传国内侨团，有自己的发言权。时任社长是通惠总局的主席，跟大使馆沟通，大使馆也赞助办这个报纸，《秘华商报》应运而生，至今《秘华商报》已开办16年。

2000年，通惠总局要创办《秘华商报》，需要一个懂电脑、会中文、会排版的人，父亲认识通惠总局的中文秘书、监事长王悦民，王悦民也是中山人，介绍我过来帮忙，我就在这里一直干下来。报纸最开始的负责人是孟可欣，报社一共三个人，我负责技术，他负责采编，还有一个刚从暨南大学过来的小女孩，负责采访和排版，都在这里办公，因为这里是通惠总局物业。

《秘华商报》使用繁体字，因为起初这里很多华侨都是从香港、澳门过来，读者绝大部分是老一辈华侨，很多人看不懂简体字，所以一直沿用繁体字。《国际日报》是商业盈利性质，采用简体字。稿源方面，《秘华商报》一直与中新社有合作，派过来的孟先生也是中新社，以前是做《公言报》，《公言报》后来停刊倒闭了，他回中国，但一直与中新社有联系。时任通惠总局主席找他过来一起合作创办报纸，也得到了中新社的支持。《秘华商报》也报道一些秘鲁新闻，我们聘用了一名翻译，直接翻译当地新闻，头版、二版，当地法律、时事新闻、时政新闻，翻译成中文，每天报道出来，我们全部在这里编辑，最初共八版，后来逐渐增加，因为广告多了，现在共28版。这些竞争比较小。

现在有《国际日报》。《国际日报》是从国外引进的报纸，绝大部分是从国内引进，头版及其他一些版面在这里编辑。《国际日报》是个国际集团，它跟东芝公司进口摩托车合作，大约办了五六年。

在之前几家报社慢慢倒闭的情况下，《秘华商报》最高发行量是1200多份，因为秘鲁市场不大，看报纸的人不多，整个市场只能容纳1200份报纸。《秘华商报》纯粹是公益性质，全靠广告客户支持，广告收入基本可以维持报社九个人，通惠总局能赚一点钱，可以继续办下去。我在《人民日报》开会时，听他们说几家海外侨社都办起了《人民日报》海外版，但是只有我们能够坚持到现在，很多都亏本停掉了，我们每周都有一个《人民日报》周末版，跟《人民日报》合作，直接用它稿件，每周出版一次，出四个版面，一直坚持到现在，办了大约七八年了。还有一个海外版，直接引进《人民日报》海外版，用它的稿件。

很多海外侨报都办不下去，没有广告收益的话就没法维持。《秘华商报》收入主要来源于广告，以及节假日贺版，结婚贺寿的贺版，每个侨团或个人结婚贺寿赞助的贺版。广告一个月150美元，广告收入能够维持日常采编和管理。我们卖报纸，虽然销量不大，但是卖报纸所得可以维持日常办公需要，广告所得除了编排人员的工资外，有点钱赚。《秘华商报》的版面和广告比《国际日报》多。《秘华商报》原先每份是一块半，现在涨到了两块，差不多就是成本费。日常卖报纸800份能够维持日常的运作和消费，如印刷费、水电费、办公费。工资维持不了，要靠广告。800份报纸还可以，它价格也不便宜。秘鲁的报纸一般是一份八毛、五毛，所以我们的两块算是比较高的价格。

销量方面，因为秘鲁市场有限，每期正常发行量是约800多份——卖600多份，送200多份。我们是全国发行，寄到外省，外省通惠总局属下会馆都有，不是订购，是通惠总局送邮费，我们报社送报纸，共十来个属下外省会馆，通惠总局做宣传，免费送。现在竞争很大，新媒体多，对报纸不是太重视。

《秘华商报》是通惠总局和国内合作的机关报，暂时来讲，是比较正规的报纸。现在有一个《新世界日

《秘华商报》报头

报》，以前是本杂志，后来一位餐饮协会的理事罗孝松自己创办的、中秘友好协会自己办的报纸。

我在《秘华商报》干了十二年，出去了两年多，后来又回来了。我是主管，管理整个《秘华商报》，负责编辑和日常运作。9月份我回来做老总，以前我一直在管理报社的技术、排版工作，不负责编辑方面工作，这两个月我才开始负责内容编辑工作。以前有个从南京过来的记者，去年回去了。

我们跟新华社有合同，每年他们收我们的版权费，因为我们用它的稿件。中国很多报社现在都重视经济利益了，向钱看。以前他们免费及时提供一些消息图片，现在都不提供了，应该向中国侨办反映怎么样在新闻内容、图片方面和人员培训扶持报纸。我们跟中新社和侨办说过。中新社培训的内容大而多，但是实际培训较少，我们希望和其他大侨社回去学习一下，很多东西都靠自己摸索，不如国内正规。邱处长也会向我们提供广东的消息，每个月两版，一是他们向外宣传，一是为我们提供有特色的稿源。我们的独家消息，我们的翻译量很多，现在我们有两个翻译，每天要翻译两个版的本地新闻，这是其他报纸所没有的，所以我们报纸现在在秘鲁算是比较标准的报纸。

我们一直想做特约记者，但是受条件限制，这里来的都是广东人，一般农村人比较多，很多都是做餐馆，中文水平有限，做不了这事。我们一直在登广告，征集稿件提供，一两位老先生诗写得不错，定期会向我们投稿，但

是上个月去世了。稿源持续性不够，我们很想做这事，但是我们本身编辑部人手不够，现在小周来了才有记者，以前是没有对外派记者的，很少出去采访，侨界的事我们在做，侨界以外的事，如侨胞的消息，我们很少接触到，没法做。

报社有对从江门来的两姐妹，过来五六年了，还有个从台山来的小女孩，三个月了，也是亲戚帮忙她过来。相对中国打工条件，外国会比较好一点，所以他们都过来这边。他们都有点中文基础、懂电脑，这里有中文基础、懂电脑的人很难找。他们的待遇与餐馆的收银员差不多，平均一千多，稍微偏低，但是他们都带着小孩，上班时间比较随意些。只要你的工作做完了，提前走都没问题。这些工作不能在家里做，因为涉及排版、版面设计、广告，家里干不了。可以干，但是他们控制不了这个流程，报社排版有一套专门的软件和流程，我以前也在家里做，《国际日报》是传版传过来，在这里印刷，可以在家里做，但是要控制好流程，《国际日报》是国内排版后传过来，你做头版和其他的广告版面而已。他们绝大部分版面是国内传来的，不像我们直接在这里编辑，我们的随意性就比较好，你想放什么都可以，它的版面就不行，一两个版面固定。因为太远了，沟通不方便，还有时差问题。

看报纸的都是老一代或者做餐馆的，做餐馆的一般没事，打发时间就拿着报纸看，因为他们不能一直拿着手机，报纸看得容易点，还是比较接受。像美国等其他地方，报纸一般靠送的，一般不能生存，你不送别人就不要你，所以我们现在还比较好一点。现在报纸要再提高水平，就比较难点。现在只能尽量维持现状，把报纸再向好的方面推进。现在手机太方便了，一条短信或者一条朋友圈。关于秘华商报网络媒体，小周也有想法，弄了一个秘华纪闻，也上网，APP没搞，有秘华商报微信公众号，上面可以登一些广告，免费推送。商家在报纸上登广告，我们就在微信公众号上推送。微信公众号上有我们独家翻译的消息，顺便带一些广告。我们了解过，他们建议多登一些侨界的消息，比如哪间餐馆有什么特色菜，去哪些地方玩。我们没有外勤记者，没法做到这点。我们一直想做，但是编辑量很大，秘鲁侨界生活比较单调，主要靠我们报纸了解时政等等，很多华侨不懂西文，有的懂，但也是一知半解，主要靠我们翻译了解很多消息。

现在华侨大多懂日常西文，但比较深奥的时政消息、新闻报道，就不怎么懂了。我们在这边呆了二三十年了，能懂百分之六十已经很不错了。听电台广播，基本能听懂大概内容，但要看详细的内容，就要看我们的翻译，了解最新法律，就要看报纸，这个很重要。比较专业深奥的、背景资料还要靠报纸上的翻译。报社有两个翻译，他们在家里干活，听新闻，看电视，浏览网站或看报纸，都是兼职，有一个是首钢地铁的翻译，首钢地铁在这里有分公司，他兼一份薪，翻译很多内部新闻和法律内容。中国新闻很多，但是不会关注秘鲁的细枝末节，秘鲁当天发生的时事新闻如打大抢劫，中国媒体不会报道这些，我们就自己翻译出来。我们的特色是依靠通惠总局，拿到第一手资料，报道第一手侨社新闻；很多广告的商家都集中在唐人街，所以登新闻比较容易；《国际日报》就比较麻烦，每两三天改一次，所以很多人比较愿意在我们报纸登广告，因为我们改起来比较方便点，这个优势比较明显。

通惠总局的董事会会讨论报纸发展的大方向，如坚持爱国、爱乡的基本原则，不能偏向台湾；但只要是落实到工作上的事情，都是我们自己来做，他们一般都不会管，有时也会犯错误，比如台湾有庆祝活动，我们登上去，影响就不好了，大使馆会打电话来询问，我们这份报纸刚创办时，大使馆也赞助过，而且报纸的签名是前任大使任景玉的题词，大使馆也有订我们的报纸。总局里的人很少说，我们自己会注意这个东西。可以说是通惠总局机关报，我们第一时间报道大使馆的消息，但是大使馆对《秘华商报》还不够重视，现在国家强大了，不像以前管得那么严了，你怎么说，他都不在乎了。以前管得比较严，比如台湾的东西，一有错，大使馆就打电话来，现在很少了。以前台湾的"总统"没打引号，第二天大使馆就打电话过来说不行啊，你要打引号，但是现在大使馆对报纸、媒体的支持还不够。我们绝大部分是为中国宣传，一年365天为大使馆做宣传，所以国内应要给我们经济和技术上的支持，精神上支持也可以，比如重视、表扬一下。大使馆活动完后给我们需报道的新闻消息，但是我们希望被邀请去采访，可惜他们认为我们没有采访资格，所以也就没有邀请我们。

我们希望把报纸办好，办专业点，总的来讲，就是希望国内能给多点支持，因为国外办报纸实在不容易，新闻来源和技术都需要国内支持。暂时来讲，我们能够基本维持。由于工作人员的中文水平有限，非专业出身，电脑技术亦有限，所以亟需培训；对外派记者方面，我们一直希望高薪聘请一个专科出身、比较专业的人，但是找不到，比较难。有考虑过留学生，但是留学生有自己的学业，分不开身，所以希望国内多派专业记者过来工作一两年，支持一下。像华文学校，两三年派一批过来。我们这边可以负责人工和宿舍等相关费用，国内方面帮忙找人才、物色人才就可以了。小周现在是一个月两千美金，报社提供住宿。

国侨办招募过人才培训，我参加过，但都是高层次理论方面内容，带我们参观一下国内情况，最好是让我们派比较出色的人过去培训学习半年或一两个月。现在不通过政府渠道，很难实现。安排实习记者，需要侨办协调，我们可以负责路费和在广州的住宿费。你们给我资金，作用不大，我们自己能够维持，关键是能不能达到专业报社的水平，新闻如何报道，这些是我们要努力的方面。

我们报纸一直是拿到外面印刷的，很大程度上受别人的控制，很多新消息，我们急着要印刷，又印刷不出来，所以我们一直想自己办一个小型印刷厂，也希望侨办支持，就是1000份短版，这样报纸出来就比较方便点。一可

以节省成本，二可以控制流程，不要老是拿到外面印，印刷质量也很差（这份报纸印刷得还不错），这是技术的问题，因为我们做好版去印刷厂印刷，他们印刷不出来，这些版都是我们自己做的。小周现在可以报道一般的侨社新闻和总局活动新闻，但是她还不能走外勤，因为她不懂西文，所以她采访不了，暂时还出不去。一般来讲，一个记者不够，我们要两个记者会好一点。我们一直想做比较有特色的报道，但是我们做不出来，因为我们现在的采编能力很差。

周瑞波

口述历史

周瑞波

时　　间：2016 年 12 月 5 日

地　　点：秘鲁利马通惠总局

受 访 者：周瑞波，秘鲁通惠总局名誉主席

采 访 者：刘　进

录音整理：刘　艳

华侨家庭

　　我的祖籍地是广东番禺。1914年父亲12岁时，因为国内乡下地少人多，找不到出路，所以就跟他的舅舅过来秘鲁。父亲有个哥哥在古巴，是古巴老侨，来秘鲁后就没有来往了。父亲回国过几次，1929年左右父亲和母亲在家乡结婚，因为没赚到钱，机票贵，所以直到1937年，母亲才过来秘鲁。1940年，我在秘鲁出生，今年76周岁，是这里的第二代华人。

　　秘鲁老华侨都不容易，非常困难，人工很低，在这里做学徒赚不了多少钱，一年就赚一双皮鞋的钱。父亲刚来秘鲁的时候，就是在杂货店当学徒，一般都是做这个，给别人打工，慢慢学做生意，他一生都在做生意。在我小时候，他跟别的华侨做磨坊管理。大概是一九五几年，他和一位老乡合伙在比较大的唐人街做杂货店生意，老板是他同姓同村的兄弟，但是赚不了钱。

一九五几年之前，大概40多岁之前，他都是给别人打工，帮一位姓黄的老板做田庄、磨坊，田庄也就是种地，在别人的农田里打工，都赚不了多少钱。直到四十多岁，他才开始自己开杂货店，有铺面，简单杂货店，然后在唐人街开了一个茶馆。

家里一共有九个孩子，姐姐和哥哥在老家出生，哥哥一两岁的时候过来秘鲁，我在这里出生。家里孩子多，父母很辛苦，谁吃了谁没吃都不知道，就是一锅饭大家一起吃。当时家里经济非常紧张，比较困难，但我估计吃饱饭没问题。秘鲁这个地方可以说没有冬天，最冷可能也是十二三度，夏天也不是很热，物产丰富，这里是一个世外桃源，饿不死人。父亲平常做生意，早出晚归，晚上八九点才关门，回来就很累了，一般很难见到，所以我们跟父亲讲话的时间很少。虽然如此，但是父亲很重视教育。平常父亲很忙，但礼拜天稍微好一些，还有一些家庭生活，大家在家里做馄饨、饺子。父亲1979年去世，享年72岁。

1955年，我15岁左右，我回中国读初一，后来在中国上大学，学的是物理专业。1969年大学毕业后被分配到在山东淄博博山的一个矿区，在那里待了两年。1960年，国内经济困难，我有机会回秘鲁，但我不回来，因为我向往社会主义伟大理想。但是后来"文化大革命"，情况就不一样了，思想有点改变了，觉得还是出国好，但是当时出不了，直到1971年才出来秘鲁。

我1970年结婚，夫人是在秘鲁出生的，原籍广东。1973年儿子出生，儿子在秘鲁读小学、初中，在厄瓜多尔、美国读大学。我有三个儿子，他们都会讲简单的广东话，都读了大学。三儿子在北京待了两年，会说普通话；大儿子在广州暨南大学呆了一两年，也会讲一些普通话；二儿子的普通话差一些，他没有去过中国。我让他们去学中国话，是因为有需要，我的想法和我父亲一样，受点教育、接受些中国文化的熏陶很有必要。文化不仅是语言，还有它的传统，所以需要学这个东西。我们中国文化最大的特征是感恩、孝顺、诚信，要讲话算数，你不希望别人做的事你不要做，所谓"己所不欲，勿施于人"。这就非常好，我们祖国的文化不能丢。

我们兄弟基本上都是跟华侨结婚。我的孩子不一样，二儿子娶了一名日裔。我管不了我的小孩，我是想找个中国人的后裔做儿媳妇，第二代或第三代华裔都可以，但是不好找。

我在秘鲁有一些关系较好的本地同学，国内也有。我今年回广州参加两个大庆：中学毕业55年，大学毕业50年。我的朋友中既有华人，也有秘鲁本地人。只要谈得来，我们就结交朋友，喝喝茶。总的来说，华人朋友多一点。

我1971年来秘鲁后，我在这里开过饭店，做过五金生意。1985年，这里发生经济危机，我就跑到厄瓜多尔养虾，虾场很大，250公顷，一天都走不完。养虾，就是把海水灌进去养殖虾。开办饵料加工厂，加工养猪、养鸡的饵料，在那里待了11年。养虾开始做得非常好，很赚钱，后来虾有病，生意就不好，做不了了，我就回来了。现在我还有一个不小的农场，159公顷，有经理帮忙管理。做生意赚钱，打工是赚不了钱。我到厄瓜多尔之后主要是经商、做生意，生活还可以。

我有时候一年回国开会两三次，每年都有年会，我当会长，每年都开会，参观、视察，我前年退了，感觉中国现在发展还是比较快。现在国内硬件比这里好多了，公路、地铁都建得很好，我回乡下，坐地铁很快。过去我回乡下，要转两趟车，很久，现在地铁直接通到番禺市桥，很快，不一样。软件的情况我就不清楚了，国内发展太快了，这里跟不上，人的素质方面还有待提高。这次我去丽江西双版纳旅行，十一月初才回来，我们开车过去，但是外边的巴士不让停，只准停旅游区的巴士，排队全是乱来，妇女不守秩序，那里的人喜欢耍小聪明，这点比较差，人的素质这方面比不上秘鲁，秘鲁人都知道要排队。

家　风

父亲经常跟我讲，他小的时候，虽然年纪小，念书少，但是在家里读了两三年私塾。他喜欢读书，经常自己学习，所以他的文化很深，诗歌、文章都还不错，文笔也还可以。父亲对我们的影响很大，他告诫我们不要忘记中国文化，不要忘祖、忘根。他自学了不少，虽然念书少，但是不代表他没有坚持学习。父亲很重视教育、读书，他自己少年嗜学，因为穷，所以知道念书的重要性。叔叔也叫我回去念书：你不回去读书，会在这里变鬼，以后你就是鬼。"鬼"就是指没有中国文化的人，包括中国语言还有中国思维、中国传统，这个文化很重要。这个人没文化，就没用。父亲的思想比较好，不会重男轻女。父亲说，男孩女孩都去学校，你能读多少就读多少。我们兄弟中，有个弟弟没有上大学，初中学历，其他都读大学了，女孩子都上大学了。我有个二姐，还有妹妹、弟弟，他们都读书了。弟弟因为当年父亲生病了，所以在国内初中还没念完就回来秘鲁，帮父亲做生意，书没有念完，其他兄弟姐妹都大学毕业了。我的兄弟都在美国纽约，我一个人在这里，他们都是知识分子，都是大学毕业。这种情况在华侨里面比较普遍，华侨都比较重视教育，读得比较好的华侨都移民到美国、加拿大了。兄弟姐妹大多在国内读大学，哥哥读地理，妹妹在华南农学院学农业，一个弟弟念初中，后来三个弟弟去了美国，念化学工程师，电子工程师。

父亲的一件事情很感动我。当年是他的舅舅（父亲的母亲的弟弟，也就是我的舅公）带他来秘鲁，但是舅公在北部，没有和父亲在同一个城市。舅公没本事，赚不了钱，没有把夫人接来秘鲁，就娶了一个西方当地的媳妇，后来破产了，人老了，眼睛瞎了，得了花柳病（性病，梅毒），结果没有亲人照顾他，无家可归，父亲就计划把舅公送回国，因为回国需要办一些手续，估计大概需要两三个礼拜，所以父亲把他接来这里，暂时安排在我们这条街一个小旅店去住。那是1952年，我12岁，记得很清楚。那时我住在这里三条街的一个胡同里，我在这里念书，这个地方过去是个学校。每天我盛一些饭给他吃，父亲每个礼拜都带他去洗澡。叔叔每天在这里提过一个罐，相当于现在的饭盒，因为舅公没有牙齿，所以就弄点汤和面条。父亲的目的是把舅公送回中国去，因为舅公是他的恩人。这件事对我影响很大，教会我要学会感恩。舅公没有工作，事业也失败了，也做过很多错事，但父亲感恩，把舅公接过来，从北部接到这里，再把他送上飞机送回国。舅公回去后，家里的小孩、儿子、媳妇说："你没用，你老头子还满身病，钱又没带来。"所以回国几个月就死了。舅公去世时大概是六七十岁。这件事对我影响非常大，教会我要感恩；父亲对老人家这么孝顺，对我影响很大。

华侨地位

秘鲁华侨很少寄钱回国，因为华侨来这儿后，很容易讨媳妇，媳妇大多是社会阶层较低的佣人，然后生孩子，很多都是这样的情况。很多华侨没有本事，就没法寄钱给家里的老婆、儿子；再加上当年抗日战争，太平洋战争爆发，和国内的联系断了，寄不了侨汇。当时父亲给老家寄钱也比较少，但是抗日胜利以后就好了，乡下有很多广安、幸福等专门机构，它们是民间机构，像信托，方便华侨寄钱回去，每个乡都有，我们现在有两个，一个是广安，一个是幸福。附近的华侨都是通过它们寄钱回去。当年还没有什么中国银行，华侨银行、新中国成立前就是通过这种方式。

过去歧视华人的现象很严重。我岳父刚来秘鲁，种菜园，每天早上四五点，用驴拉木制大板车，把菜送到老市场上去卖，拉完了还要回去，买东西，菜园也不远，从这里大约半个小时，就被当地人欺负。因为农场没有水，要取自来水做饭，结果黑人小孩调皮，把牛粪弄到你的水里，水就不能用了。当时我的岳父才十几岁，就哭了。因为国家很穷，中国人没有地位。被小孩子欺负，也说不上什么歧视，就是国家穷，你推大板车，别人看不起。

我来的时候，没有这种情况，但是会笑你支那，那是一种侮辱。现在没有这种情况了，秘鲁华裔当上了国家总理、议员、议长，还没有当上总统。我做企业的时候，雇佣的当地人多，现在情况好多了，他们对中国人都另眼看待、刮目相看，因为很多东西如电脑都是made in China，中国还举办了奥运会，还有很多好东西，现在不一样了，秘鲁当地人对我们华侨改观了，对中国人很崇拜。

此外，因为秘鲁的主流社会不是白人，而是混血，印第安人、白人和黑人混在一起，所以秘鲁的歧视少一些。尽管这里有白人，空军、海军是白人，空军没有黑人，印第安人也很少。陆军就有些混血，你到智利、阿根廷、委内瑞拉就不一样，那里是意大利后裔、德国后裔，所以那个地方就有歧视，分彼此，如我们是白人，你是黄种人。但秘鲁没有这种情况，非常好。他们认为嫁给中国人是一个保障，一般家里有女儿，嫁给中国人，跟买了保险一样，舅舅、表弟经常到家里要东西，嫁给中国人，有保险，中国人勤劳、勇敢，能够亲近、信任。大多华侨都过来这里经商、做生意，过得都还不错。

现在西方人都学中文，很多电视台节目上都有会讲中文的苏联人、美国人。比如国内江苏电视台周六的一个节目——非诚勿扰，上面苏联人的普通话讲得比我更好，他们还会讲方言。现在全世界都有学中文的浪潮，做生意，有前途。和我们学英语是一个道理，说明国家强大了，他们自然学，不用去推广。我认为一个民族除了语言之外，你还要通过这个语言知道它的文学、历史，你懂了这两个东西，你就知道它的人文、文化，之前我不怎么重视历史，我现在觉得历史非常重要，你要爱国，但不能空头爱国。我们经历过国际上被欺负，我们国家没办法，被人打，八国联军用步枪，我们清朝用大刀，怎么抵挡得了？我们用人海战术，他们用火药炮，这怎么打呢？国家不强不行，不爱国不行，你不知道我们历史，就不懂爱国。

社　团

通惠总局历史悠久，至今已有130年的历史。它在不同的时期发挥不同的功能：过去主要是救济、帮助一些遇到困难的人或老人，互相帮忙，引导新来的华侨入行、安身；现在从国内过来的人大多都有背景，家里有钱，这里也有亲戚，不再需要帮忙了，所以它的功能就转为社会联谊，在一起讨论如何提高华人地位，如何在主流社会表现好一点，如果当地遇到地震等自然灾害，我们也赈灾，帮忙救济、捐钱，捐赠被单等，与当地搞好关系，我们都有照片档案。过去如果秘鲁华侨要回国，他要给这个会馆捐一块钱，现在没有了。我们有分会馆，主要是广东人多，山东、安徽、甘肃、天津、东北等地的人很少，现在也还是这个情况。我们这里有11个会馆，都是广东人，中山、番禺、四邑，现在是中山、番禺、台山、开平、江门、新会比较多。

秘鲁华侨有报纸，通惠总局创办报纸，办了很久了，大概是新中国成立后创办，估计是《公言报》，《公言报》过去也有，过去是反清，它有个民治党，但是早二十年《公言报》就没了，《秘华商报》大约办了一二十年，完全由通惠总局办。通惠总局聘任总编，发放工资。报纸是喉舌，创办报纸是因为发消息（启事、通报红白事、生意人饭店广告），团聚华侨需要，当

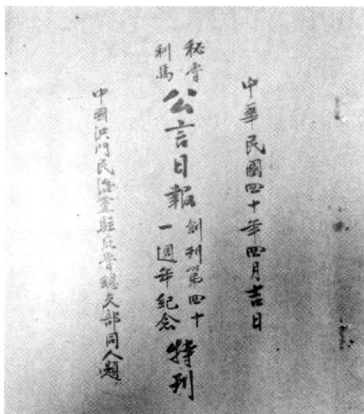

时一份两块钱，现在每期印一千份。

我们拥有两所学校，都是非全日制中文学校，每周上几个小时的课，课程不多，主要教中文。师资方面，有的是本地人，有的是从国内过来，都是教中文的老师，但是以兼职为主。费用是收租，这个楼是自己的产业，收租来维持，我们有几个商店和学校，我们是业主，我们收租。当年的老前辈有先见之明，他说，你们搞个总局，一定要有个地方收租，不然没有收入就维持不了。这个是1952年重建的，之前是一些旧楼，木楼楼上是木板，我在这里念过书。

可能受到重男轻女封建观念的影响，通常是这种情况：如果是儿子，就把他带过来；如果是女儿，家人就不管。我发现很多老侨不供女儿念大学，因为他们认为女儿嫁人，嫁给别人，就是人家的人了；儿子是自己的，就供读书，有这样的封建观念。七八年前从中国来的移民很多，现在少了很多，而且现在移民秘鲁的目的是以秘鲁为跳板转而移民到美国去，并不是甘心情愿移民这里。

习近平在访问的时候说，十个秘鲁人里就有一个是华人或者华裔，这个数字估计是差不多，有两三百万是华裔，包括仅含十六分之一华人血统的同胞。厄瓜多尔四分之一华人血统的人认同自己是华人，虽然长得很不像，但他们说"我的心是华人心"。仅有十六分之一华人血统的秘鲁人也认为自己是华裔，我们对此也认同，因为华人光荣。通过观察工人，我发现，凡是有点华人血统的秘鲁人跟纯正秘鲁人的表现的确不一样，有所区别，拥有华人血统的秘鲁人整体会低调点，勤俭点，勤劳点，诚实点。而秘鲁本地人的祖宗是海盗、劫匪、冒险家，乱糟糟的基因就遗留下来了。两百多万华裔，有些儿子不一定像中国人，但孙子像，这种现象很奇怪。有些朋友，爸爸是中国人，儿子有的像中国人，有的就不像，但是孙子有些很像中国人，这个是遗传基因的问题。

智利篇

陈桂陵

口 述 历 史

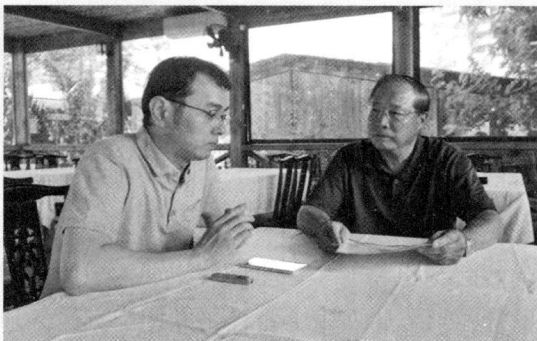

陈桂陵（右）

时　　间： 2016 年 12 月 12 日

地　　点： 智利圣地亚哥远东酒楼

受 访 者： 陈桂陵，智利智京中华会馆前主席

采 访 者： 庄礼伟

录音整理： 刘　艳

移民家庭

　　我是陈桂陵，1949年在广东中山的一个小乡村出生。1962年，我和弟弟移民到澳门，在澳门长大，读完中学后，就到香港读了两年大学。1968年，爸爸从香港移民智利，1975年，因为父亲的关系，我和弟弟移民到智利，来到一个陌生的环境谋生和发展。当年智利的华人很少，只有两百人左右。父母在广东中山出生，1968年父亲来到智利，现在80多岁，还健在，住在智利首都。母亲来智利生活了一段时间，又和我妹妹一起到美国生活。

　　1979年，我和太太结婚，太太是祖籍沈阳的中国台湾人，那时这里只有我和台湾人结婚。当年来到这边，要找结婚对象不容易，当年我太太来到这边的时候，中国人很少，我太太和我相互交往，后来在这边结了婚，她是从沈阳到台湾，她爸爸跟着蒋介石退守到台湾，抗战结束后过去的，我岳父和宋长志非常友好，是他的左右手，宋长志曾经是台湾的"国防部长"。岳父是个工程师，后来去日本进修制造游船，退休以后，后来又移民到美国，我太太是因为当年有个台湾外贸展销会来智利，然后大家才认识。

我在这边结婚以后，生了三个小孩，两个儿子和一个女儿。小孩在这边出生长大，他们的同学、朋友大多是智利当地人，他们融入主流社会完全没有问题。老大在智利读完中学后到美国念大学，老二在智利大学毕业以后到美国读研究生。他们在这边长大的时候，一个台湾侨社有一所中文学校，帮小孩启蒙学习中文，让他们有个基础以便在将来到别的地方学得更好。他们在美国毕业后，我把他们送去北京语言学校学习国语。小女儿也在智利念大学，现在结婚了，嫁给了我一个中学同学的儿子。我的女婿是巴拿马的中国人，现在我也是爷爷辈了，四代同堂。他们小时候没有去中文学校读过，在家里我们用国语，儿女们能听能讲。

1980年后，台湾的侨民陆续来到智利发展、经商，因为太太是台湾籍人士的关系，我和台湾的侨胞有了联系，经常和他们在一起，逐渐融入他们的生活圈里，我和台湾侨胞的关系非常好。1990年代以后，我们广东侨胞开始依靠姻亲关系来到智利谋生发展。在这种环境下，我和从国内广东过来的同乡也有了密切的交往，建立了深厚的友谊，我没有带过人出来。

以球会友

在智利生活40年间，我是一个非常喜欢运动的人，来到智利以后，虽然当年语言不通，但是因为我喜欢运动，所以通过运动有了社交。年轻的时候喜欢打篮球，但是来到这个陌生的国家，你要找10个人去打篮球是非常困难的一件事。在澳门的时候，我是澳门最好球队的球员，来到这里之后，语言不通，组不成队，后来我在电视上看到，网球比较容易点，两个人对打就好，就通过我的朋友、客人找到智利以前的一个网球国手，他现在在当网球教练，我就跟他讲：我喜欢做运动，教我打网球好不好？他爽快地答应了，后来就跟他去网球俱乐部，一去就去了三十多年，通过打球认识了很多当地的球友，也使我有机会融入主流社会。当年普普通通的球友后来成了部长、参议员，这种私人关系给了我很大的帮助，同时也给侨界带来了很大的帮助和方便，通过这种关系可以帮助侨胞融入主流社会。

因为我在智利经营餐饮业，餐饮业最容易接触到当地居民。我认为经营餐饮业三点最重要，即三个心，做餐饮业，要客人放心，我们要自己干得开心，要对员工有爱心。对员工要有爱心，员工把你对他的爱心全部转移给客人，让来这边用餐的客人感受到我们老老实实地在做。

我喜欢交朋友，喜欢跟客人聊天，结果很多客人会运动，懂打球，经过交谈，他们也会主动约球，经过这种以球会友的关系，建立了深厚友谊。智利的情况很特别，你不知道他们的真正身份是什么，可能交往之后要过了好几年，才知道他就在政府部门担任重要职位。就是通过这种私人朋友关系，可以提供很多方便的渠道来帮助我们的侨胞在这边谋生发展。我觉得我最成功的地方，就是在智利的朋友、台湾侨胞和国内侨胞来讲，对我非常地信任、支持和肯定，我是一个很特殊的人（这边香港的侨民很少，而我又和台湾人结了婚），利用这种非常特别的关系，介绍国内侨胞和台湾侨胞交往，让大家了解到我们对国家的看法，但是我们也很尊重他们的看法，我们也很坚定自己的立场，我们交往中就比较相互尊重，对话不对抗。我参加高尔夫球会十年左右，侨界的高尔夫球会也大约发展了十年，当年只有我一个人打，现在高尔夫球会大约是一半一半的比例，海峡两岸各20多人，所以我们也去参加很多台湾方面民间的活动。

侨团发展

从19世纪末开始的很长时间里，整个智利侨界只有一个智京中华会馆，但到1978年，已发展到13个侨团，每个地方成立了同乡会和地方乡会。这些侨团有大有小，人数有多有少，智京中华会馆以广东人为主，但中华会馆是中国侨胞大家庭，我们中华会馆的大门永远为整个移民到智利的侨胞敞开着。

在我们的会馆里，有很多福利，主要有救济老侨的宿舍，无条件地接受无依无靠、生活有困难的老侨来安度晚年，不是中华会馆的会员也可以享受这种福利。因为我们不希望智利有一位侨胞流落街头，希望他们在最困难的时候，也不要让我们中国人的形象受到损害。我们会馆还有两所公墓，老侨过世后，如果没有地方安葬，不管你来自哪个省份，都能安葬在中华会馆的公墓里，二代三代都可以，四分之一、八分之一血统都可以。我们中华会馆和每一届理事会默默地沿着我们老一辈的道路一直走下去，会馆的宗旨就是爱侨爱国团结发展。智利广州总商会，也是十三个侨团之一。福建人有两个组织——福建同乡总会，福建总商会，都是十三个侨团之一，其他还有温州商会，浙江商会，鹤山同乡会，江苏商会，华商联谊总会等等，我也是华商联谊总会的名誉会长。

智利侨界一个极为特殊的特点是：每个会的会长之间都建立了友谊，能够互相包容和支持，所以我们侨团有什么活动，大家都一起参加，互相支持，能够表现我们侨界团结和谐的气氛。通过会长的私人关系，每个侨团会员能够互相尊重、包容，我觉得这个对在海外的侨胞很重要。生活在一个圈子里，我们应该团结在一起，为祖国的发展发光发热。

1994年，父亲的一位好朋友当年是中华会馆的主席，因为他的影响，他希望我在经济稳定下来以后能来中华会馆服务侨胞，我被他对侨界的热心和耐心所感动，我说："好吧，那我出来帮下忙，跟你学习一下。"经过六年后，我得到了广大侨胞和中华会馆理事会理事的支持和拥护，在老主席退下来以后，他们希望我能担当会馆主席这个重任。在他们的支持下，我觉得在社团有困难的时候，我应该勇敢地站出来，尽自己最大的努力，追随老前辈的教训和道路，帮助侨团一步一步地前进。我在中华会馆担任了六年主席，2001年到2007年，两届，因为我在智利这个民主国家生活，我觉得我不能在一个位置上长待，不然会阻碍年轻人和侨界的发展，希望以后中华会馆从我做起，每任主席做完两届就退下来，在幕后全力支持、帮助中华会馆的发展，培养下一代接班人，让新的班子将会馆发展得更好。

每次中华会馆选举活动都很隆重，投票前，先询问拟提名参选人是否有时间和精力帮助会馆，如果没问题，就把参选人名字提上去，提名名单大约三十多人。随后在会馆举办投票活动，让所有到场的会员投票，得票数前19位的会员就成为会馆的理事会成员，之后由理事会开临时会议，内部协商，每个人都投票，得票数最多的理事即是会馆主席，得票第二多的即是常务副主席，得票第三多的即是财政主管。选举得票数均要过半数才能当选，否则需重新投票，即至少要拿到10票。会馆共有两位副主席，除了被选出来的常务副主席，另一位副主席由主席上台后委任，但不是常务副主席，仅协助主席。

侨史点滴

智利华人历史，我知道的也不多。三年前，在庆祝会馆成立120周年之际，我们制作了一本简史。我们前往智利北部了解和采访，简单了解到智利华人的移民历史。大概是19世纪中叶，秘鲁南部的华人受到当地秘鲁人的虐待，恰逢1879年智利发动了一场侵略性的进攻秘鲁的太平洋战争，华人为了他们的自由参加了这场战争，并帮助智利的军队打到了秘鲁的首都利马。战争结束后，为了报答华人的帮助，智利政府允许华人在智利合法居留，华人就开始在智利的北部驻扎下来，主要做硝石、捡鸟粪、修铁路等工作。据老侨讲，华侨有去当炮灰，但智利历史不可能把这点写出来，120周年特刊讲"帮了他们的忙"，我们去考证的时候，智利官方的历史中并没有讲华侨华人参与战争，所以按照当年历史的情况，我们只能在简史中讲出来，他们相传说是有太平军的余党逃到那边。在官方文字里，没有记载智利因华侨功劳大而赐予华侨华人自治而华侨没有接受这个优待，所以智利不一定给了华侨华人自治地位。

后来欧洲经济萧条，鸟粪、硝石经济衰退，华人往南迁移，来到智利中部。1890年，他们迁移到首都，无依无靠，都是单身，本来是希望落地归根，计划在智利待10年左右就能够回到老家，但因为种种关系，他们回不去了，只能在智利落地生根，跟当地人结婚，有了家庭，但是因为语言、文化、生活方式不同，华侨就希望在这边有自己的大家庭，有一个讲共同的语言、能沟通的地方，所以1893年，中华会馆成立。老华侨们的生活条件并不很好，但是为了能有一个自己的家，每个人尽自己最大的奉献捐钱，买了一个属于自己的家，这就是中华会馆。中华会馆成立后，华侨们每个礼拜会有两三天（星期三、星期六和星期天）到会馆聚在一起，互诉心情，互相安慰，抱团取暖。后来他们在家里做一点食物，拿到会馆，相互交换。1946年，老辈华侨迁移会馆馆址，新家就是一座破旧的老房子，他们在老房子那边互相安慰，1946年圣地亚哥应该有2000多华侨，全国大约有五六千人。

日本侵华时期，智利华侨热烈支持国内抗战，很多侨胞买了公债券，用自己小小的力量去支持抗战，中华会馆也有买公债记录，有没有人回去参加抗战就没有记载。

1949年，中华人民共和国成立，智利不承认中华人民共和国，还没有和中国建交，中华会馆当时比较亲台。1952年，老侨和部分与中国有友好关系的智利重要人士成立了一个中智文化协会，推动两国关系良好发展。中智文化协会的副会长和一半理事会的人都是中华会馆理事会的成员，中智文化协会主要开展政治活动，推动智利和新中国的关系，属于左派组织。当年智利总统还担任过中华文化协会的主席，我的叔叔是中智文化协会的第一任副主席，那时智利亲中国大陆和亲台湾地区的华侨各一半，因为双方政治对立非常激烈，结果导致华侨内部分裂，"文革"的时候还是分裂。

1970年，阿连德总统上台，他以前是中智文化协会的主席，上台后与中华人民共和国正式建交，中智能够建交，要归功于中智文化协会，它贡献了不小的力量。1970年建交后，亲中华人民共和国的侨胞就把中华会馆从亲台湾的侨胞手中拿了过来，当年政治非常敏感，他们把很多有价值的文件都销毁了，中智建交，大局已定，经过一两年后，亲台的侨胞都接受现实，回到中华会馆。我没有中智文化协会的历史资料，中智文化协会存在差不多六十多年了，至今还存在，最近一两年由王和兴负责。中智文化协会差点就关闭了，他们没有办法继续维持下去。为了不让中智文化协会就此结束，王和兴从之前智利驻中国大使接手了中智文化协会，他们有没有里面的档案资料，我就不太清楚。就我了解，他们也没有很多资料。王和兴是华商联谊总会会长。1973年阿连德总统在政变中遇难，1975年我才来到智利，我有个堂兄弟在中山，他和阿连德很好，因此政变的时候，他要逃到美国去，怕受牵连。政变后局面稳定了他才回来。

营商环境

改革开放后，20世纪90年代，许多侨胞陆续来到这里。我们来得比较早，正好是皮诺切特政府的时代，留美芝加哥的经济学者搞新自由主义改革，提出九个经济制度，推行自由市场，保持经济平稳发展。受到这种经济体制的影响，智利华人发展得不错，尤其是治安方面，我们深深地感受到，效果还比较正面。虽然皮诺切特执政时期民主方面有很多欠佳之处，但是在我们百姓的日常生活里，还是比较安全和稳定的，经济发展也比较好。

最近几年，回归到民主体制后，治安越来越差，主要原因是他们对犯罪的打击意识不强。现在治安不好，华社有一些自己的应对措施，就是注意安全，有时候在我们微信、媒体上提醒侨胞注意安全。还有家里不要放太多钱，因为他进来抢了一趟，如果钱不多，下次他就不会来了；如果家里真的放了太多钱，那就完蛋了，他会再来第二次，所以常常要提醒大家注意这种最起码的防范。要了解法律，银行里的私人钱款，政府不会去调查，除非你犯了税务法，税务局通过法院申请才能去银行查你的账户。现在政府还是遵守这个政策，因为多多少少要保护别人的隐私。

税收方面，左派、右派两者执政下，大家的税收都差不多，因为智利推行民主选举，需要选票，要有福利去照顾比较贫穷的老百姓。而贫穷的老百姓中，员工较多，老板较少，为了国家的发展，他们或多或少都会通过税务法提高税收，而且税收方面的管制非常有规律、严格。税务局通过电脑作业，能清楚知道我们今天完成了多少营业额，联网联到税务局，这个是必需的，已经弄了两年左右了。以前要开发票，也查得很厉害，现在就不用开发票了，已经完全联网了，所以这个国家非常进步。老百姓的消费也是，通过查询你的信用卡，他就知道你今年花费了多少，但如果你报的和你花费的数额完全不符，他就会请你去问话。个人收入和企业收入也要上报，非常简单，联网，你这个企业今年赚了多少，用于个人收入多少，公司不等于个人收入，企业要缴税，私人也要缴税，税务局知道你的私人存款余额，比如我私人报了私人收入10万美金，但是你信用卡的开支超过了10万，他就会问你的钱是怎么来的，所以在智利，如果用现金去买卖交易，它不知道，但是用信用卡去买卖交易，它就完全知道。现在智利的现金交易越来越少了，就我们的营业来讲，百分之九十都是信用卡交易，所有的消费都是使用信用卡。智利还有个先进的地方，你的身份证和所有资料都在一个芯片里，无论哪里，你的身份证一插进去，他就知道你的住址和是否有犯罪的记录。

最近几年，税收涨了一点，但是经济下跌，不是税务的问题，劳工条例非常严格，合法罢工对中小型企业打击最大，使得现在老百姓的投资意识极为薄弱。超过25个人就可以成立一个工会，我这里的员工已经超过25个人了，但是我们没有成立工会，这要看老板和员工的关系如何。劳工条例对中小型企业最不好，也是最没有必要的，我讲的是工会，因为就中小型企业来讲，老板和员工是相互依赖的关系，一起对话、工作，根本没有必要成立一个工会。大企业老板一般不与员工对话，但是中小型企业老板每天和自己的工人在一起，有什么问题，就自己解决，如果通过工会会长来谈的话，就容易一讲就罢工，存在威胁老板的问题。我的员工没有参加罢工，他们不属于工会。就国家正式工会来讲，参加的智利工人仅占全部工人的百分之八，鼓动工人加入工会就是这个原因。

政治经济

其实做餐饮业，我也是半途出家，并不很专业。要做好当地人的市场，就要了解当地人的文化。其实当地文化也不错，大家来到这边，要了解这边的文化。我们国内近三十年来发展太快，有些人是有钱了，但是文化水平不高，变成"老子有钱，什么都可以"。在这边，钱讲不了话，文化很重要，社会的规矩还是有，来到这边后很少听到讲粗话，因为你一讲粗话，别人就会用一种不满意的眼光来看你，我们华侨的素质蛮高。智利当地人主要是来自西班牙、意大利、德国的移民。

我太太参加了当年由台湾人创办的华人基督教会，他们有一个教堂，教会很好，帮助了很多从国内过来的新移民。这些新来的移民无依无靠，不容易。他们参加这个教会，信不信教是另外一回事，但是来教会就有机会认识朋友。现在越来越多的国内侨胞前来参加，女性多，男性少。教会无条件地伸出援助之手，帮助了很多从国内初到这里的侨胞。它的经费来源来自兄弟姊妹的奉献，有时候他们会去举办救贫活动。这边的救贫社团主要有一个台湾的慈济，还有一个佛光山，佛光山的活动规模更好一点，佛光山现在的大陆人也很多了。慈济做得比较实在点，懂得利用资源，它有很多资金。我在澳门基督教学校读书，所以我信基督教，不信佛教。但是我和他们很熟，他们要来这边开展扶贫活动的话，资金从台湾来，通过联系市长、参议员和众议员问"你那个区需要帮忙吗？"我有经费，你出面，我们来扶贫。我们中华会馆的侨胞有机会去捐钱，应该要有一个回报社会的机会，跨出我们的小圈子，走向大圈子，如果你们当地人有需要的话，我可以联系参议院朋友、市长，我们可以问他，拿个资金去扶贫，树立我们的形象，现在不是资金的问题，主要是没有这个想法，应该向别人学习，包括向佛教社团和基督教社团学习。我本人其实就是侨社和主流社会的一个桥梁。华社很少人信教，但是他们可能有些小孩在这里出生、长大，在天主教学校念书，或多或少会信天主教，最起码每个礼拜会听到天主教的信息。

讲到政治，我在网球俱乐部打球认识了一些官员，至今已是十几年好朋友，我差点就成为他们政党基督民主党（执政党）的成员了。后来我觉得自己不适合从政，按照智利的法律规定，我只能参选参议员，不能竞选市长。要竞选市长，你必须在这边出生。我们的小孩是第二代，可以参选市长、众议员，不能参选总统，第三代才能参选总统。我不是在这边出生，可以参选市议员，但不能参选市长。昨天你们在飞机场，他们能够到机场海关里面见你们，是因为我一个朋友的关系，他叫张洪华，祖父是百分之百的中国人，父亲的中国血统为百分之百，妈妈是华人后裔，她的中国血统占百分之五十，所以他的中国血统为百分之七十五。他在智利警界做官，在国际刑警组织做到第三高的职位，是内政部长的助理，以前管海关，现在不管了。他跟中国大陆、台湾关系都很好，他说对所有中国人都要有华人情结。

舆论界和演艺界没有华人。有一位华人检察官，她是一位女士，华人第三代，父亲的中国血统是百分之五十，她的中国血统就更淡了。以前我和他父亲关系很好，现在他已经过世了。我刚来的时候，她父亲在市政府做事，对我们华人很有感情。体育界就有一位华人。我跟这边的体育明星都很好，会馆的小孟有他的中文名字，是中华会馆一位老侨的小儿子，排行老三，第二代。小孟的父亲和智利当地妇女结婚，他曾经入选过智利国家足球队，现在在南部经商。他父亲的中国血统是百分之五十，所以他的中国血统不到百分之二十五。

要走进主流社会，首先要学好语言，了解当地文化。语言不通，就不可能拉近大家的距离。第二代、第三代没有这个问题，但他们对中华传统文化的感情淡化了，这个是最大的问题。在这边办一所中文学校并不容易，因为大部分小孩都以升学为目的，他们念的都是考试科目，不可能专心去学中文。我们中华会馆也有一所学校，后来办了几年之后就办不下去了，1940年代有一所培英学校。中华会馆的中文学校是周末学校，补习班，不是全日制学校。文化方面，我觉得，虽然这边有孔子学院，智利官方政府也接受了孔子学院，但是它不希望我们的文化侵略到它的本地文化，因为智利这个国家里欧洲移民比较多。中文现在是智利的一种有用的商务语言，民间有这种需求，所以它允许在这边开办孔子学院，但是并不希望孔子学院扩展得太大。现在有好几家孔子学院在这边，它跟华社也有联系。孔子学院常常有什么活动都会跟会馆联系，希望大家互相帮忙。

我跟侨胞讲，如果大家是在合法的范围内被人家欺负，我可以打电话跟他们（当部长的朋友）讲，但是这是私人关系，如果我们做得不对，我绝对不能出声。我跟以前的警察总司令关系好得不得了，我自己因为超速停牌了45天，我从来没有说要给他打电话说你们那个谁抄我牌了。我不能那样做，我犯了法，如果我打电话给他，他帮我摆平了，一被媒体捅出来，我对不起他，我是害了朋友，这个我不能做。

暂时来讲，我们年轻一代的政治意识比较薄弱，我们希望后一代能够积极参与主流社会的政治事务。我跟广大的华人侨胞讲，现在侨胞有三万多人，智利是一个靠选票的国家，我们有三万人，也算是有政治本钱了，可以跟他们谈条件，我们支持你这个政治人物，你多多少少要回报一下我们，这个是很有必要。

我们跟中国大使馆有很多互动，因为现在侨团比较多，大使馆要面对十来个侨团，也是颇具压力。

海外侨胞尤其是我们这一代侨胞深刻体会到，祖国的强大是我们侨胞最大的后盾。我们爱国，不是向祖国要什么东西，而是要无条件地支持祖国的发展和壮大。大使馆的大使是官方的大使，我们是民间的大使。作为民间大使，我们要做到跟智利的老百姓和谐交往，不要给我们祖国抹黑。很少人抹黑我们，媒体还好，我们在税务方面有犯法，但只是因为侨胞语言不通，把中国的习惯用在当地社会，不懂当地法律，出了一些小问题。这种属于小问题，负面影响不大。

智利的福建侨胞很好，我们跟两个福建侨团的会长关系非常好，我说你们能组织你们的福建同乡会、福建总商会，非常好，如果你们能够让福建侨胞信服你，对你有信心，肯定、支持你，你能够劝导福建侨胞遵法守纪，这是一件很大的功劳。两位福建会长他们真的能够管住福建侨胞，这很不简单。智利的福建侨胞约2000人，福建会长跟我讲，前几年有人从阿根廷过来想在智利建立黑帮，他们多多少少有点黑帮的底，但是来到这边后就改变了，在这边守法，帮助侨胞和其他省份的人和谐相处，真的是非常难得。厄瓜多尔就有类似福建黑帮绑架侨胞的事情。

赖仕强

口述历史

赖仕强

时　　间：2016 年 12 月 14 日
地　　点：智利伊基克中华会馆
受 访 者：赖仕强，伊基克中华会馆理事
采 访 人：刘　进
录音整理：莫　菲

出国原因

我1956年出生，鹤山宅梧白水带长田村人，今年刚好60岁。1972年初中毕业就在供销社的饭堂做饭。以前的伙食都不是很好，九块到十二块钱一个月的伙食。我还要种田，种茶，骑自行车拿去卖，自己做点小生意，空闲时间做小贩。三年自然灾害、"文化大革命"期间，大家都过得很辛苦，但我家的经济状况相对过得去，还能吃饱肚子。我1979年结婚，后来生了三个小孩，要花很多钱，所以我人生中最辛苦的时期是1981年到1983年。

我在国外有很多兄弟家人。我爷爷他很早就到圣地亚哥了，我不记得他什么时候过来了，大概都有100多年历史了。那时，他跟着我叔叔来这里。1978年，他们把我堂哥赖天南（音）带出国，后来赖天南又帮助我出国。我出国的时候，爷爷已经不在人世了。我有个叔叔，以前在智利，又去了美

262

国，后来又回到智利，在智利过世。我结婚的时候，我叔叔、我姐夫在智利、美国都有寄钱回来给我。我长期和他们保持书信来往。他们说国外赚钱比国内容易，叫我出国，我答应了。我太太不支持我走，但是，她不愿意，我也要走，因为太穷了，刚结婚，当爸爸，小孩小，开支大。

当时出国说易不易，说难不难。移民局批准你过来就可以过来了，到北京办理临时签证，要到广州黄华路公安局办理护照，没受到什么阻拦，前前后后办手续花了几千块。出国前，亲戚们要给我送行大家一起吃了顿饭。我太太有帮我拜神，祈求一切顺利。

创业情况

1984年11月，我从香港坐飞机途经泰国、法国，11月18日到圣地亚哥，再乘车到伊基克。当时的机票要1万多人民币，是我哥哥赖天南帮我出的钱，当时的几千块相当于现在的几万块。

我来的时候，刚好是智利币贬值得很厉害的时候，1985年、1986年、1987年贬了35%到50%左右。当时，我们村的人来到这个埠有几十年历史了，已经有两三户人家在这里了。前中华会馆主张伟廉也是我们村的。那时候在圣地亚哥的中国大陆人比较少，只有100多人，主要是台湾人比较多。刚到的时候在我哥哥的餐馆帮忙打工，包吃包住，工资是50美元一个月。几个月之后，工资涨到了100美元、200美元一个月，到1986年的时候，涨到了300美元、500美元一个月。我打了5年工之后，赚够了钱，加上自己之前在厨房干活，过来这边打工的时候也学得比较用心，后来就开始自己开餐馆，做生意。

我自己做生意之后就把太太和三个孩子接过来。孩子当时是九岁、十岁左右。我太太出国后也觉得这里的生活比国内农村要好，如果在广州、沙坪做生意就不同，但是在农村比较山区，种田很辛苦，在这里最起码不用日晒雨淋。我出国8年之后就带妈妈出来，她是在这边去世的。

我刚到伊基克的时候，当地只有四五家中餐馆，那时候当地人不太喜欢吃中餐。现在中餐多了，这里差不多有30家中餐馆，当地人吃习惯了，也有很多人喜欢吃中餐，我们的生意要比以前好很多，顾客还是以当地人为主。

我们一共开了四家餐馆，孩子们在这边读完大学出来帮我经营。大儿子在这边经营一家，小儿子和女儿在卡拉马那边各经营一家，还有一家不经营了就出租给别人。大家都经营得不错。我们雇的员工有当地人，也有中国人，中国员工包吃包住，工资比当地人要高三分之一，因为他们是自己人，又负责任，从那么远过来也是想赚钱的。

开餐馆，第一就是要讲究卫生；第二就是要热情接待。我的孩子在卡拉马的店铺有1500多平方，两层，有一部分自己住，有部分做宴会厅，每年的12月份生意就好点，平时的生意不算很好。我二儿子的餐厅主要针对办公人士，在市中心，到午饭时间就很多人光顾。我女儿的餐馆也在市中心。现在我孩子们的经营方法跟我的方法很不一样，他们懂得中西结合，有中餐、西餐、自助餐提供给不同需求的客人。

家庭与家乡

我出国之后，和哥哥赖天南陆续带了差不多100多个亲戚朋友过来，有28家，有我太太的哥哥、堂兄弟、侄子等等，很多留在了这里，回国的也有很多。大概在三五年前，我哥哥带过来的有七八个人回去了，我带来的有5个回去了。1979年分田到户的时候，我们村里有300多人，现在村里只有68个人，走得差不多了。出国的人占一大部分，进城到广州、鹤山、江门的人占一部分，到澳门、香港的人有一部分。出国主要到智利、秘鲁、美国，主要是智利，巴拿马也有，白水带这个乡是个侨乡。

我刚出国的时候，条件很艰苦，一直都没回国，因为家里人都在这边，如果没有足够的时间和金钱的话，回不回去都一样。直到1998年，14年之后，我才第一次回国。这几年都是每隔一两年就回去一次，有空就回去。今年的9月12日我回去参加了广州的展销会。感觉中国一年一年变化不同，我们这里变化太慢了。我还坐过中国的高铁，从拱北到广州，用时很短。我们村里变化也很大，很多出来做生意的人盖了楼房，一般是两百多三百平方米，有的房子很贵，我有一个兄弟，他跟我同一年建房子，他没回去管理，别人帮他建，也花了100多万。我在2002年的时候也盖了一栋两层半的房子，总共花了23万。我在沙坪也买了洋房，平常有亲戚帮我看管，一年打扫一两次，我回去就住在自己的房子。我在国内没有投资，感觉自己老了，在大陆投资不如别人聪明，我们很落后了。

我不准备回国养老了，在我看来，哪里都一样。小孩子买了六七家铺位，全部租出去了。现在我什么都不做，休息了。这里空气好，我平常就喜欢在这里走一走，我不是长期住在这里的。我在卡拉马也有房子，我的大儿子在那边，他女儿也在那边，我在那边住两个月，在这边住两个月。有空就出去走走，或者在电脑下棋，看看电视。他们出去旅游，我就要帮忙看着店铺。我的小孩一般一年都会出国两次，他们今年9月12日到9月30日去迈阿密、阿根廷旅游，我就要帮他们看生意。他们不去旅游，我就不用看了。

我和太太、小儿子、女儿都还是中国国籍，只有大儿子加入了智利籍。我对孩子们的国籍没有限制，随他们自己喜欢。我的西班牙语讲得马马虎虎，智利朋友不多，主要还是华人朋友，但我孩子的朋友还是当地人居多。我们家庭说客家话，两个儿子的国语讲得一般，女儿会说国语，因为她读完小学五年级才过来。我大儿子和小儿子都是回鹤山相亲找媳妇的，女儿在这里找对象，也是鹤山人。我几个孩子也会回国，我大儿子刚跟我回去了一个月，到北京、泰国、马来西亚去旅游。他在国内认识的朋友已经很少了，但丈母娘还在国内，我媳妇每年都会回去，他丈母娘曾来这边帮我带孙子，带了9年又回去了。两家亲家都没有搬过来，一是出国语言不通，二是现在中国发展也不错了，他们在中国也能赚到钱。

中华会馆

我1984年刚来到这里就加入中华会馆，这里是广东华侨的一个聚集点。以前多人的时候，大家可以打牌。现在到会馆来的人少了，因为年轻华人都有自己的活动。这里一年会有两次大型的聚会，一次是中国国庆，一次是春节，摆花灯，以前还有人舞狮舞龙，现在还有人舞狮，但基本都不会舞了，会的人都走了。

年满18岁才能成为中华会馆的会员，现在有一百几十个会员，都是广东人，其他省份的人不会来的，因为这是我们广东的老祖宗留下来的，各个省份都有自己独立的会馆。七八十年代的时候，有个叫程慧玲（音）的台湾女人来争夺中华会馆。当时我还没到这里，来到这里的时候就听人说她把会馆弄得一团糟，到处写信，全部的财产她都要回去。当时中国驻智利大使馆大使黄士康还专门过来处理这件事。以前会馆最多人的时候，有3000多人，包括鹤山、中山、东莞、顺德等地。后来分成了5家，现在又全部合并成1家，其他的房子都租出去了。以前没有想办法把房子租出去，我们来到这里之前，同心堂就被火烧了，现在总共4家会馆租出去了。房子租出去之后，我们会馆就有收入、有开支。我们把一间学校和老人院送给了政府。会馆每年都会组织捐款，四川汶川地震的时候，我们会馆动员大家捐款，我也捐了200多美金，到领事馆去捐。根据会章，会馆是不能卖的，如果卖掉了，钱就要交给慈善机构。会章要注册备案，如果要更改的话会很麻烦，但是下一步也还是要更改的。

现在在这里的华人有220人左右，有新过来的人，也有在这里出生的小孩。现在很少广东人愿意过来了。原来一些广东人的小孩已经不会说广东话了，我们把他们当做华裔。我很少跟华裔来往，但也有两个唐人后裔经常跟我聊天，用西班牙语聊，聊他们父辈的历史，聊他们对中国的看法。他们都很有文化，比如说，他们会问China是中国的英文名，为什么不取消，是取笑我们中国人，他跟我们也是这样说，跟领事馆也是这么说，他说China，是中国以前没有英文翻译，日本人这样叫我们，他们在这里读书都知道China这个名字不好。七八十年代的时候，很多人说中国人不好，对中国人不好，说中国人吃狗肉、吃蛇肉，不讲究卫生。现在中国国际地位高了，都说中国人好多了，这对华侨很有利。他们作为华人的后裔，也有自豪感。

在最近两年，我所知道的在这里的江苏人大概有300多人，在卡拉马和安托法加斯塔，卖鞋、卖衣服、卖杂货，在卡拉马那里也有很多江苏人。

李红光

口述历史

李红光

时　　间：2016 年 12 月 12 日
地　　点：智利圣地亚哥远东酒楼
受 访 者：李红光，智利智京中华会馆副主席
采 访 者：刘　进
录音整理：文彦斐

行医不成做餐馆

　　我叫李红光，现在是智京中华会馆第一副主席、鹤山同乡总会主席。1962年12月出生在鹤山县的鹤城北芬村，我有五个姐弟，我是老四，三个姐姐，一个弟弟。现在大姐在香港，二姐在美国，三姐在智利，我在智利，我弟也在智利圣地亚哥，二姐是1982年全家移民过去美国的。我在鹤城那里读书，鹤山第二中学高中毕业以后就到了肇庆卫生学校读书。在那边读了两年后到江门中医院实习一年，完了就回鹤山，等待出国。在等待出国的时候，我在我们当地做个体医生，我自己有那个毕业文凭嘛，自己开诊所。

　　我父亲是1979年出来智利的，他是县教育局的干部，在教育局工作了二十多年。因为我外公是在智利，所以我父亲后来也来了智利。我外公是1935年出智利，后来回乡，60年代的时候第二次来智利。我父亲是我们县里第二批批准出国的，第二批有两个人，一个是人民医院的主任，一个就是我父亲。我父亲出国时已是48岁了，出国之后先到其他老乡的餐厅里帮忙，帮了几年之后就合伙，跟朋友开外卖店。后来，因为就他自己一个人做，年龄大了，觉得很困难，就要求我过来智利帮忙。所以，后来我就申请了，在1985年的时候过来了。

我当初刚来的时候是抱着过来从事我原来的职业的想法，我父亲的愿望也是要我跟彭奋斗会长合作搞医疗中心，我负责那个针灸、中医，结果来了以后发现华人太少了，西人又不来，而且这里根本没有中药。因为智利政府特别是卫生局对那个外来药物管制非常严格，在秘鲁有中药店，在智利就没有。我来了以后就发现跟我的愿望有点距离，所以往后我就跟着我爸干中餐了。

做了半年，我觉得在圣地亚哥开一个小外卖店太小了，没有什么发展机会。所以我跟父亲商量，去投资点餐馆。刚刚好又有个机会，我父亲原来工作的地方原来那个中国人他不住了，那个老板跟我父亲也是朋友，于是我们就跟那位朋友大家合作把餐馆干了起来。在那边干了一年，1986年就把我妈妈、我太太、我弟弟接了过来，在那边干了三年之后就觉得伊基克的气候有点太干燥了，并且那边人不多，就觉得要不然还是再回首都，所以又回来圣地亚哥了。

回到首都之后就开了个餐厅，一家人雇几个工人就这么干，干了几年有成绩了，后来我国内那个姐跟姐夫他们也过来了，过来以后我就又开第二家，我父亲跟着我姐做第二家。再过了几年之后我又跟朋友去开了一个叫华侨城的餐厅，在当地当时非常成功的一个餐厅，很多中国人就是从华侨城认识了我，叫"华侨城酒家"。几年以后，我爸原来租的店合约到期了，房东要卖房，我跟我父亲又在另一个地方买了一个五百多平方米的土地，盖了房子，那是属于自己的物业，不用再租别人的了。后来旁边那个空地我又把它买了下来，也是五百平方米，现在是一千多平方米。我另外还有几个房子，现在有一万多平方米的土地。

除了做餐馆之外，我还做过一些其他的副业。在2000年吧，我在中央火车站批发区做了两年百货生意，就是从国内进口一些小商品、百货、五金等，做批发。后来觉得不是那么容易经营，并且也觉得涉及的行业太多了，又顾着餐厅、又顾着百货，顾不过来。而且他们这边这个工人的习惯不是太好，就是比较随手拿东西的，经常到盘点的时候我全部盒子都是空的，所以我后来就不干了。不干了就转做进口，主要是进口我们市里的调味品，我之前主要是代理东古酱油，做了两年，东古酱油是我引进来智利的。每年卖几个柜，我取3%的佣金。现在这边东古酱油卖的中西文两个版本的说明，连那个酱油的包装、规格什么的都是我帮东古做的。但是东古在我在推销他们的产品的同时，他自己也通过其他渠道发货给别人做，发给南美、智利，我在这圣地亚哥卖酱油，东古酱油厂长的儿子自己也发几柜酱油去伊基克卖。我感觉厂家一点商业道德都不讲，所以我就选择放弃。去年12月31号合同期满，我就不再续约了。另外，我还做过肇庆的星湖味精，还有厦门那个蘑菇、罐头等很多东西的代理，主要以供应餐厅为主。

中国根

在家庭方面，因为我父亲要求我一定要在中国找一个中国女孩子结婚，说要不就不要来了。我太太是我的初中、高中同学，我们登记25天之后我就来智利。我来了以后也发现，当地女孩子是比较热情、比较开放，但是作为我自己来说，我还是接受不了，因为大家各方面的文化、习惯都不一样。我们接受的教育、我们成长的环境根本是中西方文化的碰撞。而且他们的生活态度跟我们的不一样，我们要干活他们要去享受，所以我不太能接受自己以及自己的儿子与当地人通婚。

我在智利期间通过合法的方式陆续把家乡的一百多号人带过来了智利。大部分都是亲戚加朋友，因为他们当时在国内想找个机会来国外打拼一下，所以先从亲戚那边开始利用正当的手续把他们申请过来。完了在这边帮自己干一两年，培训一下，有机会的时候我们资助他，他看见有店了、合适了、把家人带过来了，有了一定的劳动力以后，而且语言也差不多能应付了，就出去再发展。

现在我的至亲基本都在外面了，国内还有我的两个堂叔在沙坪。我2014年的时候还在家乡盖了一个大房子。盖这个房子一个是因为是老人的愿望，我父母的愿望，因为我原来的房子还是我爸在1975年的时候盖的土房。时间长了，出国这么多年没人在看管，就觉得残旧了，我母亲就有个愿望，你们兄弟两个人在我有生之年盖个房子给我们看看，给乡亲们看看也好啊，所以我们兄弟俩都盖了一个，几百平方米，三层，花了两百万。另一原因是村子大多数人都盖了房子，我们兄弟在外面，难道没有本事盖吗？房子平时是亲戚帮看一下。除此之外，我们在沙坪也买了房子。

社团新秀

我是1989年左右开始了解并接触会馆工作的。我外公1990年过世的时候，那时我刚来几年，什么都不懂，语言也不好，也很少参加会馆的活动，而且来了以后也去北部去了三年，再回来第二年，我外公去世。那时候很多老乡都过来帮忙，帮我们操办。我就从那个体会到，如果我们没有会馆，很难处理这个事情，也没有那么多的朋友来帮忙。后来通过这个事情就发现会馆其实是一个为侨胞、为老乡解决问题的一个慈善机构。后来张伟廉主席动员我，说你们年轻人现在出来帮帮忙，多参加这种活动，锻炼一下，以后为侨胞服务一下。我们老了，你们要有人接班才行。那时候开始就慢慢接触会馆事务。后来慢慢地从普通的，通过选举，从普通的理事做起，也做过财政，干到现在这个位置上。

智利中华会馆是智利历史最悠久、人数最广泛的一个民间团体，它从创办到现在已经走过了123年的时间了，在十几年前，中华会馆是我们这边唯一的民间团体，是没有其他像江苏、浙江、福建的会馆的。促统会是在原来在我们中华会馆其中一个发展起来的机构。2006年中南美洲促统会在智利办了年会，很成功。它是因为台海问题建立起来的，所以大家觉得它带有政治性，就跟中华会馆脱离了，但是原来也是一套人马，两个牌子。我们智利现在，就官方统计，大概3万多中国人。

中华会馆主要举办一些民间的庆祝活动，例如1997年香港回归那个时间，我们在这边举行一个很大型的庆祝活动，我们在当地最有影响力的报纸买下整版做广告，舞狮游行，敲锣打鼓，引起智利人的注意。然后是做一些慈善性质的活动与工作，例如在尊老爱幼方面，我们中华会馆为孤寡老人提供了住的地方，提供厨房给他们做饭，还配煤气罐，还每个月给他们一点钱做生活费。此外，我们从2003年办了一个中文学校。陈主席上台以后，他就考虑到我们这边的第二代华裔子弟越来越多，他们有的有条件在国内接受中文教育，有的不舍得，有的条件不成熟，所以想办一个中文学校解决这个问题。现在中文学校周六上课，有一百多个孩子，周六从中午12点上到下午4点，取得的效果都还非常不错。其实中华会馆在二十几年前办过一次中文学校，叫育英学校，后来就因为一场大火把它给烧了，烧掉以后也没有举办下去了，后来中华会馆也碰到财政困难，当时会馆困难到连电费都交不起、电话费交不起，张主席困难到要挨家挨户来凑钱来解决这个问题的。因为当时会馆没收入，还有两个墓地要管理，给管理费用，而且我们过来的中国侨胞只要没有钱入私人墓地，都可以葬在那里。一直到了一九八几年以后，会馆尝试开放做餐馆生意，有了一笔收入，然后才把财政改善了过来。不但把原来贫穷的境况改变了，还聚拢了一笔钱，1998年的时候盖了三层楼。后来智京中华会馆落成剪彩的时候，当时国侨办的李海峰还带着中央电视台四套的人来采访我们。还有，智利每年12月的2号到3号，都举办一次残疾人电视募捐，24小时不停的募捐，中华会馆也是一直在筹款募捐，送到他们手上。当地政府对中国人的印象还是可以的。智利人对中国人很友好，很包容。第二代华人对参政议政不是很有兴趣，第一代华人只有选举权，没有被选举权。

鹤山同乡总会

鹤山人在智利华侨里占的比例非常大，据鹤山市统战部的官方统计，已经超过7000人了，但是我们鹤山的华侨几十年前人数比较少。鹤山人与当地人通婚很少，有些与当地人结婚的，后来也很难过下去。中国人与当地通婚分两个原因，历史原因早期华侨没机会没钱，交通不便，只能放弃回家结婚的念头，只能在当地这么过了。

2006年鹤山有代表团来智利，才了解到智利有那么多华侨。鹤山当地需要我们这边的华侨有所表示，我们侨胞都在鹤城，比如说华侨中学、鹤城镇小，我们都有华侨捐了课室，而且在自己村子里的乡道里都有捐钱去修路、修桥的。例如，几年前，我们鹤城华侨中学，想建个教师宿舍，向我们提出，胡金惟主席发动大家，当时是在中华会馆发动的，捐了60多万人民币，把那个宿舍楼盖起来，它那里还写着智利华侨教师宿舍楼。

这几年，鹤山北湖公园改造，政府要在那办公的客属联谊会和客属商会搬到另外一个地方，客属联谊会和客属商会的领导都跟我联系，因为我是鹤山同乡总会的领头，问我们能不能有点表示，我今年就发动了我们的理事会，发动我们侨胞捐了三万多块钱美金，给他们办公室作为装修的费用。还有平时我们鹤山同乡会来这边，比如说华侨有什么事情，求助于我们，比如说小矛盾啊，需要调停，我们也在做这个工作。比如说侨胞生意出现意外，比如说火灾或者其他意外的话，我们也发动我们的侨胞，或者我们的理事会，先给一笔资金让他渡过这个难关，让他挣钱之后再还给我们，我们都在做这个工作。比如说我们其他的侨胞在工作中，发生意外，我们都派出慰问人员，发起募捐，去帮助一下侨胞。比如说，上两个月的时候有个侨胞突然中风，我们发动侨胞捐钱，给他回国治疗，在这边又帮他申请他家人通过特批手续，让他儿子第一时间过来照顾他。还有另外一个，委内瑞拉的恩平侨胞，他从委内瑞拉过来，我们都不认识，我们鹤山同乡会也发动募捐，我们中华会馆也发动募捐。后来虽然他不幸过世了，但是我们都把这个钱留给他们。还有就上个月吧，我们这边，也不是我们广东侨胞，是一个福建人的餐厅发生火灾，其中一个是黑龙江籍侨胞，36岁，不幸在这次火灾中过世了，我们中华会馆也捐了一笔钱，给这个受难侨胞，我们用同乡总会的名义又捐了一笔钱。所以我们同乡总会跟中华会馆都一直在履行这个互相帮助、守望相助这个传统。

为什么要成立鹤山同乡总会呢？那是源于尽管现在中华会馆跟其他侨团的关系也非常融洽、和谐，但是我们鹤山市的领导也有这个要求，我们智利的鹤山同胞也有这个愿望，既然我们这边有这么多的侨胞在这里，为什么其他省份都有自己的独立机构，我们鹤山这么多人不组织一个属于我们自己的民间机构呢？中华会馆和大使馆都很支持。鹤山同乡总会是在去年的6月18号筹办，筹办经过两个月不到的时间，我们就召开了一个动员大会，超过400多个侨胞参加，大会选举了第一届理事会的成员，我是98%的高票率当选首任会长，而且我们现在同乡会有29位理事，其中有13位副会长，3位常任副会长，还有其他理事都担任其他职务，现在我们要筹办一个属于我们自己的会址。我们是在2016年1月4号举办了同乡总会成立大会，当时我们鹤山市的领导派了政协副主席过来。鹤山同乡会馆跟中华会馆是有区别的。中华会馆是以慈善为目的的，它的功能也写明了它是慈善的，它不能利用这个机构来盈利。而且这个会馆是属于全部中国人的，不是我们广东人的，虽然这个会馆是我们广东老侨创办的，而且留下来的，但是它改名了叫"中华会馆"，就是全部华人的。中华会馆的物业，到哪一天如果它没有能力维持再经营下去了，这个物业不能属于任何一个人，但是以后我们鹤山同乡总会有物业有东西的话永远都是我们自己的。原来很多人说，我不交中华会馆的会员费，我也是中国人，我来了中华会馆就不能把他撵走。但是鹤山同乡总会不一样，你是我的会员，你才是我的服务对象，就像许多俱乐部，你不是它的会员，它不会提供服务给你一样。我们现在在做鹤山人的统计工作，通过家访的形式摸清楚智利的鹤山华侨人数，我们先在圣地亚哥做。

梁剑豪

口述历史

梁剑豪（左）

时　　间：2016 年 12 月 11 日
地　　点：智利圣地亚哥一酒店
受 访 者：梁剑豪，智利华人和平统一促进会副会长
采 访 者：李亦玲
录音整理：张　钊

因生意而移民

　　我叫梁剑豪，广东肇庆人，1964年4月在肇庆出生。最高学历是高中。其实我也读过大学，但是没有读完。1984年，我在中山大学读中文系的函授课程，后来转去读商业企业管理课程。1997年之前，我在单位上班；后来，辞职下海经商。一开始，主要和智利华侨做进出口生意，因为他们正好找到我，叫我帮忙组织货源。当时的进出口生意主要售卖的是一些餐馆用品，比如桌子、桌布、碗、碟、椅子等。时间一长，大家就很熟了。后来，他们问我有无兴趣到智利发展，我觉得没什么关系，就决定过智利看看。我朋友邀请我过来，他们帮我办了两年的工作签证，两年后转为永久居留，一次五年。

　　我是2009年2月来智利的。当时我一个人从广州白云机场出发，途径巴

274

黎，然后转机来到这里。我有个表妹在这里，当时我在她家住了几个月，也打了几个月的工。当时最低工资30万比索一个月，大约2000人民币。我跟我的朋友说明我不是来打工的，只是来考察的，因为如果打一两年工就离开对别人不好，在这里做生意的中国人都很需要同胞帮忙。

我刚来的时候，大概有大半年的时间，四处游走，看看有什么生意可做。当时我没感觉，半年之后就很想回中国。于是，我就回到国内。回国后，我将中国与智利进行对比，觉得智利在某些方面具有优势。我跟朋友们联系，洽谈生意方面的事宜，介绍智利的情况。大概在国内待了三个月，我又回到智利，和朋友们合伙做生意，当时主要经营电子产品。

我当时没有经济问题，最大的问题是语言。刚到这里的时候，我一点西班牙文都不会。虽然语言不通，但我对自己有信心，相信自己无论走到哪里都能适应。男儿志在四方嘛。当时这里的基督教堂有西班牙文班，我当时有基督教的朋友，经他介绍我去那里免费学了一个学期。一个学期大概三个月左右，每个星期上一次课，每次两个小时。我平时课余时间经常看书，也经常和老外交流。

我太太是2015年才过来的。她的祖籍是广州，因为父母在肇庆工作，所以她出生在肇庆。她姨妈是烈士向秀丽，也算是名人之后。原来我也不知道有这样一层关系；结婚之后，我们一起去广州探望她的亲戚，大家坐在一起聊天的时候我才知道。我太太一家很低调，很少到处讲这些事情。

一家两国

我有一个儿子，出生在肇庆，高考前一直在肇庆读书。以前在国内的时候我们经常一起出去吃饭、旅游。现在，他在广州暨南大学就读，学的是英语专业，读英文专业是他自己的选择。以前小的时候，他喜欢四驱车，我经常和他一起组装四驱车，同时也研究怎样可以跑得更快。我和儿子关系很好，但很少交流。他没有读理科，我不知道为什么，但我非常尊重他，相信他。我觉得国内的教育比这里好得多。智利的教育比较松散，他们不大重视教育。我觉得孩子应该先在中国接受基础教育，然后再去西方发达国家进修。去年，学校放假时，他曾一个人来智利，对智利印象不错。但他只是来这里玩，不是定居。他想回国内读书，我和太太都支持他。

我只有这一个儿子，很想把他留在自己身边，想让儿子大学毕业后来智利帮手打理生意。可是，他现在还没进入社会，暂时还不能给我什么帮助，所以我还没和他谈将来过来智利给我帮忙的事。他喜欢欧洲，因为欧洲浪漫、时尚，再加上法国巴黎是小提琴之乡。他在肇庆第一小学读书时，肇庆文工团去他们学校招人，当时提供许多种乐器给他们选择，我儿子选了小提琴，说来也巧，教我儿子拉小提琴的那位老师年轻的时候也教过我。不过由于后来改练武术，我就没有学下去。他最想去的是英国，已经联系了英国的学校，也联系了爱尔兰的学校。现在他已经收到爱尔兰的学校录取通知，英国那边还没消息，但英国是他心目中最理想的国家。我希望他去美国深造。美国的大学好，教育先进，而且离智利近。不过，我尊重他的个人意愿，希望他可以在他的专业领域有所发展。如果儿子去了欧洲之后选择留下，我和夫人也还是会留在智利，不会前往欧洲。

不愿出国

我有三个姐妹。她们在国内都有稳定的工作，在邮政局工作，所以没必要来这里。我曾经动员我侄子来智利读书，学习西班牙文，但是他家里不同意。他也在广州读英语专业，具体在哪所学校我忘了。我的亲戚们都不肯出国，因为老人家年纪太大，留在国内需要人照顾，年轻人在中国也能找到发展机会，没必要出来吃苦。我也曾经给他们做思想工作，希望他们能够出来见识一下，不一定最终留在这里，完全可以来到这里和国内做一个对比，停留一两年之后再回去。我经营的餐馆非常需要人帮忙，特别是需要中国人，但亲戚们就是不愿意来。不过，我还是从国内请来了一些厨师。

中餐馆

智利的中国人都很团结。老华侨对我们这些新移民很好，很愿意帮助我们。当地的白种人对我们还算尊重，没有歧视，比较热情。我来的时候，智利的华人大约有一万多一点，现在有三万左右。他们最早大概70年代就已经来到这里。

大多数广东人在这里都经营餐馆。其他行业比如贸易比较有风险，经营餐馆比较保险，没什么可担忧，虽然赚得不算多，但是生活完全可以有保障。这里普通人每个月最低工资28万比索，合人民币3000块左右，换成美金400多。智利的生活成本比较高，我们如果出去消费的话，平均一个人1万比索多一点，100块人民币左右，那对于一个月3000块人民币左右的收入水平是比较贵。3000块人民币是最低收入，很多人月入上千美金，一般去餐馆就餐的人中白领比较多。智利人本身热衷消费，只要有钱都会拿来消费，并且热衷超前消费，不担心没钱。这里福利很好，有失业救济金、医疗保障。他们不担心钱用完后没饭吃，毫无危机感，所以我觉得餐馆生意很有利润。

早年，除了餐馆，我在圣地亚哥还经营百货商店。百货商店的生意还算比较稳定，一个月能赚大概三百万比索，大约三万人民币。餐馆一个月十来万人民币左右，后来因为餐馆太多了，竞争激烈，所以我决定换地方。

我把圣地亚哥的两间餐馆和一间百货商店全都处理掉，只留下一套房子，全心全意在圣安东尼奥发展。圣安东尼奥是一个海港城市，因为是热门旅游区，我觉得在圣安东尼奥发展会很有前景。我在那里买了一个店面，300平方米左右，两层，现在还在装修，大概五个月后就可以完工。我打算用来经营餐馆，中西餐都有，同时也想设置飞镖游戏。智利现在暂时还没有飞镖这种游戏，所以我的计划比较超前。我觉得本地人会喜欢，我了解他们。飞镖本身是西方文化，但在智利却是一片空白，目前在智利还没有餐厅提供这种游戏。我打算干别人没干过的事情，因为我喜欢尝试新事物。我太太很支持我进行新的尝试，但所有的计划都是我自己想出来的。

兴趣爱好

以前，在国内的时候，我喜欢养宠物和种花草。来到智利后，我还有种花，但因为很少住在家中，而且我觉得带着宠物去找人家谈生意不太方便，所以没有养宠物。我从小就喜欢种花花草草，同时，我还喜欢养鱼，比如金鱼、热带鱼，如鱼得水嘛。我种花草的技术还可以，在这方面也算有点研究，经常会看这方面的书。这里的气候和土壤比较适合植物的生长，虽然会长虫，但很少。我打算去南部，我在那里看中了一块地，打算买下来，种果树和花草。我种果树不是为了做生意，而是拿来招呼客人，尤其是国内来的客人。我以前租过一个800平方的地方，前面做店面，后面养走地鸡。我是自然养，不喂饲料，只喂玉米。但我没杀过鸡，因为我不杀生。如果有朋友来了想吃鸡，就需要他自己动手。

我信佛，一直都信。我不算正式的佛教徒，只要是佛，我都拜。不过，去年我才开始学佛。我觉得一个人有信仰对个人的生活和工作都有帮助，我们有一个拉美学佛小组，北京龙泉寺学诚大和尚是我们的师父。每个月第一个星期六我们和龙泉寺联网，大家通过网络和师父学佛。我应该受奶奶的影响。我奶奶喜欢拜观音，她有一句口头禅："拜得神多神庇佑。"我从小就觉得奶奶很乐善好施，很会为人着想，她人比较善良，不会和邻居斗气。这里的天主教、基督教新教都劝我入教，但我肯定不会入，因为我本身信佛，佛教包容一切。如果他们邀请我参加活动，我可以去，因为他们也做善事。

我没有参加中华会馆，因为中华会馆以年轻人为主，他们的活动我也有参加，但一直没有加入他们的会馆。我去年正式加入中国和平统一促进会，担任副会长，但在此之前参加过他们组织的相关活动。在这些活动中我做些像组织鼓队、安排音乐的事情。活动的对象以智利人为主，他们喜欢气功和打鼓。我们大多数人都是义工，去广场或者公园教人气功，增强他们的体质。我们也教他们中国武术，我小学的时候是武术队成员，学过洪拳，可是，打得马马虎虎。我在智利也教洪拳，王会长教咏春，都是免费的。学拳的人既有中国人，也有智利人。大家平时都有工作，很忙，很少有空聚在一起，一般只有社团举行重大活动的时候大家才能见面。如果其他社团需要我们帮忙，我们也会抽出时间。除了社团活动之外，我们平时主要自己锻炼身体。智利有好几个高尔夫球场，我们常去那里打高尔夫球。我跟国内的政府机构和家乡没有什么刻意的来往，我加入社团是因为我觉得我们中国人有凝聚力。

梁福根

口述历史

梁福根

时　　间：2016 年 12 月 15 日
地　　点：智利伊基克中华会馆
受 访 者：梁福根，智利伊基克中华会馆财政
采 访 者：张应龙
录音整理：张　桦

走难移民

　　我叫梁福根，广东省佛山南海人，1932年出生，小时候在中国和妈妈一起生活，1938年爸爸回中国将妈妈带去了智利，留我在中国读书，因为智利没有中文学校。但是最不幸的就是日本侵略中国，我只有和姑姐两个人生活，多得姑姐保护我才得生存。日本人占领佛山之后，我们逃跑到香港避难，在香港住了几年读书，后来日本人轰炸香港，我就没书读了，过着逃难的生活，由香港回到佛山。以前在香港搭火车时经过深圳，深圳是一个小村，火车站是铁皮做的，而且那天搭车时国民党飞机炸石龙大桥，几乎被炸死，很多电油桶烧完。那时是1942年左右，佛山当时很多人因为没工作而饿死。我当时11岁，跑去做童工维持生活。直到1945年第二次世界大战结束，我爸爸有信有钱寄回来，我才有幸继续读书，最后在佛山读南海县立师范

学校的初中。那时候治安不是很好，1949年我家里不幸被人打劫，再次陷入贫穷。

五十年代初，我到了香港，在崇正英文书院读书。后来我想到自己一个人孤单单，当时又发生朝鲜战争，我怕第三次世界大战会爆发，就写信给爸爸妈妈说我要过来智利和大家团聚，爸爸妈妈说好。我就从香港搭船到美国三藩市，再从三藩市搭飞机过来智利，一共差不多要一个月。我在香港坐的轮船叫美国总统号。1951年3月24日从香港起航，经过神户、横滨、檀香山，然后到三藩市，一共19天，在那里等了一个礼拜，再转搭飞机来智利，经过巴拿马、厄瓜多尔、秘鲁利马、伊基克，前后行程差不多一个月。搭船很自在很快乐，飞机就不是了。飞机日夜飞，那时候飞机小，装了一百来人，不能睡觉，又要落机换机。由于年轻，我在船上可以结交朋友，有中国人、日本人，在船上玩、谈天说地，看电影、杂技，周末又开沙龙，又有火警演练，穿救生衣，上救生艇。每到一个地方可以上去参观，有旅行社带你去名胜参观。在横滨我搭车去东京参观过东京的博物院、邮电局。

来到智利，我兄弟姊妹共有四个，但他们只会西班牙文。我觉得十分寂寞，言语不通。后来爸爸送我去伊基克的学校学习西文，我渐渐学了一些西班牙语。我当时在伊基克的英文学院读西文，因为那里是美国人办的，有英文课、西文课。我在那里读了一年书就出来做工，回家跟爸爸妈妈学习商业，直到1964年我能够自立。

开杂货店

我开始独立是1964年，爸爸给了一间杂货店让我做生意，卖衣服、鞋袜、厨房用具等。那时候智利的环境不是十分好，1972年智利政变，社会十分混乱，样样都缺乏，粮食要配给，我们华侨的生意一败涂地。1973年以后智利成立军政府，环境渐渐变好。因为硝山人很少，离伊基克比较远，商店要样样都有才行。后来硝矿公司关闭，我们要再找生意，1980年搬到伊基克做杂货生意，直到现在。

我以前开杂货店做差不多12个小时，很辛苦。大多数人都是勤俭兴家，早上八点开门直到下午两点，休息一下下午三点多开到晚上十点，礼拜日休息半天。店铺的货来自代理商，他们卖货源，给你店铺提供货物，有30天期、60天期、90天期。交货之后可以每30天期给一部分钱，三期交完，现在最长都是30天期了，大多数货物都是现钱或者一个星期交钱，所以难做。而且现在超市很大，样样都有。顾客统统都是西人，我们做杂货都是散买，相熟的都是赊账的，1个月给钱，特别是在硝山乡村，个个相识，都知道什么时候发工资。在伊基克就不行，在伊基克是现钱交易，不赊账的，要不人走了都不知道。现在伊基克甚至全国治安都不好，我的店铺被人抢过。以前在硝山我从店铺回家，大概一个街区那么远，我不关门，没什么问题，在伊基克就不行，在伊基克一不小心就有人偷你。我的店铺曾经被人入来用刀威胁抢钱，或者到店铺直接拿东西不给钱。中国人多数一个人做生意，怎么去追他？现在治安一年比一年坏。

杂货生意也不是很好，我主要做街坊邻里的生意，可以勉强维持，直到儿子长大，逐渐退休。太太帮我做生意，她有空就帮我，平时照顾小孩。我的杂货铺是伊基克最后一间，三年前关门。我开杂货店有个时期生意很多，在硝山时生意好，来到伊基克就不行了。我赚得很少，没什么心机做。超市样样都有，他们很精明，价钱不便宜，但可以用信用卡，可以入会员，请人在街上拉客。每月都要还钱，他们不追你的钱，每月收利息，没钱买就继续赊账。所以这里的大公司都提供你信用卡，在智利要小心，他送月结单追你拿钱，都要收回邮票费。总之我们店铺没办法，只能卖少许。现在很多秘鲁人、玻利维亚人、哥伦比亚人、厄瓜多尔移民到这里做杂货，因为他们没什么技术。现在随街都是他们的生意，中国人没在街上摆摊。

中西合璧

我太太是当地人，妈妈西班牙人，爸爸智利人。在家里家人是讲西班牙语，吃饭有时吃中国餐，有时候吃西餐，我太太学了三两款中国餐，但是西餐合我胃口，我喜欢。我有两个儿子，一个儿子是心理学医生，一个是劳工心理学专家，两个都在圣地亚哥工作。这里是我和太太两个人住，我两个儿子不喜欢做生意。我到现在都没回过中国，因为家人都在这里，留在中国的只是几个姑姐，这么多年都去世了，还有些侄女侄儿之类的亲戚，回去都不认得了。而且中国转变很大，回到佛山都没人了。我很想回去，我还有些亲戚在北京、深圳，香港。

我的儿子未去过中国，我有个弟弟和妹妹回去中国参观，要找个翻译同亲戚讲话，在北京、深圳、香港我们有亲戚，我侄子也去过，我有个弟弟由智利公司派去韩国做工，放假时候搭飞机游览北京上海。这里有团队组织游览中国，特别便宜，一个月时间，到中国旅行社安排你去游览，香港、广州、桂林、重庆、西安、上海、北京。真想不到祖国这么繁荣强盛，我们华侨的地位由此提高，不被人小看。我们初初过来的时候，有人笑中国人，因为中国人穷，外交关系很少，现在人们欢迎中国人。

中华会馆财政

我参加中华会馆是在1994年，朋友介绍，在那里理事会工作，服务会馆，到现在都有20年了。每一届理事会都推举我做财政，我做了差不多20年财政，又做了两年书记。中文方面我讲得不是很流利。参加中华会馆之前我就知道一些中华会馆的事，因为硝矿那里离这一个半小时行程，很近。我们结交了一些朋友出来玩，每个月都在他那里买货，委托运输公司。

中华会馆很早以前，在我读书的时候，对于庆祝国庆日都很隆重，人们捐钱请中西人士和青年会联合举行，我们以前有间学校，在智利建国100年的时候中华会馆送了出去。早上会馆会员和学生去坟场送花纪念先辈，回来的时候大概早上12点钟，邀请西人官员做一个鸡尾酒会庆祝。下午我们开茶会招呼侨胞，用西饼、油炸云吞、中西食物，整日唱歌，请一班音乐队。晚上会馆举行跳舞大会，从早到晚都很高兴。最近春节的时候，这里开过茶会，召集所有的会员和家人来庆祝，分红包。

我去过圣地亚哥，那里我认识的人很少。现在圣地亚哥听说有很多华侨，餐馆很好生意，还有进口生意，有中国的百货店，卖中国的衣服，他们的生活很好。现在圣地亚哥中华会馆组织很好，有中文学校，听说有中国义务教书的老师，大使馆极力帮助，参加智利的各种活动，过年舞龙舞狮。我们伊基克这里很沉静，十分惭愧，过年开个茶会，吃完就走人了。

我们会馆暂时没什么活动，很可惜。大家努力，看将来如何。这间屋是中国人建造的，一百年有多了，但是很坚固，统统都是木制的，美国松杉，不蛀虫的。中华会馆有房子出租，维持会馆的开支。一个月都有三百万上下收入，以前有些老人，会馆会给养老金，现在暂时没有。有的老人没亲人的，身体不好的，会馆要帮助他的。智利有什么事情发生，我们都要帮助。中国发生什么事比如四川地震我们都会帮助，捐钱回去。这间会馆基本宗旨是做慈善事业帮助侨胞。

这里华侨清明节是11月1日智利清明节，中国清明节没人参加，都是跟着西人的。广东华侨是这么做的，买花去插花，会馆做几个花圈送去。他们都带花去，有些西人个个礼拜都去。这里有两个华人坟场，一个已经满了，后来捐款新建一个，就在智利三号坟场的中国人山庄，那里有差不多100多个坟，最后1995年的时候我们再扩建70多个位。

我没入教，我不信教的，我在学校读书的时候老师都说中国人太迷信，门口有个石头都要拜，所以我不信教。我太太信教，常去教堂的。我尊重信教的，去中国的庙别人拜我也拜，去西人的教堂，他们拜我也拜。各个教都是教人不要做坏事，自己不要做坏事就行了。

我平时每日都来这里，差不多下午两点就坐在这里。我没事做，有空看下中国电视，找人聊天，反正在家里很闷。

伊基克侨情

我到智利的时候，伊基克大概有一百八十多个华侨，各个都很团结，但是大多数人生活都一般。中国国庆的时候大家都关门一日，让智利人知道我们国庆日，并竖起中国和智利国旗。现在氛围比较冷淡，很多华侨做餐馆，新来这一代华侨多数做餐馆，各省来到的在自贸区做进出口公司的多。他们很少跟我们接触，可能他们有他们的会馆。第一可能他们言语不通，广东话和国语不通，第二时间不同，他们自贸区是早上九点开工，直到下午六七点钟关门休息，跟我们餐馆相反。有时候他们关门我们开工，开餐馆做到凌晨三四点，早上十二点开门。时间不同，很难接触。他们礼拜六日休息，餐馆礼拜六日最好生意。这里的餐馆大概有三十间，我们会馆现在有会员144人，家人小孩加起来大概有200人，都是广东华侨，现在自贸区比较多人。伊基克这里没有中文学校，没有人学中文，这里小孩都讲西班牙文，出街都是讲西文的。

我在硝山那时候有七百多个中国人，做肉店、杂货店、苏杭铺等等，样样都有，工人不用来到伊基克买。硝山后来交通便利了，有几班巴士来往，早上有两班，下午两点钟又有一班，晚上五点钟又有一班。后来好多后裔来做生意，他们意大利这帮人做百货店多，我们中国人做杂货店、牛肉店。以前有些西班牙人开硝矿。南斯拉夫人采盐，都是很辛苦。我们实际上帮助了智利人很多。现在很少意大利人、西班牙人来。中国人没去开硝山，以德国人、英国人、西班牙人多，后来智利政府将硝矿收为国有。最旺的时候硝矿被称为白金，用这些收入来维持国家。智利1879年打南太平洋战争就是因为硝石和鸟粪的争执，和玻利维亚、秘鲁打仗，最后智利赢了，他们割地赔款，这里以前是秘鲁的。

伊基克这个城市，主要的发展和收入是硝矿，后来硝矿市场跌落衰退。伊基克再发展就是鱼粉厂，后来无鱼了又跌落。现在是靠铜矿，开了很多铜矿。接着是自由贸易区，吸引很多外国人投资，生活变好了，很少人失业，中国买了智利差不多百分之五十铜矿的出产。现在世界上经济平平稳稳，铜矿需求减少，中国对铜的需求减少，智利人很担心。

智利北方人喜欢吃中国餐，口味很喜欢。智利人喜欢出门吃饭，中国餐馆便宜又好吃，所以很旺，赚了不少。1970年以后很多人开餐馆的。中国人的餐馆一日比一日漂亮，以前卫生装饰方面都是比较落后，现在不是了，个个赚钱以后都装饰得很好，都有停车场。

吕玉松

口述历史

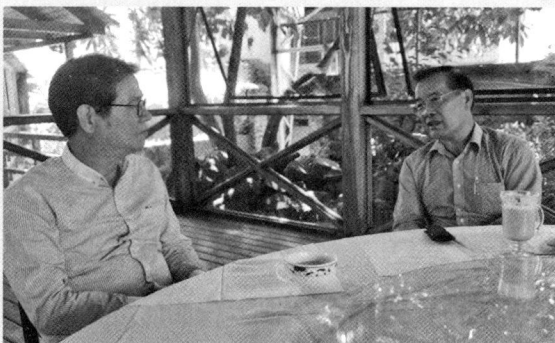

吕玉松（右）

时　　间：2016 年 12 月 12 日
地　　点：智利圣地亚哥远东酒楼
受 访 者：吕玉松，智利智京中华会馆主席
采 访 者：张应龙
录音整理：莫　菲

辞别家人

我叫吕玉松，是中华会馆的现任主席，1958年出生，鹤山市鹤城镇人。1976年高中毕业，在生产队当过出纳，抽水发电、浇灌梯田、管理电房，什么活都干过，比种田要轻松。在当时的社会来讲，我们高中毕业，虽然不是大学生，也算是读过不少书的，以前的人别说读书，连饭都吃不了。

我是家里的第三个孩子，我有姐姐、哥哥，还有个妹妹。我姐夫已经在国外，是他帮我申请出国的。他帮我申请到移民的时候，我还没结婚。因为我哥哥已经结婚了，所以姐夫就先让我出国。姐夫让我先别结婚，如果有个家庭在国内，我就无法在国外安心创业。我父母不同意我出国，让我一定要先结婚。我姐夫只是比我出早一年，但是在这一年中，他在智利生活，适应并懂得分析当时的社会环境，我当时22岁，还很年轻，他怕我结婚后，万一有个什么不小心，可能会连累自己的家庭。如果在这里打好基础，回去再结婚也行。但是我父母也有自己的想法，当时的西方社会也是性开放的社会，他们不想让自己的儿子学坏，人生地不熟，没有父母兄弟姐妹在身边，不如让我先成家，有个家庭让我牵挂，做什么事情都要提醒自己什么可以做，什么不可以做。我拿到出国申请之后才谈恋爱，谈了3个月，差不多见了4次面就结婚了，当时的社会跟现在不一样，特别在农村，我们很难相见，也比较害羞。我结婚的时候，我姐还不知道，后来才告诉他，那时候我都快出国了。

临出国之前，亲戚朋友聚在一起，中午摆围餐，晚上就开茶会，简简单单的仪式，有人祝贺、有人嘱咐。我印象最深刻的是一个叫叔公的人，他说，作为叔公我嘱咐你几句，到西方社会，父母兄弟姐妹不在身边，嫖赌饮荡吹，一样都不能碰。到外面，如果有条件，就先把哥哥带出去。我当时没反应过来，为什么他叫我先把哥哥带出去，而不是先把老婆儿女带出去，后来出来做生意了才明白他的意思。他认为，出去做生意，一个人的能力始终都很有限，如果我先把哥哥带出去，他可以帮助我；如果先把老婆带出去，虽然家庭团聚了，但只是增加了一个负担。

回想当年，孩子出生还不到一个月，我和太太还算新婚，我就拿着个行李箱，离乡别井，有点依依不舍。1980年底，我22岁，从广州坐火车到深圳罗湖，再到香港出境，以移民身份过来。全家人到广州送我坐火车，想起那个场景，真是不知怎么形容。当时过了一半罗湖桥，回过头看，想着不知什么时候才有机会回来看老婆孩子，不禁泪下。

创业历程

为了生活，来到异国他乡，语言不通，想起当时的环境，作为华人来讲，自己的国家这么大，为什么要离开它来到这么小的地方生活，人地生疏，一下飞机的感觉真是很难接受。姐夫接我过去打工，当时的打工环境不是说像现在的社会那样进步。

我先是来到姐夫的店里打工，按照工人条例，每天工作是8小时，但是因为是帮自己的亲人打工，就会当成自己的生意来做，每天工作9个小时、10

个小时。八十年代的最低工资是4000智利币，兑换成当时的美金是125美金一个月。当时的国民经济消费水平不是很高，我要养家糊口，寄钱回家帮补家用。过年过节，或者父母生日都会寄钱回去，一次寄几百美金。

我在姐夫那里打了5年工，1985年，我就出来和姐夫的哥哥合伙开了一间餐馆叫"荣华"，他出本钱，我出力。自己刚当老板的时候，什么都要亲力亲为，有时甚至要工作13个小时。1987年，我攒了一点钱，自己的亲人也陆续来了，为了发展，自己在市中心另外多开了一间餐馆，叫"天坛"。随着亲戚越来越多，我就跟他们分开来做生意，又跟我太太的亲戚去到大概700公里外的城市开了一家餐馆叫"天香"。后来我又开了一家餐馆叫"名都"，在我名下。我又买了一块地，大概3000平方米，建了一间餐馆叫"荷花楼"，从1996年开张到现在，有二十年了。最后在2000年，我又开了一家叫"新世纪"酒楼，我总共开了七家酒家。后来因为儿女大学毕业，自己想放松一下，干了几十年感觉很疲惫，有些生意就转让给别人，只剩下"荷花楼"和"名都"是属于自己的，留给子女经营。

刚开餐馆的时候，我全部都是请当地人收钱、接待、当厨师。做出来的中餐对于中国人来说不算正宗，但是为了适应这里的生活方式和口味，我们把中餐改良，适合他们的口味。在当时华人那么少的情况下，如果做正宗的中餐，根本不可能有这么多客源。当时，这里已经多了很多中餐馆了，因为改革开放，国内的很多年轻人都出来了，这里的中餐馆都很兴旺，西人都要排队等吃饭的。在街上随便问一个西人中餐好不好吃，他都会说非常好吃，一个是蒙古牛肉，一个是杂碎鸡，随便都能说出两三样很普通但又很适合他们口味的菜，炒饭就更加不用说了。

从80年代后期到2000年前，圣地亚哥的中餐馆生意达到了高峰。以前，有的餐馆中午都不关门，客源高峰是中午十二点到下午三点，四点钟之后生意淡下来，那段时间就让工人搞清洁，到晚上8点多，客人又多了。周末的时候，我们经营到凌晨两点，工作日就经营到晚上十二点半。在90年代前，智利的华人大部分都是经营餐馆的。

我的亲戚们都是开餐馆，开了很多家。如果经济条件好，就自己买地经营酒楼；如果刚开始起步，就先租个地方来经营。中国人那种勤奋精神，出来西方社会都站得稳脚跟，如果肯钻研，够勤快，就能赚钱，这里有空间和机会发展。我一般都会借钱给自己的亲人做生意，像我老婆的哥哥、侄子他们，我都是先出钱把餐馆的基础打好再交给他们。就算不是亲戚，我们之间也会相互帮忙，中国人的传统都是这样的。不像西方人，父子俩相互借钱都要写字据，或者去律师楼公证。我认为我们东方人的这种习惯比较好，讲信用。在国内，朋友间借钱都不写字条，顶多会写着按照美金结算这样的字样。中国人应该要发扬这种精神。在智利的华人，如果骗了人，一传十、十传百，就没有立足之地了，因为给人造成一种信用不好的印象。

移民链

我刚来的时候，华人连300人都不到。到90年代，有几千华人，特别是广东鹤山人，有条村叫潮边坑村整个村子的人都过来了。我们中国人始终都有种亲属感在这里，我来到这里之后，除了把太太和孩子带出来，还把哥哥带过来，我帮哥哥申请的是以劳工或者旅游的名义。那时候申请很容易，因为当时的社会很廉政，只要证实夫妻关系、父母子女关系、兄弟姐妹关系就会被批准，去律师楼公证处打一份生育担保书，那时很便宜，2美金就可以了，也可以帮非直接亲属过来。所以我就将自己的亲戚、太太的亲戚、甚至我母亲的亲戚，我太太的亲戚的亲戚都带过来，我算了一下，以我的名义带过来的人有两三百人。那些人又带自己的亲戚过来，后来一些年轻人回国，娶了广州妹，生了孩子之后又带过来。

刚来的时候，这里没什么北方人，可以说99%都是我们广东人，由于我们广东人在这里比较勤奋、节约持家，自己攒钱做生意，后来祖国改革开放，很多华人亲属可以申请出国，我们就慢慢地将自己在国内的亲人接过来，所以现在的中华会馆可以发展壮大得这么迅速，现在华人有差不多3万人了，有差不多1000多家中国餐馆。这几年来这里的广东人没福建人多，很多福建人从阿根廷过来。但是现在华人多了，我们很多都不认识。以前华人少，圈子小，每来一个人，我们都认识。圈子越大，华人越多，越难统计数字。

为侨服务

中华会馆成立于1893年，作为历史最悠久的社团，已经有123年历史了。90年代前期，智利只有一个华人社团，就是中华会馆。当时没有北方人在这里，90年代末，2000年初，慢慢才开始有上海、北京、福建、天津、浙江等地的人过来这里。由于他们要保护本省本地华人的利益，所以陆续成立了江苏商会、浙江、温州商会，现在这里有十二个社团。

1987年，中华会馆前主席张伟廉经常动员我走进会馆的圈子，由于那时我要打基础，孩子小，没答应他。过了两年，在1989年，他说当时理事已经老了，会馆需要培养接班人，要为会馆的将来招收年轻理事，我就答应了主席，从1989年进入中华会馆，当时掌握财政大权。会馆有几个常委：主席、副主席、财政、秘书书记，都是会馆的核心人物。会馆是民主选举的，三年一次，大家投票选举12名理事，再由12名理事进行无记名投票，票数最多的人成为主席，副主席、财政、秘书是由主席提名的。2001年，陈主席当主席的时候，又让我管财政，总共做了8年财政。理事会规定，如果在第二次选举也被选中的话，可以连任下一期，就是担任6年。2007年，胡金维当主席的时候，我当副主席，任了7年，因为会馆要改章程，由国家司法局审批，交接的时间推迟了一年，所以胡主席当了7年主席，我也当了7年副主席。直到2015年，胡主席退下，我当了主席，任期从2015年到2017年。如果我下一期不退休，还可以参选；如果退休了，就放弃了我参选的资格。会馆发扬了123年民主选举的传统，不是看谁的资金雄厚，要通过民主选举被人承认才算数。在会馆工作的人都具有奉献精神，没有报酬，要有爱心，要关心会馆事业，如果抱有任何私心，想进会馆捞油水，想都别想。会馆就是这样一个团体，纯粹是慈善，领导我们华人互相关心、爱国，跟大使馆沟通。现在祖国强大了，我们还要为中智两国人民的友谊、经贸发展搭建平台。最主要是服务在智利生活的华人。会馆还会帮忙去调解家庭纠纷、生意纠纷。

坚持中国传统

刚来这里的时候，通讯不像现在这么发达，我和家人之间是靠写信来联系的。我写信回去，在太太、父母、兄弟间传阅。我寄一封信回去要花15天的时间，我再从他们那里收到回信最快都要等一个月。我当时打工，一听到有家里的信，心里不知道有多高兴，还在厨房穿着工作服就立马撕开了那封信，看看家人过得怎么样。不只我这样，我很多同事都是这样，出来的都是二十来岁的年轻人，都已经成了家。

1985年，我的太太和孩子就过来这边了。我父母帮我把孩子带大，子女的客家话没问题，我们家庭都用客家话沟通。我子女也会讲广州话，不是很流利，但都不认识中文，我儿子五岁到智利，由于当时这里没中文学校，他没学到中文，一直是受智利教育长大的。所以我们中华会馆在2002年陈主席任期的时候，理事会决定，为发扬中国文化，为了子孙后代不要忘记我们是中国人，不要忘记我们的历史文化，决定开设中华会馆中文学校。当时开学的时候，只有60多个学生，到现在已经13年了。当时我们办学的口号是：哪怕只有一个学生，我们都要坚持把中文学校办下去，等我们的子孙后代将来有机会去学习中国文化。

大儿子大学读电脑工程，第二个孩子读酒店管理。大儿子读完电脑工程之后，自己就开了一家公司，专门给大公司做电脑，甚至连智利警察局和智利一家大的建筑商都请他来做。大儿子在大学认识当地的女孩，后来就结婚了。当时我真的很难接受。从小我就将我的思想灌输给他，希望他按我的想法去走，但是他偏偏不按我的思路走，认识了当地女孩，我当时真的很难受，很反对，甚至把他撵出去住了半年。后来没办法，他要结婚，我要面对现实，帮他办了婚礼。结婚当天，我都没心情去理会媳妇，我不想我们的后代被西化，好像卖断了自己的祖宗一样。就算他娶当地的中国人都好。一家人吃饭，我们用筷子，她用刀叉，我接受不了。我一个儿子，一个女儿，如果两个都是儿子，我当时反而不会那么紧张。中国人始终都觉得女儿会嫁出去，后代会改姓，儿子会传宗接代，会延续我们的姓氏。

我父母过世了，我家里弄得跟中国的家庭一样，摆放了神台、父母遗像，我老婆每天早上上香，我子女都看得到。我始终是遵循我们中国人的风俗，保持中国人的饮食。现在的华人结婚，多数是到唐人酒楼摆酒。

在这里信天主教的华人不算多，也有人信天主教，因为，比较好的私人学校都是天主教学校，就算学生入学的时候不是天主教徒，但是入学一年，学校慢慢就灌输天主教的思想、仪式给学生。每天如此，自然就入了天主教。我儿子也入了天主教，他在天主教初中读书，读了两年后就入教了，没办法。对于西人的信仰，我不想去信。

与祖国共命运

回想当时我刚来这里，自己的国家在当时也不是很发达，自己作为一个外国人在这里生活，寄人篱下，如果你没有经历过，是完全感受不到。语言不通，当时中国人来到这里，会被西方人歧视，他们都笑中国人蠢。祖国强大了，华人在外面的腰杆也挺直了，外国人比较尊重我们。

我刚到智利的时候，它的人口只有800万，这么小的国家都家家户户有电话了，灯火辉煌，大街上都是小汽车。我对比了一下，当时的中国比智利落后了最少二十年。现在过了36年，我每年都回去中国，我认为现在的中国比智利要先进二三十年。虽然我入了籍，我入籍不是我不爱自己的祖国，我是为了方便回国。二三十年前的中国，地位真的跟现在不一样。出入境拿着中国护照真的会被歧视，我们过关的时候，海关人员看着我们拿着中国护照，把我们当成贼一样来审问。就算在香港入关，香港以前是英国殖民地，都让香港人歧视。我曾经有一次在香港机场带着我太太亲戚的儿子出国，因为他拿的是中国护照，就被值机人员为难，我当时就跟值机人员吵起来，她太瞧不起人了。直到1995年我回中国的时候，香港人的态度还是很不好，开口闭口都叫我们大陆佬，我作为一个华人，好难受。

我出国之后第一次回国是1988年。后来经常回乡下捐款，几年前，鹤山市鹤城镇要建一所学校，我们会馆就召集华人捐款，有一个人捐了8000美金，我们总共捐了70多万人民币回去建了鹤城中学教务宿舍。

我没有回去投资，一来不知道家乡那边的政策如何，二来我的亲人全部都出来了。但是我在乡下建了房子，在鹤山也买了房子。我乡下的房子是1996年建的，两层半，花了50多万，装修各方面所用的材料都很好，按照城里房子的样子来建。当时我父母还在世上，但都出了国。作为儿子，我想表示对父母的孝心。老人家的思想跟我们不一样，他走到哪里都会说我儿子赚了钱，建了房子在这里。当时的中年人还是有种尊重老人家的思想。从1996

年到现在20年，我数了一下，我们在那间房子住了都不够一个月。因为我们中国人，特别是我们这个年纪的人，特别想家，始终都有乡情在。

以前还没出国的时候，我们看到华侨回村，都比较羡慕，因为他们回来都衣着得体，穿皮鞋。在80年代的时候，只有极少数有钱的人才有皮鞋穿，一般人都穿解放鞋。看着人家，觉得在外面的日子很容易。但是轮到自己出国了，才发现外面的生活不是大家所想象的那样，完全是两码事。只不过是社会不同，外面有个空间给你自由发挥而已。其实，出来的感受真的很难理解。

新老华侨

以前，那些老华侨以经营杂货店、牛肉店居多，还有十一二家中餐馆。我们这一代来这里的时候，1977、1978年到90年代前，华人多数都是经营饮食，比老华侨赚的钱要多很多。我姐姐的家公跟我说，他开牛肉店，一个月可以赚三四百美金一个月。我们80年代经营酒楼

的时候，每个月都赚两三万美金。90年代后，社会发展不同，年轻人的想法和做法不同，比如买地建房做生意，拿地去银行抵押贷款，而老华侨就不敢这样做。2000年后，人们的思维又不同了，像我们这一代人呢，都去买地建店铺拿去出租，改变生意范围，投资房地产，改变自己的收入。社会发展推动人的思维变化，我们和老侨、现在三四十岁的人和我们的想法又不同了。现在也会多种经营，不像以前老侨经营得那么单一。2000年之后，很多人经营百货、五金，进出口水果，各行各业都有。以前在唐人街很难见中国的蔬菜，现在到火车站，咸鱼、大头菜等等都有得卖，让我们感觉像生活在中国一样方便。

彭奋斗

口述历史

彭奋斗

时　　间：2016 年 12 月 12 日

地　　点：智利圣地亚哥远东酒楼

受 访 者：彭奋斗，智利和平统一促进会前会长

采 访 者：袁　丁

录音整理：刘　艳

悬壶济世

我叫彭奋斗，今年75岁，老家是广东揭西。我家在潮汕，但是从小就在广州念书。我爸爸很小就来广州了，虽然老家是在揭西，但家在广州，中学都是在广州读的。我在国内主要是从医，我全家都从事医学。我20世纪60年代毕业于中山医学院，在国内先从事临床医学19年，曾在广西一个中西卫生医药机构里做外科教学和外科临床。

我的一个妹妹的家公是这里的老华侨，叫陈祐，当时在船上做船务，从澳大利亚和朋友一起来智利。来到智利后觉得智利这个地方还不错，就留在这边开餐厅。后来国内政策开放了，他找到我的妹夫，我妹夫和妹妹就以继承财产的名义来智利，妹夫一家也是从事餐馆业。

我1983年和太太全家一起来到智利，已经有30多年了。我和太太过来的时候，儿子和女儿也一块过来了。当时我女儿才四岁，刚读幼儿园，儿子念初中一年级。1983年我们来了以后，当时感到很奇怪，因为第二天报纸说我们智利来了一个中国医生。我们刚来智利，怎么他们就知道来了一对中国夫妻，而且还是中国医生。我们当时不在圣地亚哥，而是在一座海滨城市，也是智利的后花园。我们在那边做了八九年，后来转来圣地亚哥。

我来智利以后，也是干老本行，一开始就从事医疗。刚来这里的时候不熟悉环境，语言不通，一两个礼拜后就马上有病人来看病。那是一个市政厅的官员，老母亲有病，我不懂怎么办，没关系，因为医学中的药名是通的，拉丁语、英语的药名、病名跟我们中山医学的相通。我在国内工作了十几年，也搞教学，也搞医疗，临床经验也有，病一看就知道，那就没关系，自己带个词典出诊看病。结果慢慢开诊一直到现在，一直从事医疗。

最开始和太太一起来到这里，自己先在海滨那边开个小诊所，后来做了一段时间，也稍微熟悉一点了，一边看病，一边自学西班牙语。过了一段时间，治疗效果还不错，开展蛮顺利，后来我就申请了一个诊所。最开始是临时的，和其他医生一起合作，干一段时间，几年以后我们就独立了，这主要得力于我一个病号的帮忙。因为我当时名声比较好，来这边治疗，上层的病人很多。当时我不太了解，其实妹夫的父亲那边有一些上层关系，跟当时的军政府国防部秘书长是好朋友。他也在海滨那边住，有这种关系，介绍了很多病人。国防部秘书长本身也相信中国医学，所以有好感，就介绍了很多病人过来治疗。治疗效果好一点，得到了上层人士的认可，批准我拿了医生牌照。我就开了针灸诊所，后来卫生部那边也有我的病号，他们说你不应该叫针灸诊所，而是应该叫中国医疗研究中心，卫生部给我的诊所取名"智利中国医疗研究中心"。他们说，因为以后中国医疗方面的问题还要找你，你还是比较有影响，到时有什么问题我就找你了，所以你叫医疗研究中心。这个牌照在智利唯有我一个，所以工作开展得还可以。

我是西医为主，在智利治疗肾脏外科，在国内开刀，这样就一些病号诊断方面的问题跟他们能够沟通。你一看这个病，要不要开刀，单拿来一看，语言不通，但是全世界病情诊断描述语言是相通的，大体上知道。诊断上没什么大问题，症状有专业术语，也慢慢努力学习。基本上治疗方面沟通问题不大，诊断比较可靠。当时智利有针灸，不是什么祖传都给你发牌照。你必须首先是外科医生，开过刀，才跟你谈针灸。本来我就是从事外科，也办过教学。我是做外科手术的，这个很简单，针怎么消毒，空气怎么消毒，多少压力，多少度，怎么样，怎么处理，医院的系统，就考那一种。就开刀经验来讲，我们的检查器械没有国外先进。但经验我们就多了。我跟其他人讲，我跟你们的医生较量，你讲胃大部分切除，切百分之七十五，一年做几个不简单。我一个人在国内一年做两百个胃大部分切除手术，所以外科医生的经验非常丰富。我们做阑尾手术，缝一针就够了，做完第二天就下床。这里阑尾手术开10公分的切口，要很长时间。一谈起医务，他们就表示认可，所以就拿到牌照了。

在开智利中国医疗研究中心的时候，我请了很多当地的工作人员，比如听电话的秘书。日常工作还是我和太太为主，我太太在国内也是医生，其他人帮忙处理杂事。我从头到尾负责接电话，问病情，治疗，追踪，我要完整的病因记载，凡事亲力亲为。这样虽然辛苦一些，但是和病人的关系密切很多，真的是朋友这样子，跟家人一样。这在西方是没有的，所以感觉很新鲜，感觉很得民心，很高兴，对病人也有好处。

护士不需要，因为治疗我们是亲力亲为，功到心到，不然效果没有那么好，一点都不好，其他杂事可以帮忙，治疗不行。按照中国传统，我们收费不是很高，但是也在调整。针灸治疗是一个慢性的调节过程，不可能一两次全好了，急性病例治疗一两次也有康复的，但比例不多。你要实事求是，有的老病号要调整治疗，需要疗程，所以我们这边的单价不太高。七八天一个疗程，休息一下再开始下一个疗程，慢慢调节，所以你一次单价太高，对治疗不利，病人也需要一个过程。所以我们治疗这么多年，病人非常多，我们就安排好时间，但是病人多了，延时也是没办法的事，也就无所谓，反正是自己的诊所，就晚一点。

当时我们医疗研究中心前面是诊所，后边住家，楼上和后院就是自己的活动空间，所以病人来得晚一点也没什么关系。有时候病人太辛苦还送到门口或送回家，安慰一下。这样，病人真的按照你讲的治疗方法、次数和注意事项来做，效果就特别好，所以一些东西要做到家、到位。

后来我发现，智利的上层对中国的文化也有了解。我有个病号，开始是病号，后来就变成朋友了。他是总统的朋友，国会参议员两届副主席。他在全世界有很多企业，非常相信我，有什么病都找我看。他小孩感冒，他没空过来，我就到他家里去治疗，就跟家人一样。他也介绍很多海军上将、国会议员、将军过来找我看病，效果很好。举个例子，有个海军上将经常心脏不舒服，感到心闷胸痛，怎么检查都检查不出来，请九个智利大医生为他看病，吃药，效果不是特别明显。后来我给他看病、检查，发现他颈椎的后关节紊乱，偏一点，这样刚好通向胸腔。后来就慢慢调整，治疗后就好了，完全康复了。再照一个片子，不要正穴位，斜斜往上照，看到后关节，里面简单健全，全好了。那几个医生很高兴，说："我们感到奇怪，现在怎么检查都没问题，效果不好，哦，原来是这样，后来觉得你们医学还是经得起考验的。"很多这样的例子，比如老疱疹是有毒的，痛得不得了，当时不痛，但是消退以后过了七八年才痛，疱疹全消失。奇怪，神经痛关键是跟免疫有关。我们就挑他的免疫。神经不要紧张，提高免疫，结果就见效了，差不多六七年的痛结果消得很快，很舒服，以后什么事都没有。他很高兴。

主流媒体和报纸一起以"二十一世纪世界医学之光"为大标题加以报道，用智利科学版科学家一大版宣传中国针灸和我的医疗近况。报纸、杂志、电台每年都多次到我的医疗中心采访，专门报道，跟卫生部、我、医生、病人直接对话。病人怎么样，现在治疗效果怎么样，先报卫生部，然后医生检查，先看，先播。病人反映这个效果怎么样，按照你的方法效果确实还可以，感觉非常好。卫生部、电视直播、医生，也有这样的评价，那病人就很尊重医生了。有一次很好笑，我们诊所那边有5位国家领事在那边治疗。他们在接待厅里聊天。第二天智利一个驻外使馆活动，我们中国大使馆王大使在那边。开会之前，他们对王大使说：王大使，我们昨天五个国家领事在你们那个彭医生的诊所里开领事会。我们五个国家聊得很高兴，中国医生非常不错，给我们的印象很好。王大使说我们的医生水平当然是不错的。在海外宣传一下中国医学和文化，得到他们上层的认可，使馆也感到欣慰。这样子我们就认真对待这个问题。

再讲个例子。有个外科大夫，肠癌，一般会转移，要开刀，化疗让人很难受。我跟他讲，你开刀以前一个月，我给你治疗，提高免疫，开刀以后一个月，前后治疗一下，卫生免疫，看你怎么样。总之前后你不断检查免疫系统变化情况，有对照，我也了解医学数字，看怎么样调整一下。结果前后对照弄了三个月，肠癌开刀以后，很顺利。他能完成正统的化疗，三个疗程，一点都不中断，没有副作用，同时这个时间内免疫不下降，开刀前后还有一点点上升，检查治疗全在医院里。结果他们外科医生讲这个了不得。这么大的打击对免疫没有影响，反而有点上升。他不得不服，夸赞中国医疗不简单，对中国非常友好。我们在北京开世界妇女联合会，很多国家想为难中国，智利有个代表就很友好。去之前他坐骨神经疼，打了一个月的针，起不了身，没办法，叫我过去看病，治疗了三四次，就站起来了。他去北京开会发言，获得了很多的支持，很有政治影响。回来以后，很多病人都来诊所问诊。就这样通过一些日常活动，主流社会对中医有了好印象，这对我们来讲是很大的安慰。

我现在两个儿女很争气，都是智利名牌大学的高材生。儿子从智利大学毕业以后到美国去留学从事药物研究，获得了全额奖学金读研，还没毕业的时候美国那边就请他工作了，他就加入美国最有钱的药物学家协会，留在美国发展，现在一直从事药物研究，在药厂开发新药，是一个部门总监。他全家都在那边，和国内药厂有合作，现在每年要去北京一两次，指导国内药厂。国内的药厂每年都派人去他那里交流和学习。他结婚了，有两个小孩，都在美国。他太太在美国一家大学研究脊椎，也是华人。我觉得不管怎么样，孙子现在很小，可以回国内念中文，学国学、礼仪。国内私塾见老师要鞠躬，说老师好，这样有礼貌。他去那边，真的听话。他们现在学中文，一般对话还可以，还没有忘记中文。两个孙子很小，对学中文很有兴趣，在美国学了不少，现在稍微大了一点，差不多九、十岁，丝弦、钢琴学得都不错，老师讲你明年可以表演啦。小孙子练太极拳，在费城拿了第一名。儿子全家在美国发展得还不错。

女儿跟我一直在这里，成就比我们还大，非常轻松。她通晓英语、西班牙语、国语、广东话，毕业于智利名牌大学，高材生，从事医学。按照智利的当地习惯，毕业后如果从事专科研究，要到其他地方学六七年，一般是到南部或偏远的地方工作六七年，有几年工作经验后回来再考专科。女儿当年就没有先去工作，直接考专科——脑科。脑科一般很难考，名额很少，一所大学就只招一两个。女儿一毕业就考上脑科研究生了，运气也比较好，毕业以后马上两次到美国。当时正好有个脑科疾病中心安排她作为交换生两次去美国，钻研脑科研究，运气好，跟了一个脑科方面的权威老师，现在在智利很有影响，好几家医院想聘请她。她现在在智利好几个医院、研究所工作，经常参加国际脑科研究会议，作演讲，到现在还没有结婚，三十多岁了。她一心扑在工作上，现在还兼任美国佛罗里达大学国际脑科研究中心的研究员。她现在还是在智利，和我们住在一起。导师已经给她出了四本脑科专著了，在美国权威杂志上有一些影响，还兼任我们全国侨团的青年委员、北京海联会的青年委员。她导师是世界脑科方面的权威。毕业后，她导师跟她讲：现在西方医学最新的内容你学好了，还不够，要回中国国内学针灸，学中国医疗。后来安排她免费去北京中医药大学进修九个月，学习中药、针灸，学中国医疗。导师说要研究中国医疗和传统医疗怎么样治疗脑科疾病。之后她的导师还想去看看。这个导师有这个眼界。前年，领事馆就安排她去北京中医药大学学习九个月的中医药针灸，回来后留在智利。她经常参加国内的一些活动。她的语言、交流还可以，画画也不错。她四岁来这里，中文是自学的。哥哥和我们教她。她自己看武侠片来学中文，一边写著作一边写小说，一边写一边学，现在掌握了好几千个中文单词，能够满足日常交流需要，在北京开会，一般交流问题不大。她还自学国画。她的一幅国画作品还入选世界华人书画展，我的书法也入选世界华人书法精品选。我和女儿的作品还被广东华侨博物馆收藏。中国文化靠自学，她有这个爱好，也是受家庭环境的影响，所以她现在比我们发展得都好。但是她的中国传统文化很到位，到什么程度呢？有一次智利大学要开展中国文化讲座。她在大学讲堂上讲课，一位校长坐我旁边。他说这个小年轻在干吗？我说她在讲孔孟之道和儒家学说。她在网上找资料，不懂就再问我们。年轻一代有这样的水平，中西贯通，很不错，也是一个安慰。

侨团活动

我们会馆原来是一个慈善机构，最开始主要是举办一些慈善活动。最初侨团跟国家有紧密关系，以前中国对外交流不多，所以会馆发展没有太大起色。由于位置偏远，智利的华侨社团发展很困难。最初只有我们中华会馆，后来随着中国改革开放，侨民素质大大提高，国强侨强，国侨一体，人逐渐多了，侨团就慢慢发展壮大了。

会馆刚开始的时候，非常困难，侨领一心扑在会馆上，作了很多贡献。我回想一下，家国一体，侨国一体，国和家关系密切，侨和国家关系也一样。早先中国地位没有这么高的时候，在外边的侨领受别人欺负，不管做什么工作，没什么地位，被人家看不起。后来改革开放，对外交往多了，中国的地位和影响力逐渐提高。后来到陈先生当主席，华侨发展得差不多了，国内来的人多了，环境逐渐开放了，声誉上去了。智利的餐厅经营得非常不错，大家都有点经验。经济上允许的话，就将更多的精力用于关注侨社。

除了从医外，我很早就出来参加社团活动了。我在侨团服务二十多年了，现在在中华会馆当副主席。刚开始的时候我给老主席张伟廉当秘书，陈桂陵担任主席的时候我做副主席，兼管对外交往、中文教学，偏重文化方面，中文学校最早就是那时策动起来的。最早是张伟廉担任主席，他大约做了20多年中华会馆的主席。

我是1983年来的，跟他们老侨相比算是新侨。国家改革开放后，政策越来越松动，很多人就过来了。来的人多了，到的城市也不一样了，各行各业的人才都有，文化水平都高了，为智利侨社的发展打下了很好的基础。做生意的人生意做得也差不多，经济实力较强，有时间，所以2000年开始中华会馆发展得突飞猛进，大家都是真心实意为侨团做事。我想要组织一个精英团队，一个友谊团队，大家是朋友，一心一意把它做好。我建议进行理事改革，做个守则，明确岗位责任，常务理事决定大事，具体分配到各个部门，调动所有人的积极性。我们当时强调海外侨团是民间组织，没有大企业，以中等规模的较多，只能发动大家的力量，整合理事会的力量，靠团队力量。智利没有其他国家那么发达，只能靠人多，齐心一点，所以就找更多的人参与，不要只顾个人利益。我们进行了一个月左右的社会调查，十五个理事分五个组，每家每家地访问侨胞，了解情况，将来有什么要求，访问到半夜一两点，坚持一个月，基本上走完首都百分之八九十的华侨家庭。

华侨社团刚开始的时候就我们会馆一个，一百多年来都是。从2002年开始，当时会馆和促统会是最大的组织，之后越来越多，现在差不多有十一个侨团了。比如我们会馆、和平统一促进会，影响比较大。我们办世纪大会办得还不错，还有华商联合总会。其他商会不多，江苏商会、福建商会、广州商会、河南商会、福建同乡会，还有妇女联合会、北京联合会等，人数不太多。但不管怎么样，现在有十几个侨团，以后可能会不断增加。以前中国开放改革前，对外交流不多，所以会馆发展没有大的起色。国家开放之后，侨民素质大大提升，国强侨强，国侨一体，逐渐发展，人就多了，侨团慢慢增加。后来不断有国内的团体来访问，这里震动很大。听你们讲讲国内的信息，简单交流几天，对当地的影响很大。侨民感到很亲切，国家的人来了，民族感情很强烈。改革后由于访问多了，我们这些智利侨团非常忙碌，刚开始没什么活，广东等每个省、每个组织（大学、侨团、商务）都来访问，通过交流，侨民的眼界开阔多了，联系多了，国内信息多了，对国家的信念强了。

2006年促统会召开洲际大会，我们前前后后起到了很大作用。那时我作为会馆副主席来兼管这个事情。会馆是一个慈善机构，政治的东西不要太敏感，立场要鲜明，这不能开玩笑。国家有大事情，如台海、国家统一，有什么信息、政策，我们都第一个发表声明表示支持，写很多文章在国内发表。那时我们开会，侨民有爱国心，关注国家的发展命运，打好基础后，整个活动大家都积极参加。我们智利华侨坚信，不管做什么活动，虽然总数没法和其他地方相比，但发展得比其他地方都快，参加比例都高，这就是成绩。有些老华侨退休，要培养年轻接班人，这点很重要，也是个方向。

中文学校

当时我主要是负责中文学校的有关事项，调查侨胞对中文学校的态度和家里情况。那次调查工作很扎实，了解到侨胞想要什么，希望什么。这样我们心里就有个底。调查之后，他们说以后希望多举办活动。现在有时间，精力上允许，我们想调动所有华侨的力量办几次活动，大家一起来参加，集合众人之力来办。中文学校的调查结果，百分之二三十的家庭有学生，那就很多了，都希望中文学校快点办起来。这样我们就有底了，家访，不管大小，都有这种需要。我们会馆原来是一个慈善机构，最开始主要是举办一些慈善活动。中文学校开展后代教育很重要，这个工作对今后的侨团工作会很有帮助。

智利的中文学校办了两三次，第一次、第二次半途都办不下来。困难主要在于华侨不多，人员不多，经济实力也不是很雄厚。这个情况确实跟其他国家不一样。我们是用会馆的名义来办，不作商业用途。刚好国内有很多团队过来访问，很关注，也有很多指示，觉得中文学校是个好方向，一定要办。我一直也比较重视中国文化，跟理事会商量，决定先不办学校，而是先办个中文班、补习班，慢慢过渡，因为前两次没有办成功，具体问题还不好解决。主席说不行，按照国家现在的形势，势在必行，无论几个学生，我们都要办下去，在发展中来解决问题。有问题，一边办，一边解决问题，只能这样。经过沟通后，理事会决议，无论几个学生我们都办下去。有问题在发展中解决，大家有了共识，并不断推动，现在中文学校稳步上升。

校舍在会馆，教室是老华侨拿出积蓄赞助的。当时我们张主席在的时候，也在会馆搞一些活动，也有点收入，积累下来就扩建，2000年建了新会馆。建会馆的时候本来就想建一所学校，委托我去找老师，发现这里有很多人才，有注册公司的，有的以前在国内从事教学，除了广东以外还有很多。我们就找了一位在外交部工作了三十年的人，很有经验，国语好，西班牙语也好。我们专门请他出来当校长，还找了老师。我们当时一个个打电话，亲自上门请他们过来。在这种情况下，学校我们非办不可，有什么问题，理事会等着你们一起解决，后来就一步步办。

刚开始学生不多，也有几十个，不是几个，现在基本稳定了，一百以上。老师大约有十来个。中文学校刚开始的时候，我们做了三步规划，短期规划、中期规划和远期规划。远期规划是双语教学，在我们这里毕业后在智利学校照样可以念书，争取纳入国家的教育范畴，争取点资金；第二期是华人教育，招一些华裔、外国人在这里念书。这个规划得到国家很大的支持，国侨办、侨联、海联会在师资、教材、活动多方面给予支持。没有现在国家的支持，我们是很难办的，老师也不怎么积极。国内资助服装，派团过来交流，起到很大的鼓励作用。我们不止是自己办学，而是和国家是保持同一步调，经常送教师回国参加培训。刚开始搞夏令营，这么远，不太放心，不敢去。我说你去一次你就想去了，不管怎么样，全力支持，跟侨办联系，多争取一点名额。侨办说好，那就给智利多一点名额。去了两次后大家都争着去。国家开展这种夏令营活动非常成功，在海外影响非常大。所以国侨办深有感触，这是离国内最远、最边缘的国家，华侨不多，资金并不雄厚。

到现在为止，中文学校不断发展下来，现在基本上有一定规模了。会馆的很多活动都让中文学校的师生参加，开始的时候想办一个小学生的古文朗诵班，学点古文，不忘中华传统文化。虽然班没有办起来，但是有几个好家长不断朗诵诗歌，背诵古典诗词，影响很好，所以对会馆来讲，办中文学校，可以算是智利侨团比较成功的地方，这个过程中也有经验可以探讨。智利同其他国家不一样，比较远，比较小，力量比较薄弱，坚持办下来困难很多，这就靠大家动手，需要整个团队和更多的无名英雄一起来做。

我一直都比较关注年轻一代文化方面的教育，把更多的精力放在这个方面。今后呢，华侨、侨史、侨团方面的发展和壮大以及侨团的升级都是重要的问题。华侨的地位跟侨团的组织力量有很大关系。现在怎么发展，侨团内部怎么样，这方面做些工作，年轻一代怎么培养，都是大难题。否则侨胞以后不讲中文，你怎么教育他，传统文化都忘了。所以我讲，华侨越老，越怀念传统文化，没有传统文化是一件很危险的事情。我们很担忧这个问题。现在很多第二代小孩，中文方面只会讲一些简单的日常用语，更不用讲传统文化了。以后就要确定这个方向，加强以后小孩的传统文化水平。我在国内几次反映过这个问题，国内大小组织多来这边交流，虽然一次就一两天，但是影响很大。智利的对外交流不是由政府出面，而是由大学出面，大学走在前面最积极。所以好几次我向国内反映，最好让国内的大学多次来访问，通过大学的平台搞交流，对口，容易上主流媒体，引起社会轰动。你们都是专家，提的建议比较到位，我们也趁这个机会学习一点东西。我们距离国内太远了，你们来这里访问很难得，所以过来指导指导，尽可能多指导。今年在智利搞夏令营，国内派人过来，将很多活动、平台移到海外，不迁到国内，可以扩大中国的国际影响，报纸一登，哇，什么大学来智利了，智利的大学就主动找你们。上次来了一个南京大学到这里访问，我们带他们到智利大学交流，马上签合同，办一个中英班，附在一个班，学生到国内实习，你们来这里教课，有这个意念，所以他们大学非常积极，所以你们这次这些大学教授的来访对我们侨团的意义非常实在。我们也非常希望这次有什么问题，怎么讲，希望你们能多点指导。因为有些情况我们不太了解，从哪方面收集资料，怎么样再全面、深入点，一次两次，通过网络、微信联系，我们给你们做点工作，长期做，慢慢沟通，变得充实，这样子才扎扎实实地起到真正的作用。

华侨社会

这里的华侨刚开始主要从广东来，以佛山最多。我们来的时候，最多是广东，占百分之六十，不仅智利，中南美洲都是这种情况，都讲广东话。其次就是福建、江苏、浙江温州，后来每个省都有了，河南、北京来的也不少，广西不多，但也有一百多了，新疆都有，但是不多。现在来的水平都不一样了，学问高一些，外语有基础了，经济有基础了，技术有基础了。我们老华侨来的时候赤手空拳，现在来的本来就有资金还有经商经验，所以素质也就不错了，来这里适当搞些社团活动，有促进作用，所以比较活跃。智利虽然人不多，隔得比较远，但一些爱国活动开展得比较早，也比较活跃，一直延续到现在。我说要保持这个传统，一是我们国家小，人不多，要调动所有人的积极性，全面动起来，发扬团队精神。文化交流和传统文化是我们最关注的问题。怎么样提高后代的传统文化素养，是我们下一步的方向。我一直在关注这个问题，怎么样想办法，向国内征求意见。如果以后访问团过来，其他年轻人讲外语，不讲中文，那就很可惜了。

早先我跟美国芝加哥一位教授聊天。他研究侨史，谈起出国、国内护照的问题，问我怎么看这个问题。我说，按照我的看法，出国也是爱国，并不是出了国后就不爱国了。按照我们的体会，出国更爱国，老华侨离国家越远，对国家感情越深，华侨越老，对中华传统文化越怀念。大使说你这个可以作为专题来探讨。

相对于其他国家来讲，智利对待华侨还是最友好的。历史上智利的侨民对国家有功，从太平洋战争时期就帮助他们打天下。可以这样讲，当时侨民从秘鲁过来，帮你打仗。他们讲当时很多华侨都是太平天国后裔，团长是我们广东花县（花都）人，有名有姓，现在一个中山人后裔在这里做副市长，我们陈主席的一个朋友在智利什么部做部长。我们华侨来这里基本上都勤勤恳恳，努力工作，没有破坏他们的事情，对他们的贡献还多一些。海外中餐厅的发展有几个模式，欧美、新加坡那边的不一样，秘鲁也不一样。秘鲁中餐厅老，原汁原味，味道不一样，智利中餐厅有改革的方向，按照中国工艺、中国饮食、口味，加上智利喜好东西的改良，所以真正的中国人在智利中餐厅吃中国餐，感觉味道不太正宗。口味方面，不能按照传统来做。他们不喜欢这个味道，所以调味品按照他们的口味，不要太辣。香料只要加一点点就好，按照中国习惯香料加太多，他们就不太高兴。这样按照他们的味道，一碟一样，里面也不太一样。比如春卷，传统春卷里面包一些菜，现在改良，就可以包火腿、芝士等西方的东西。他们很喜欢，所以要按照当地人的口味改变一下。这里的餐厅跟我们诊所一样，服务对象百分之九十都是外国人。我们这边中国人不太多，主要是智利上层。这家餐厅的顾客百分之九十是智利人，不是中国人，所以当地民众支持中餐厅。餐厅越开越多，而且东西比较便宜，其他地方讲正宗传统，百分之百拿到智利来，就不容易行得通。所以有人回国后讲，吃惯智利中餐回来国内吃还觉得没有味道。但是有些大企业就不同，品尝过中国中餐回来以后，说你这个味道不太正宗。很多人已经习惯这个味道了，所以中餐厅的发展和文化方面的发展一样，要变通，研究当地的需要、媒体的需要和民众的喜好，要研究价值观，输入西方的一些概念，这样就更容易沟通。

我们来的时候，华侨中做餐厅的多，以餐厅为主，小百货也有，比例不高。十年之内，温州城发展以后，小百货非常多了，非常了不得。火车站那边成了没有挂名的唐人街。一条街上中国人开的五金店差不多有36家，刚开始是小的，现在搞中国商城，浙江商城，四五个了。中国大企业过来，找稍微大一点的公司承包下来，安装，装修，派管理人员，租给我们来做，形成中国商城。这个是温州人、义乌人、福建人做的多一些。餐厅主要是广东人做得比较多，广东人经营商店的经验比较丰富一点。我想是不是搞个餐饮业协会来总结经验，因为中国美食走向世界，能够遍地开花，得到的是当地社会的认可。智利首都一个城市有大大小小中国餐厅1300多家，客户都是智利人。但是最近要注意一个动向，秘鲁餐、日本餐在不断发展。我提议，也把中国餐厅的东西改造一下。中国餐厅也兼做秘鲁餐和日本餐，因为它有生意，有市场。如果我们把中餐厅也扩大一点，添加一些健康的烹饪方式，保证前景无量。可以自己改革，占领市场，打造品牌，举办美食节，这条路子肯定通。

我现在没有开中餐厅。美国、欧洲现在是这样子，开百年老店肯定不行，政府批评中国餐厅油污太多，食品太咸，用西方观念来查你的厨房卫生。智利中餐厅要发展，需要很好的技术，引进新的健康概念才行。智利的日本餐并不是真正的日本人开的，而是在日本做过工的在这里做厨师，很多都是外国人开的。

从事中医、按摩、针灸的刚开始的时候不太多，现在越来越多，各种协会、组织越来越多。刚开始管理很严格，你不能买广告，查到什么问题，你没有牌照，就让你关门。现在对中国的了解多了一点，就放松一点。但是你队伍水平参差不齐，也不好，所以他们现在也开始搞考试了。按照卫生部规定，搞一个协会，想搞针灸的进行考试，分数过线了，就让你搞针灸。但是还不是医生，只能当助手，还没有医生待遇，医疗助手级别。现在想不断加强立法，但是也不太容易，因为队伍参差不齐，不知道怎么鉴别你们的水平，有什么问题，他们也不太了解。智利还是比较保守。

华人跟当地人结婚的不多，年轻一代有一些，但是比例不多，主要是因为人数不太多。华侨里经常有机会在一起交流，老乡交流也多。我们有好几个家族来智利有一百多年历史了，易家、胡家、赖家、周家、彭家，已经发展得很大了，有几百人。子孙后代和朋友对中国文化还是有所保留，有些不会讲国语，但是会讲家乡话。这样大家经常在一起交流，餐厅老板经常交往，就不太容易西化，跟当地人结婚的就不太多，回国找对象的不少。智利华人太少，年轻一代也是问题。回国念书的人数逐年增加，在这里念书毕业的年轻人也有被智利企业派到国内工作的。智利企业也找在这里念书、懂中文的人员进入公司工作。

智利虽然偏远，但大家交流很多。我有几个病号有的原来做鞋，有的修微波

从左至右：陈桂陵，屈桂琴，吕玉松，彭奋斗

炉。我问他们去中国做生意吗？他们说现在从国内进货加运费比我们智利工厂的还便宜。在这边弄个厂经营管理很麻烦，所以智利的厂不要了。微波炉也不从其他地方进货，只从中国进，每年交易量很多。我见过会讲西班牙语的人住在广州，他们有办公室在那边，每年都参加广交会，开展贸易，有几个还会讲一点点广东话，你看这么小的国家，信息还是蛮通的。

中国改革开放后，国内过来访问的人逐渐增多，智利侨团也变得忙碌充实起来。广东等省的大学、侨办、侨联、商务组织都有人过来访问，为我们带来一些国内信息。通过交流，侨民感到很亲切，眼界也开阔多了，相互联系多了，对国家的信念强了。这些访问接待涉及民族感情问题、文化问题，潜移默化，春风化雨，逐渐形成感情共识。这点很重要，极具长远效果。

王卫江

王卫江
口述历史

王卫江

时　　间： 2016 年 12 月 11 日
地　　点： 智利圣地亚哥一酒店
受 访 者： 王卫江，智利中国和平统一促进会会长
采 访 者： 张应龙
录音整理： 刘　艳

从非洲到美洲

　　我叫王卫江，1964年1月在广东肇庆市出生，在肇庆读小学、中学。1982年就读中山大学外语系法国语言文学专业。1986年毕业，毕业后分配到广州标致汽车公司，当时在总经理室当翻译。1992年，香港政府向广东广州内地招募经理人才，当时规定只有三所大学的毕业生有资格去申请，即中山大学、广州外国语学院和华南理工大学毕业生，申请之后去参加考试，考试通过后再推荐给企业。我参加了第一批应招政府考试，考试通过后去企业应聘，政府推荐的企业刚好是一个在香港的台资公司，它招聘的是非洲部经理，需懂法语和贸易，我刚好符合这个条件，所以1992-1996年在香港这家台湾公司做非洲部经理，主要从事非洲的贸易。1996年，四年合同结束，我们就在香港成立了自己的贸易公司，继续做非洲的生意。

　　1997年，香港贸易发展局组织香港企业到南美参加世界博览会，那也是在智利的最后一届。因为那年来参展，看到智利这个地方，哎，就觉得智利这个地方不错，所以我们就决定来智利投资。当时我们来智利投资的时候，这里的华人很少，没有几个。很有意思的是，当时我们去申请签证的时候，你只要把邀请函传真到上海领事馆，它拿到你的传真件，就可以（办理签证了）。比如说星期二发过去，星期四签证就办好了，然后通知你星期四去拿，星期四一早我们就坐飞机12点钟到了上海，拿了签证回来。过了十年之后，这个签证就难拿了，很复杂了。所以，当年上海领事馆根本没事干，那时办签证的上海小姐看到我们很高兴，因为她有事做了。现在你看看，变化很大。因为当时我懂法语，会做非洲生意，后来来智利，我们发现这个地方在宏观上是美国的管理，欧洲的生活，丰富的生态资源，打个比喻，叫美洲的资源，加上我们有中国文化的底蕴，有中国文化追求的地方，看到这个地方，跟我们中国的道法自然，天人合一非常吻合，也符合我对世外桃源生活的追求，所以当时没有考虑到在智利能够赚多少钱，反正我们也有钱，就来呗，能挣钱就挣钱，不挣钱就当来旅游，所以在这样一个对环境的憧憬跟这个地方契合，当时就收回了在非洲的投资，决定来智利投资。

　　1998年我又来智利考察了一次。1999年正式来建公司。我当时来申请的是投资居留，投资居留是临时一年，可以在一年之后到期的第三个月就可以申请长期居留，当时我一年就下来了。现在就不一样了，一年的投资临时居留后再给你六个月，差不多三年后才能拿到长期居留。当时投资居留没有规定投资额度，浮动很大，我当时投资了30多万美金，所以这边投资的门槛很低。当时我不懂西班牙语，但幸运的是我们在做展览柜的时候，刚好遇到一位在这边开餐馆的肇庆老乡，他现在已经过世了，八十几岁，他的女儿给我们当西班牙语翻译。后来找到了潘奋勤先生，也是我们肇庆老乡。因为必须是长期居留的人才能当法人代表，所以他就让她女儿做我们的法人代表，帮我们成立了这家公司。当时我来的时候，在潘奋勤先生家里住了一个多月，等着办手续，打理方方面面，找铺位、仓库，准备了一个多月。因为我在非洲是做鞋子生意，所以在智利我也是继续做鞋子批发生意，之前我们在非洲做鞋子生意的时候，主要是在高州几家制鞋厂下订单，1997年，我们来智利后就设立了自己的制鞋厂。我们在智利这里做鞋子生意，潘小姐帮我们做法人代表，做翻译，我们支付她工资，她原本是做餐馆生意，她就帮我们把公司建起来。我刻苦学习西班牙语，三个月学会了基本的西班牙语，之后我们一边在火车站区开店，一边招聘当地的销售经理，从南到北，我招了4个人，分不同的区域做推销，我们不付工资，但支付他们销售额百分之五的佣金。我曾经跟着销售员从最北一直走到最南，总共是两千多公里，每个城市都走一遍，去看看每个城市买鞋子的客人怎么样，这样开始我们才把生意转过来。

我们来这边的时候，生意的确很好做，但是当时有很多客人是要一半现金一半放账，所以一定要有数期。所以也有些客人收不到钱，但是都是在我们赚的利润里面占了一部分，总体来讲，还是赚。我们来的时候没有几家中国人，当时做鞋子的也只有五家，火车站区里华人也只有一二十人，所以那时候就没有挣不到钱的压力，来的东西都能卖，生意上也挺挣钱。我很早就在这个火车站里面买了办公室，办公室和住家一起，当时很便宜，现在已经是增值了，翻了十倍都不止。

1978年，这边的投资移民少，大多是靠亲戚过来打工，积累点钱，亲戚再帮助一下，开个外卖店，慢慢再积累钱出来。智利华侨这边没有做老鼠会，秘鲁有，智利这边有一个台湾人做过一次，后来他卷了钱跑了，他儿子在这边还钱。

人生观

我来的时候是一个人，因为当时小孩子还小，希望她读完小学以后再出来，我太太是2003年才出来。除了把夫人、女儿接过来外，我还把她的姐姐和我的妹妹带过来，后来我的妹妹不习惯，又要找男朋友，男朋友不愿意出来，所以她又回去了，所以通过亲属关系过来定居的就夫人的姐姐和女儿两个人。我妹妹的先生是公安，不能辞职，后来想想还是不行，算了，她就回去了。我们家人丁不多，家里人没有几个在这边。我们的移民很简单，也没吃什么苦，到了这里，不像有的人，到了海外要吃苦。

小孩子来了后，为了她的教育，我就在东区葡萄园山脚买了别墅。当时我们为什么买这个别墅呢？因为当时我们中华会馆前主席陈桂陵的家就住在那边，有一次，他请我们到他家里去吃饭，我们就发现那个地方不错，所以我们就买了那个房子。当时那里只有他一家、彭奋斗的妹妹一家和我们三家人，很大，原来别墅也不是很多，现在已经满满的了，中国人现在可能已经有二三十户，我也介绍一些朋友去那边买。

当时我们来智利，就是因为从宏观上讲，它是美国的管理，欧洲的文明，中国的文化；从微观上，气候宜人，物产丰富，民风淳朴，生活简单。我们也很喜欢这边的气候，水果、海产特别丰富，所以我们觉得在这样一个生活没有太大竞争压力的环境下慢慢去生活也挺好，后来考虑到小孩子能够跟着我们到拉美来，在这边生活，学习西班牙语，又懂得拉美的文化，同时这边去美国比较方便，所以小孩子在出来之后，我们就规划在智利读完中学，掌握好西班牙语，也融入拉美快乐的文化，然后再在这边考到美国的名校，在美国读大学、工作，当时的设想就是这样一个路径。实际上也是这样，小孩子来到这边的确很快乐，每年我们都去风景很美的南部去度假一个月，租一个别墅，住一个月，每天睡到十一点，吃完早餐，就带着小孩子去湖边玩水，晒太阳，下午回来煮饭吃，休息，晚上再去湖边玩，同时也有几天开着车去周边的城市玩。差不多十年里每年我们度假的生活都是这种休闲度假生活，小孩子在这边，老师也是把她当宝贝一样，老师的这份爱让小孩子很享受，也很努力去学习。她的西班牙语开始不是很好，第一年不怎么样，但第二年整个语言上来之后，基本上在这个学校的学习很优秀，是第一个在他们学校直接考到美国民办学校，就是说是他们学校第一个考到美国的学生。从我们家开车5分钟就到了学校，每天早上和下午都有校车来接送。我们住的社区叫中产阶级区，里面都是一栋栋的别墅，封闭式管理，挺安全。在半山，风景也好，可以看到整个圣地亚哥，所以在这样一个生活环境里，很享受智利的生活。

事业观

事业上，我们做鞋子，后来因为竞争比较大，我们就转向做一些轻工产品，做到现在，现在我们在引进国内一些科技含量比较高的产品，然后再做这个市场，现在我们还在打市场基础，因为我一直对传统文化特别是养生文化有研究，从中国的产品到这边来，我们就把科技产品作为投资的一个方向，另一个方向就是健康主义。我们把投资转向森林、湖泊、农场这些绿色资源，主要为以后健康生活方式做投资，所以靠近温泉有山泉的地方，我们自己也买了森林，也买了一些靠近好山好水的地。现在也属于一种战略转型的阶段，因为不像以前，小孩子读书，必须在圣地亚哥，现在小孩子不在身边，已经在美国立足了，我们就根据我们自己事业的规划，想去哪里发展就去那里发展，现在事业就是比较自由的境地。在智利，说实在的，我们在这边生活，总的心态不是以发大财为目的，而是以追求比较休闲的生活为出发点。因为如果我们以发大财为目的的话，我们就不会来这边，在非洲就很赚钱，两天就卖一个货柜，但是在非洲安哥拉、刚果、加蓬、喀麦隆，那种环境还不是很好，并且在种族上，相对于黑人，我们更喜欢白种人，非洲的文明程度的确不适合把家庭放到那边去，而且我这个人做事也比较冲动，看好后就马上行动，所以说，我们出来的心态是追求更舒适的生活，当时也有条件让我们按照我们的思想去做这件事情。在智利，除了做生意，就是自己读书、看书。

我们在这边做矿没做成功，投了不少钱，差不多做了四年，因为很多因素，现在我们还是回到自己真正熟悉的、能够驾驭的行业。我们做得比较成功的是地产投资，最初我们一赚到钱就买房产、买地，十年之后，确实翻了两倍、三倍多，我们在这里做贸易、做矿，需要很多钱，我们有房产支撑、变现。智利这个城市是很值得发展投资的，它不像中国这种畸形发展，很稳定，它有个经济物价指数叫UF，就是你在这边租这个房子，1000块钱的租金，它就按照当时的经济指数来折成UF的单位价格，这个单位价格每个月会再往上走，所以如果投资在房产上，货币不会贬值，如果不投资，现金放在银行里，肯定会贬值很多。还有一点，这边的商业银行和我们的国内银行不一样，它这边是卖钱的商店，它看到你缴税多，有时候收入好，它就拼命找你向他贷款。我在这边经营没有偷税漏税，全部都开发票，所以我的收入很高，可以拿很多钱来投资，不像其他餐馆，很多都不开票，钱见不得光，所以很多做餐馆赚到钱也都一直在做餐馆，不可能买别墅，他们住别墅也是近八年的事情。我一来就天天去看别墅，我也知道我的营业额大，进出量大，银行看我业绩好，它愿意借钱给我，那我就投资，交个百分之四十，其他就分期付款。在智利，借钱就是借鸡生蛋。当时在智利，你看好了一个地方，借银行的钱，最后这个时间的增值一定会大过银行的利息，七年、十年，你就可以还清投资钱，这个财产就是你的。当时我在这边的经历，就是坚持营业额大，不偷税漏税，可以用到银行的钱滚动去发展，不会用其他的模式，靠偷税漏税，积攒钱，我是借鸡生蛋。

每年我都回国两次，参加广交会，因为要下订单，不可能说来了之后几年才回去。当时鞋子好卖，做女鞋，我在这边也有设计，卖得挺好，后来因为竞争者太多了，需要放账的金额也大，我们就想这样做也没什么意思，就慢慢转向投资，房产的收入，让自己更轻松，但是让自己更轻松的同时，我们也在找新的发展方向，我们不想做搬运工，很低的货值，靠偷税漏税，现在很多靠偷税漏税，那不是正道。我们很多华侨都是薄利多销的观念，觉得价格高就卖不出去，当然，一个商品卖的价格高或低，有很多综合性因素，但是自己对自己没有信心，到现在大部分都是靠偷税漏税。

和平统一促进会

2003年，我参加了和平统一促进会活动之后，同国内、外界互动比较多些，当时的会长是彭奋斗，他毕业于中山医，我也毕业于中大，大家都挺谈得来，他说进来帮忙，当个副会长，我说没问题啊，当时我就去参加了这个社团。说实在，这个和平统一促进会到了海外和其他社团不同。只有中华会馆采取普选理事，理事再选主席这种方式。鹤山家族的基本群众都是鹤山侨胞，要选举，你没有群众，肯定选不上理事。后来成立和平统一促进会，我们比较喜欢这个平台，中华会馆只是帮忙。智利和平统一促进会，再上一个就是中南美洲和平统一促进会。每年组织年会，各个国家聚在一起开会，旅游，交流。2006年，由彭奋斗会长牵头在智利举行2006年中南美洲中华和平统一促进会，很成功。2010年，我接手会长，一直到现在。

在这个社团活动中，我充分体验到做生意是有收入的，因为你每做一笔生意，都要算有多少收入，你才决定给多少付出，或者是多收入少付出，这个是索取式。但是社团就不是索取式，而是奉献式，你要花时间、精力、心思去想，但是同时没有回报，完全是你的兴趣和爱好，所以社团工作让我体会到这种奉献思维。我觉得挺有意思，同时你做社团工作，你要众缘和合，六国大封相，什么人都要有，并且你要把各自的人融汇在一起。这个也锻炼了我们的政治能力，那个时候，我对政治的本质有了比较切身的体会，以奉献型的这种社团模式跟我们以营利为目的的商业思维模式、做法在很多方面都不一样，你的决断性、方方面面都会呈现出完全不同的两种形态，所以把我发展成海交会理事，我也挺高兴，觉得能够从个体活动上升到一种社会性的组织活动，人的境界也会提升，同时那个时候我们有培训班，经常跟领导在一起互动，潜移默化，我们也在提升，我们的思维和关注点也在不断地延伸、提升。

《广东华侨史》调研团访问智利中国和平统一促进会

张保良

口述历史

张保良

时　　间：2016年12月14日
地　　点：智利伊基克中华会馆
受 访 者：张保良，智利伊基克中华会馆主席
采 访 者：庄礼伟
录音整理：林增津

民办教师

　　我叫张保良，1942年7月8日出生，今年已经75岁，祖籍是佛山，1952年随家人去了中山居住。1960出来做教师，在斗门县教书。1962年响应国家号召，返回乡下教书，担任初中教师直到出国，数学、音乐、语文等科目都教。去斗门的时候我改变身份，成为公办教师，32元1个月，自以为可以一辈子教书。后来国家有个"调整、巩固、充实、提高"八字方针的政策，我就返回农村，继续教书，变成民办教师。那个时候三年自然灾害。我回到农村，因为我是学生，培训一两个月后做小学教师。我在沙田地区，很艰苦，都是住在茅寮，教在茅寮的。我一直教到1980年，之后才出国。本来我有几个子女，无这个心思出国，但是民办教师的工资维持家庭很困难。

开餐馆

我是1980年10月26日来到智利，原因是家里四个孩子两个老人，工资太低。我一个人出来准备养家，到出国那一年，因为有堂兄的关系，申请出国手续很简单，签证完我就来智利了。来到之后从打工开始做起，我没有西班牙语底子，又没在当地读过书，靠自己做厨房工。很多广东人在当地开餐馆，刚刚在餐馆起手的时候，我在表兄的餐馆做工，后来又同表兄去其他地方打过工，后来在张美年堂兄那里过做杂货，后来转回伊基克打工。

当时还是渺渺茫茫，心情不定，想回家，家人都在中国，我想念他们。90年代后孩子都来了，我安心一点。我一直打工到1985年，两夫妇开餐馆做小生意。餐馆行业就是老老实实地工作，早开门晚收工。我起家的时候不计时间，有客就做，艰苦努力。广东人就靠勤劳、团结、节约，长时间工作，再买一间屋，逐步做大。经验从实践中来，都是从小到大。现在整个伊基克三十多家餐馆，竞争比较激烈，所以营业额不如以往。

1990年至2014年这段时间，大陆来投资开铜矿，是个黄金时代。中国人来到这里，做什么生意都能挣到钱，餐饮、杂货、矿业等等，主要的行业是餐饮、贸易。之前搭上顺风车，现在生意就难做了。我做生意都是和当地人有点交流，土生土长的唐人，交流比较多，他们有些不会中文，有些会两句，洋人也有交往，但打球什么的交际活动比较少，来的都是客人居多。

做到1990年，我们有点基础，就把子女搞过来，买了间房子，弄了个酒馆。一年之后，四个子女都来了。一个女儿做餐馆生意，另一个女儿跟两个儿子做灯饰贸易生意。年纪大了，我对生意就马虎对待。大女儿在圣地亚哥，都有自己的事业。我儿子和女儿都是和大陆人结婚，后来因为子女要发展、结婚，有的去了圣地亚哥，有的还在伊基克。2003年，有个儿子因为钓鱼遇难，整个家庭受到波折，对我打击很大。

中华会馆

在这过程中，我参加过中华会馆的活动。后来理事会推举我做理事的工作。前两年我被推选为主席，我能力有限，已经72岁，快到退休的时候。但是大家鼓励我一定要做，我就担当了这个职务。侨胞都积极支持我，理事会也很团结。前年有一间磨坊，因为地震墙壁裂开，我们打了官司，修好了磨坊。我又要搞账目的工作。这些工作都很麻烦，我劳碌奔波，一直到现在，为公馆做了事，出了力，有了一点成绩。在自己的工作范围内，应该负责任的去做。直至现在自己觉得年纪大了，要退休休息一下，生意要交给子女处理。各人有各人的事业，子女在圣地亚哥有自己的餐馆，事业都很好，自己也安乐。所以近年来我想退出会馆，回一下中国，休息一下，观光一下。会长任期四年一届，我应该做到2018年，现在结束不了。

原来的会馆户口存款账号开在某某大银行，因为当时某人当主席时搞不掂，会章有问题。我想办法迁移到另一个银行，但因为现在政府银行很正规，没以前那么容易。银行现在在我们财政收发票的时候认为有问题，因为会章不行，是一年期的。今年的12月已经结束，会馆要重新选举理事会，改会章。办了选举，搞了手续，要去法院注册入档案承认，要等五六个月。旧会章是80年代时候的，已经过时。过年期间我比较忙，等过完年比较闲，召开理事会，等律师来到签名搞选举，搞完之后才能处理银行账户，再修改会章，差不多要一年多，这个时候应该交班让青年人接手。会章修改明年才搞，会长任期从最初的一年改为四年。之前赖会长是我同乡。

90年代开始我在社团，做过理事、书记的工作。我在1980年11月26日来到智利的时候，当时伊基克的中华会馆碰到点波折和难题。当时大陆和智利建交，中华会馆前身是孙中山时期国民党建立的组织，由一些华裔当理事、会员。在很早的时候，广东人没搞什么活动。一些青年华裔子女说西班牙语，自己组织了一个青年会。1980年的时候中华会馆主席由台湾一个有职务的国民党员担任，大家有不同意见。因为在升国旗的时候会馆升国民党旗，

伊基克中华会馆

316

大家产生了矛盾。老会长是广东人，但是会馆当时由台湾人掌握实权，广东人被排斥。后来圣地亚哥几个人和当时领事馆参赞去做工作，平息了这件事，会馆交回广东人。后来国民党撤走，会馆就纯属广东人管理，一直到现在都有升国旗，搞国庆活动。

中华会馆每年都有捐款，以前当地中华会馆的会章规定类似于慈善机构，有些唐人来到这里，无依无靠，失业困难交迫，要会馆来支持，年老的每个月供养，有房子住，看物价给补助。十年前大概是两百至三百美金，现在五百美金左右，有子女的不算。平时会馆日常除了救济，传统节日的时候就搞一下活动。国庆、春节的时候，餐馆开到五点就关门，我们下班在街头庆祝。平常的话餐馆从早上十二点开到凌晨一点。

会馆选举一般是投票，选举十三个人组成理事会，再由理事会产生正副会长、财政，再安排工作。理事会协商讨论推举，有能力的担当相应职务，会计，财政都是大家同意选出来的。会长改四年制以后我就不参选了，做普通的会员，否则的话，我要回大陆去观光旅游，就不能丢下这里不管。

我回国大概两三年一次，我去年回国，参加天安门广场的阅兵式。我在五星级酒店住了两晚，由会馆出钱，因为这属于为公家出差。这些事情领导人讨论就可以了。整个智利侨界去了两个，还有一个是圣地亚哥的吕玉松先生。上次李克强总理五月份来圣地亚哥的时候我也去了。上个月22号，习近平主席来智利的时候我也去了。这次我很好运，是站在第一组第一排第一个人，和习主席握手，三百多人里面我是第一个，也是第一排十六个人的第一个。我不知道这个座位是怎么排出来的。我和圣地亚哥的大使馆没什么来往，都是临时安排的。去年侨办主任裘援平来的时候我去见过她，送了年画什么的，她在这里待了两天，我送她上机。从中国来的人，去圣地亚哥的比较多，来伊基克的很少，你们是第一批，明年有广东侨办的。从圣地亚哥到伊基克的航班一天有两三班，两三个小时行程。我们在伊基克见过的最高级别的中国官员有1981年来的几位参赞。

张伟廉

口述历史

张伟廉

时　　间：2016 年 12 月 12 日
地　　点：智利圣地亚哥新兴酒家
受 访 者：张伟廉，智利智京中华会馆前主席
采 访 者：刘　进
录音整理：莫　菲

偷渡出来

我1940年出生在鹤山市宅梧区白水带长田村，土改前，我父亲是乡里的保甲长，家里是地主家庭，有钱。后来土改就被人说是地主成分，反革命分子。大概1950年，爸爸就逃去香港了，妈妈留在家里，带着我们5个孩子。父亲走了之后从来不敢跟我们联系。我有一个表伯，他经常寄东西给我们吃，我们都很明白，乡下人也很明白，都知道我父亲不敢用自己的名字寄。我表伯姓谢不姓张，村里只有我表伯姓谢，也在香港。妈妈很不容易，天天挑担，由全村最有钱的人变成最穷的人。我在家里排行老三，哥哥、姐姐、还有一个妹妹、一个弟弟。但是因为家里穷，弟弟和妹妹患病，没钱医治，两个都死掉了。

我读到初中毕业。那时，我家庭成分不好，但是因为成绩好，所以老师说让我继续读书，给我人民助学金。我拿到助学金，吃饭不用给钱，一直资助到我初中毕业。考高中的时候，我的成绩也很好，考到江门一中。录取通知书寄到乡政府之后，一个考到沙坪一中的同学经过我家通知我，说看到我的录取通知了，让我赶紧去拿。我听到很高兴，跑到乡政府去，当地负责人说他刚才还看到，现在怎么找也找不到？后来他又问其他人，结果说录取通知单被送回到学校了，让我到学校去问。第二天我跑到学校去问，学校的人说通知单不可能会退回学校。我又跑去乡政府问，还是说没有。其实就是因为我成分不好，乡政府不再让我读高中了。连读书的权利都没有了，我在乡下还有什么用呢？我就离开乡下跑到中山找我哥哥，认为跑到中山会没人认识我，没人知道我的家庭情况，那年我15岁。

我为什么会去中山？有段历史。我哥哥那时在中山，他过继给我伯父当儿子。我伯父1900年出生，他在中山生活。以前在乡下的时候天天赌博，一天赌输了十多亩田，婆婆怕他赌输了这个家庭，就送他出国。我伯父到国外去了，乡下就没人继承他了，所以我哥哥一出生，我爸爸就把他过继给伯父做儿子，去了中山。1957年，我哥哥被批准了出国。

我到了中山之后，伯父知道我的情况，他跟我说，如果我有能力继续读书，他就支持我。第二年，我考到中山华侨中学，以华侨的身份读书就被批准了。1960年，我在中山华侨中学高中毕业，成绩也是很不错的。1960年，百分之百的人都考进大学，无论农业学校还是什么学校，都能够考进去。当时差不多有100人左右考大学，只有4个人不能进大学的，我是其中一个。又是因为成分的问题，不准我读大学。我感觉在中国是没有立足之地，我要出国了。可是申请了10次都不批准，结果我连工作都不做了，一心申请出国。以前华侨的孩子可以凭票买油、买糖、买肉，我哥哥和伯父会寄钱给我。

我当时在县城里面住着，没考上大学，也没工作，这是不行的，要下放到农村的。后来文化局给我来了一张通知，叫我去一间比较有名的小学当老师。按规定，非师范学校毕业不能当老师，但是他们知道我学习好，就叫我去教，还让我去教五、六年级数学的算盘课。当时我很年轻，才18岁。我跟同学们很玩得来，骑自行车、打球、游泳，很开心，所以校长很喜欢我。但我的愿望不是这样的，我应该读大学，应该做工程师等等之类的工作，结果做了小学老师，对我的一生没什么用。我一心想出国，所以我当了两年老师就辞职了。校长问为什么，我说头痛，校长叫我让医生开证明，那时候我给点钱医生，他就开证明说明我头痛不能教书，结果最后我还是没有被批准出国，没办法了。

1963年，我和两个鹤山人一起偷渡，从珠海拼命地游泳过澳门，那时候炮艇游来游去的。到澳门之后，我写了一封信给父亲，他立马从香港过来接我，给钱我花，我伯父也寄钱过来。我到了香港一年左右之后，父亲因心脏病过世，只剩我一个人在香港，我想在香港那碰碰运气，赚点钱，可以接济家里人，我妈妈和姐姐还在家里，但我在香港没有什么机会赚钱，我在香港留了五年。1968年初，澳门暴动、香港暴动，我哥哥写信过来叫我去他那里。我本来想留在香港的，因为如果有朝一日国家准许我回去，也比较近。结果没办法，就到智利。

振兴中华会馆

到了智利之后，开始是在伊基克，1970年到圣地亚哥。我来到这里，开餐馆，很辛苦，但有一点运气，几年之后就赚了一点钱。

1972年，中华人民共和国跟智利建立邦交，中华会馆原本由几个国民党华侨管理的，后来有人说要换掉他们，由我们年轻人来管。当时发动了12个人签字，我就是其中一个，我不是政治人物，但我希望我们这里的华侨生活得好，大家团结起来互相帮忙。当时，大家看我年轻，而且有点文化，就叫我当中华会馆书记，一当就当了很多年。

有段时间，政局动荡，政府查得很严，什么活动都不准举办，中华会馆好像停滞下来一样。当时会馆没有钱搞活动，要到每一家都发动捐款来维持中华会馆。大概到1978年，我当书记当了五六年以后，我们几十个人在一个小房子选举，绝大部分的人都选举我当主席。那时，中华会馆是个烂摊子，很穷，又有十多个老华侨住在这个会馆里面，他们没有钱，没有家人，他们就住在里面。当时智利人都说这是中国穷人住的地方，看不起我们中国人。我很不服气，我们国家这么大，竟然被这么小的国家欺负我们，所以我就说一定要改变中华会馆的面貌，这样我们中国人的面貌就会改变。

我平常工作，星期天就到中华会馆。大家平常在中华会馆赌博、喝酒、打麻将，有时候输钱就打架、吵架。我当主席之后，召开理事会，建议将这个赌馆改成餐馆，很多人反对。我说让我试试，改变之后中华会馆肯定会变好，我安排另外一个房子给你们赌博，本来这个房子是开会用的。我把这里改成中华会馆的饭堂，只给我们中国人和中国人的后裔进来吃饭的，其他人是不招呼的。结果，好多人来吃，生意比较不错，因为有烧鸭啊、中国的特色菜，其他地方都没得吃，所以我们很多中国人后裔就带着他们的妻子来，他们的妻子是当地人，后来也带着她们的兄弟来这里，越来越多人吃中国餐、支持中国餐。当时经营餐馆的人每个月给中华会馆50美元作为租金，其他赚的钱都属于他自己的。而以前是靠赌馆维持，抽水2%的收入给会馆。餐馆老板后来发现赚了不少钱，就想将它扩大，问我可不可以多开一间房。我说要开理事会通过。这一次他一个月给了100美元。生意越来越好，他又向我要求开放大厅，他自己买台凳，逢周六日做生意，其他时间都不做生意，这次，他给500美元一个月。他的生意越做越大，赚了大钱。后来大家开会，规定一年投标一次，谁出的钱多，谁就投得。那个老板第一次投，就出2000美元一个月，从500美元到2000美元一个月，他知道他能赚多少钱。

那时候中华会馆从最穷变得有一定的基础了，有钱了。所以我就转变思路，想搞些活动，让中国大使馆每星期在中华会馆放一次中国电影，无论是中国人还是中国人的孩子，都可以在这里看电影、吃点心。一到过年、国庆，六七百个人来到这里，满满的，中华会馆非常兴旺。当初很困难的时候，我们庆祝国庆，因为没钱，要靠大使馆拿汽水、食品来给大家吃。后来有钱了，我们请大使馆的人来这里吃饭、跳舞。

中华会馆有钱后，我就将中华会馆旧的房子拆掉，重新建了新的房子，建了三四层楼，钢筋

水泥。楼下也建了一个餐馆，每个月也有几千美元的租金。做到这个地步，我准备退下来了，让后一代来努力了。我也很感谢那帮年轻人，我交给他们做，完全不插手，只是有时候给点指导意见，这帮人也做得越来越好，后浪推前浪，一步一步发展到现在，我也很高兴。很多人说不会忘记我，让我当中华会馆永久荣誉主席。

家庭生活

我出国之后，我姐夫在智利，我哥哥也在这里。姐夫赚了钱，回去澳门，不想再来这里，他将我姐接到了澳门。我母亲申请了8次过来，都不被批准。最后一次，有一个参赞在我经营的南京酒家喝茶，他跟我讲到邓小平的华侨政策，让我帮他宣传。我把我母亲申请出国的情况告诉了他，他让我写份说明，向大使申请，一个星期不到，参赞说没问题了。我打电报回去叫我母亲申请，结果村干部不让她填表。我又去找大使，他说让我母亲到县里拿表填，县跟村不一样。结果县里说填报后要村里先开大会通过，然后交到公社加意见再送到县，结果村里一开会，百分七八十的人不同意。我又找大使馆，参赞让我母亲直接到广东省公安局去申请，结果两天就拿到了护照。我母亲大概在1979年左右出国的。我很清楚为什么大使馆会支持我，因为我把会馆管理得很好，他们支持我，希望我影响其他人也这样做。大使馆帮我忙，也希望我帮他们忙。

我在伊基克认识我第一任太太，她是华裔，中山人，生了三个儿子。现在最大的儿子已经四十多岁了，是牙科医生，还有一个儿子是大学心理学教授，也结婚生子了。我第一次婚姻因夫妻俩合不来就离婚了。第二次婚姻，太太也是华裔，是我们鹤山人，也是生了三个孩子，两个儿子，一个女儿，现在大的正在实习，明年硕士毕业，女儿学经济学，也是明年底硕士毕业；第三个学兽医，他还有三年才毕业。

家乡情结

我差不多几年就回国一次。中华人民共和国政府看我把中华会馆管理得这么好，1980年曾邀请我回国参观，我拿的是中华人民共和国的护照。因为我是做进口生意的，他们请我到其他公司参观出口商品，到天津参观土特产公司。我还亲自组织过两次我们华侨后裔代表中华会馆回国参观，北京、上海、海南岛，无论我们到那一个地方，都受到热情招待。

后来我回到乡下，全乡下的人都来看我，满满地挤满了我家的大地埕，几百号人。我也很感谢乡下的人，很给面子。我当时从香港买了七八罐饼干回来，大家一个晚上就吃光了。又买了很多衣裳，分给村里的人。之前通知我去领江门一中录取通知书的同学，因为他家是富农，结果在"文革"的时候被批斗得很厉害，还有几个跟我比较好的同学也被批斗。那天大家开玩笑说，我是他们的头儿，也要被批斗。结果乡长说现在祖国变了，政策不同了，我们要热烈欢迎他，希望他多回来。我感觉很高兴。本来我是被排挤的，地主孩子、反革命分子，现在回来，受到大家的尊重。

我出国之后，我把我们这一房姓张的亲戚，全部都带出来，他们也是很努力，全部都赚大钱。我带了至少60到80个人。

我有一年回去，村里人跟我说把我那老房子拆了，建祠堂。大家捐钱，有多少就捐多少，不够的部分由我来给。那时候是十年前左右，我们问他们需要多少钱，他们说两三万美金就可以了。我给了2万美元给我堂兄弟建，他是做生意的，我信得过他。结果把房子铲平了，发现没钱了，他把钱拿去做生意亏掉了，我说不要建了，结果到现在都还是一块平地，还没有建起来。

我在乡下捐钱建宿舍、建学校，那里都有我的照片、有我名字的。我几十年前捐1万美元。我不是贡献得特别多，但是我有那份心。我永远都记得我是中国人，心在中国，无论中国遇到什么灾难，我都非常担心，曾发动过几次华侨捐款。我们这个鹤山县，后来改市，我也发动华侨捐款给他们。我有这份心，希望国家富强。五十年国庆的时候，国家还邀请我回去，去北京、去东三省。我已经老了，但我最后还有一个心愿，就是希望台湾和大陆和平统一。